崇文国学普及文库

读古人书　友天下士
昌明国学　弘扬文化

古文观止

［清］吴楚材　［清］吴调侯　选编

郭锐　注译

长江出版传媒　崇文书局

图书在版编目(CIP)数据

古文观止/(清)吴楚材,(清)吴调侯选编;郭锐注译.
-- 武汉:崇文书局,2020.6
(崇文国学普及文库)
ISBN 978-7-5403-5668-2

Ⅰ.①古…
Ⅱ.①吴… ②吴… ③郭…
Ⅲ.①古典散文—散文集—中国 ②《古文观止》—注释
③《古文观止》—译文
Ⅳ.① H194.1

中国版本图书馆 CIP 数据核字(2019)第 247312 号

古文观止

责任编辑	高 娟 董 颖
装帧设计	刘嘉鹏 杨 艳
出版发行	长江出版传媒 崇文书局
业务电话	027-87293001
印 刷	湖北画中画印刷有限公司
版 次	2020年6月第1版
印 次	2020年6月第1次印刷
开 本	880×1230 1/32
印 张	8.5
定 价	35.80元

本书如有印装质量问题,可向承印厂调换

本作品之出版权(含电子版权)、发行权、改编权、翻译权等著作权以及本作品装帧设计的著作权均受我国著作权法及有关国际版权公约保护。任何非经我社许可的仿制、改编、转载、印刷、销售、传播之行为,我社将追究其法律责任。

版权所有,侵权必究。

总序

现代意义的"国学"概念,是在19世纪西学东渐的背景下,为了保存和弘扬中国优秀传统文化而提出来的。1935年,王缁尘在世界书局出版了《国学讲话》一书,第3页有这样一段说明:"庚子义和团一役以后,西洋势力益膨胀于中国,士人之研究西学者日益众,翻译西书者亦日益多,而哲学、伦理、政治诸说,皆异于旧有之学术。于是概称此种书籍曰'新学',而称固有之学术曰'旧学'矣。另一方面,不屑以旧学之名称我固有之学术,于是有发行杂志,名之曰《国粹学报》,以与西来之学术相抗。'国粹'之名随之而起。继则有识之士,以为中国固有之学术,未必尽为精粹也,于是将'保存国粹'之称,改为'整理国故',研究此项学术者称为'国故学'……"从"旧学"到"国故学",再到"国学",名称的改变意味着褒贬的不同,反映出身处内忧外患之中的近代诸多有识之士对中国优秀传统文化失落的忧思和希望民族振兴的宏大志愿。

从学术的角度看,国学的文献载体是经、史、子、集。崇文书局的这一套国学经典普及文库,就是从传统的经、史、子、集中精选出来的。属于经部的,如《诗经》《论语》《孟子》《周易》《大学》《中庸》《左传》;属于史部的,如《战国策》《史记》《三国志》《贞观政要》《资治通鉴》;属于子部的,如《道德经》《庄子》《孙子兵法》《鬼谷子》《世说新语》《颜氏家训》《容斋随笔》《本草纲目》《阅微草堂笔记》;属于集部的,如《楚辞》《唐诗三百首》《豪放词》《婉约词》《宋词三百首》《千家诗》《元曲三百首》《随园诗话》。这套书内容丰富，而分量适中。一个希望对中国优秀传统文化有所了解的人，读了这些书，一般说来，犯常识性错误的可能性就很小了。

　　崇文书局之所以出版这套国学经典普及文库，不只是为了普及国学常识，更重要的目的是，希望有助于国民素质的提高。在国学教育中，有一种倾向需要警惕，即把中国优秀的传统文化"博物馆化"。"博物馆化"是20世纪中叶美国学者列文森在《儒教中国及其现代命运》中提出的一个术语。列文森认为，中国传统文化在很多方面已经被博物馆化了。虽然中国传统的经典依然有人阅读，但这已不属于他们了。"不属于他们"的意思是说，这些东西没有生命力，在社会上没有起到提升我们生活品格的作用。很多人阅读古代经典，就像参观埃及文物一样。考古发掘出来的珍贵文物，和我们的生命没有多大的关系，和我们的生活没有多大关系，这就叫作博物馆化。"博物馆化"的国学经典是没有现实生命力的。要让国学经典恢复生命力，有效的方法是使之成为生活的一部分。崇文书局之所以强调普及，深意在此，期待读者在阅读这些经典时，努力用经典来指导自己的内外生活，努力做一个有高尚的人格境界的人。

　　国学经典的普及，既是当下国民教育的需要，也是中华民族健康发展的需要。章太炎曾指出，了解本民族文化的过程就是一个接受爱国主义教育的过程："仆以为民族主义如稼穑然，要以史籍所载人物制度、地理风俗之类为之灌溉，则蔚然以兴矣。不然，徒知主义之可贵，而不知民族之可爱，吾恐其渐就萎黄也。"（《答铁铮》）优秀的传统文化中，那些与维护民族的生存、发展和社会进步密切相关的思想、感情，构成了一个民族的核心价值观。我们经常表彰"中国的脊梁"，一个毋庸置疑的事实是，近代以前，"中国的脊梁"都是在传统的国学经典的熏陶下成长起来的。所以，读崇文书局的这一套国学经典普及读本,虽然不必正襟危坐,也不必总是花大块的时间,更不必像备考那样一字一句锱铢必较,但保持一种敬重的心态是完全必要的。

期待读者诸君喜欢这套书,期待读者诸君与这套书成为形影相随的朋友。

陈文新

(教育部长江学者特聘教授,武汉大学杰出教授)

前言

《古文观止》为清代人吴楚材、吴调侯编选,于康熙三十四年(1695)刊行。两位编者皆好经史,擅长写作八股文,本书是他们为当时的学童和其他读书人编纂的一部启蒙读物。但是,由于二人并不是当时著名的学者,该书也因此多为后代学人所诟病。有些人认为《古文观止》一书,由于作者眼界和学识所限,并没有如其字面的意思那样,将我国最好的古文囊括其中,且反而选入了一些思想性与艺术性不高的作品,如苏洵的《辨奸论》。该文颠倒是非,而且还有进行人身攻击之嫌;而先秦诸子的一些精彩作品却未能入选。这些也的确是本书的不足之处。

然而,世上没有完美之物,我们也没有必要对它过于挑剔。且"观止"之意,并非是学习古文看完本书就可以停止了,也不一定就是吴公子季札观赏乐舞时所发赞叹的"观止矣"(太好了)之意。这里的"止",应当是语助词,所以"观止"应是"大观"之意。

平心而论,该书能流传至今,影响巨大,一定有其存在的客观价值。它共选入了自先秦到明朝末年的222篇古文,其中大多是古文中的精华,因此即使有"瑕",也不足以掩"瑜"。它对于初步了解古文的内容、文体和风格,增长历史、文学知识,认识古代社会以及提高阅读古文的能力,都无疑是有一定价值的。

同时,我们也应看到,随着现代生活节奏的进一步加快,二吴的选本也显得过厚矣,书端在手里,如捧着一块沉甸甸的砖头,阅读和携带起来都不甚方便,因此完全有必要从中再选出一个更精的本子来,以供普及之需。这也就是这本小书得以问世的原因吧。本书选取66篇文章,均为历代有代表性的精品。

在选文和断句时,编者以映雪堂本为底本,适当吸收了一些今人的研究成果,努力从优中选优,去其芜杂之文、暮气之文,多选了一些有锐气、见情见性的文章。但由于篇幅所限,难免要时漏珠玑,忍痛割爱,希望大方之家能见谅。

目录

郑伯克段于鄢 …………………………………… 1
曹刿论战 ……………………………………………… 6
宫之奇谏假道 ……………………………………… 8
齐桓下拜受胙 ……………………………………… 11
介之推不言禄 ……………………………………… 13
烛之武退秦师 ……………………………………… 15
蹇叔哭师 …………………………………………… 18
王孙满对楚子 ……………………………………… 20
晏子不死君难 ……………………………………… 23
子产论政宽猛 ……………………………………… 25
吴许越成 …………………………………………… 27
召公谏厉王止谤 …………………………………… 30
申胥谏许越成 ……………………………………… 33
苏秦以连横说秦 …………………………………… 36
邹忌讽齐王纳谏 …………………………………… 43
冯谖客孟尝君 ……………………………………… 46
触龙说赵太后 ……………………………………… 51
鲁仲连义不帝秦 …………………………………… 55

唐雎不辱使命	64
谏逐客书	67
宋玉对楚王问	73
项羽本纪赞	76
孔子世家赞	78
管晏列传	80
报任安书	87
过秦论上	102
论贵粟疏	109
前出师表	115
陈情表	120
兰亭集序	124
归去来辞	127
桃花源记	130
五柳先生传	133
谏太宗十思疏	135
为徐敬业讨武曌檄	139
滕王阁序	144
春夜宴桃李园序	152
吊古战场文	154
陋室铭	159
阿房宫赋	161
原毁	165
杂说四	169
师说	171

送李愿归盘谷序…………………………………………175
祭鳄鱼文………………………………………………179
柳子厚墓志铭…………………………………………182
捕蛇者说………………………………………………189
种树郭橐驼传…………………………………………192
钴鉧潭西小丘记………………………………………196
小石城山记……………………………………………200
岳阳楼记………………………………………………202
朋党论…………………………………………………205
梅圣俞诗集序…………………………………………210
五代史伶官传序………………………………………214
醉翁亭记………………………………………………217
留侯论…………………………………………………220
凌虚台记………………………………………………225
前赤壁赋………………………………………………228
六国论…………………………………………………232
黄州快哉亭记…………………………………………236
读孟尝君传……………………………………………240
游褒禅山记……………………………………………241
卖柑者言………………………………………………244
沧浪亭记………………………………………………247
徐文长传………………………………………………250
五人墓碑记……………………………………………255

郑伯克段于鄢

《左传》

初,郑武公娶于申①,曰武姜②。生庄公及共(gōng)叔段③。庄公寤(wù)生④,惊姜氏,故名曰寤生,遂恶之。爱共叔段,欲立之。亟(qì)请于武公,公弗许。

及庄公即位,为之请制⑤。公曰:"制,岩邑也⑥,虢(guó)叔死焉⑦,佗邑唯命⑧。"请京⑨,使居之,谓之京城大(tài)叔。祭(zhài)仲曰⑩:"都城过百雉,国之害也。先王之制,大都不过参(sān)国之一,中五之一,小九之一。今京不度,非制也,君将不堪。"公曰:"姜氏欲之,焉辟害?"对曰:"姜氏何厌之有?不如早为之所,无使滋蔓。蔓,难图也。蔓草犹不可除,况君之宠弟乎?"公曰:"多行不义必自毙。子姑待之。"

既而,大叔命西鄙、北鄙贰于己⑪。公子吕曰⑫:"国不堪贰,君将若之何?欲与大叔,臣请事之;若弗与,则请除之,无生民心。"公曰:"无庸,将自及。"大叔又收贰以为己邑,至于廪延⑬。子封曰:"可矣。厚将得众。"公曰:"不义不昵,厚将崩。"

大叔完聚,缮甲兵,具卒乘,将袭郑,夫人将启之。公闻其期,曰:"可矣!"命子封帅车二百乘以伐京。京叛大叔段。段入于鄢,公伐诸鄢。五月辛丑⑭,大叔出奔共。

书曰⑮:"郑伯克段于鄢。"段不弟,故不言弟;如二君,故曰"克";称郑伯,讥失教也,谓之郑志。不言出奔,难之也。

遂置姜氏于城颍⑯,而誓之曰:"不及黄泉,无相见也!"既而悔之。颍考叔为颍谷封人⑰,闻之,有献于公。公赐之食,食舍肉。公问之,对曰:"小人有母,皆尝小人之食矣。未尝君之羹。请以遗(wèi)之。"公曰:"尔有母遗,繄(yī)我独无!"颍考叔曰:"敢问何谓也?"公语之故,且告之悔。对曰:"君何患焉!若阙地及泉⑱,隧而相见,其谁曰不然?"公从之。公入而赋:"大隧之中,其乐也融融!"姜出而赋:"大隧之外,其乐也泄泄!"遂为母子如初。

君子曰:"颍考叔,纯孝也。爱其母,施(yì)及庄公。《诗》曰:'孝子不匮,永锡尔类⑲。'其是之谓乎!"

【注释】

① 郑武公:庄公的父亲,死后谥号"武"。郑:古国名,姬姓,在今河南新郑。申:古国名,姜姓,在今河南南阳。

② 武姜:她的丈夫是武公,母家姓姜,故称武姜。

③ 庄公:郑庄公,武公之子。共叔段:本名为段,是郑庄公之弟,因此称叔段;由于他后来出奔共国,所以又称共叔段。共:古国名,在今河南辉县附近。

④ 寤生:倒生,胎儿出生时脚先出来,即难产的一种。寤,同"牾",横逆。

⑤ 制:古地名,又叫虎牢,在今河南汜水境内。

⑥ 岩邑:险要的城市。

⑦ 虢:东虢国,后为郑所灭。制本是它的领地,后被郑占有。虢叔:东虢国国君。

⑧ 佗:同"他"。

⑨ 京:古地名,在今河南荥阳东南。

⑩ 祭仲:郑国大夫。

⑪ 鄙:边境。此指边境地区。贰:不专一。此指背叛国君。

⑫ 公子吕:字子封,郑国大夫。

⑬ 廪延：在今河南汲县与延津之间。
⑭ 五月辛丑：古人以干支纪日，五月辛丑是隐公元年五月二十三日。
⑮ 书：指《春秋》。
⑯ 城颍：郑国邑名，故城在今河南临颍西北。
⑰ 颍考叔：郑国大夫。
⑱ 阙：同"掘"。
⑲ "孝子不匮，永锡尔类"：引自《诗经·大雅·既醉》，意思是孝子的美德不竭不尽，永远能赐给同类者以孝道。锡，同"赐"。

【译文】

当初，郑武公从申国娶了一位夫人，叫作武姜，生了庄公和共叔段两个儿子。庄公出生时倒生难产，姜氏受到了惊吓，所以给他取名寤生，很不喜欢他。姜氏很宠爱共叔段，想立他为太子，就多次向武公请求，武公始终不答应。

等到庄公即位做了国君，姜氏又请求把制这个地方封给共叔段。庄公说："制是很险要的地方，虢国国君曾死在那里。你要其他地方我都照办。"姜氏就又要了京地。庄公让共叔段住在那里，人们称段为京城太叔。祭仲对庄公说："封邑的城墙周长如果超过三百丈，将是国家的祸害。先王的制度是大城的规模不得超过国都的三分之一，中城不得超过五分之一，小城不得超过九分之一。现在京的城墙不合法度，太叔不遵守先王的规定，国君您将要无法控制了。"庄公说："姜氏要他这样做，又怎么能避开祸患呢？"祭仲回答说："姜氏哪里有满足的时候？我看不如早些做好安排，不要使他们的势力滋长蔓延。一旦蔓延起来，就难以对付了。蔓生的野草尚且难以除掉，何况是您宠爱的弟弟呢？"庄公说："不义的事情干得多了，必然会自取灭亡，你且等着看吧。"

不久，太叔又令郑国西部和北部的边境地区违背中央听从自己的节制。公子吕向庄公进谏说："国家受不了分属二主的情况，您打算怎么办呢？如果想把国家让给太叔，就请允许我前去侍奉他；如果不想让位给他，那就请您除掉他，不要使百姓产生二心。"庄公说："不用那样做，他会自己除掉自己的。"太叔又进一步把那两属之地据为己有，并扩展到了廪延。子封说："可以兴师问罪了，他的土地多了，将会有更多的人归附。"庄公答道："他对国君不义，对兄长不亲，纵然土地多了，也必将崩溃。"

太叔大力修筑城池，制造盔甲武器，编备步兵战车，将要突袭郑国国都，太后姜氏也将打开城门做内应。庄公听到共叔段突袭的日期，就说："现在可以下手了！"于是命令子封统率二百辆战车的兵士讨伐京邑。京邑的人民也都纷纷背叛太叔，太叔逃亡到了鄢地，庄公又发兵攻打鄢地。鲁隐公元年五月二十三日，太叔段仓皇逃到共地去了。

《春秋》上是这样写的："郑伯克段于鄢。"由于段不守做弟弟的本分，所以不称他为"弟"；如同两个君主相争，所以叫作"克"；称呼庄公为"郑伯"，是讥讽他没有尽到教育弟弟的责任，表示郑伯早就有杀弟的心。不说太叔段出奔，是有责难庄公的意思啊。

尔后，郑庄公将姜氏安置到城颍，并对她发誓说："不到黄泉，绝不相见了！"事后又懊悔了。颍考叔是在颍谷管理疆界的官，听说这事后，假借进献贡品进见庄公。庄公赐给他饭食，他进餐时把肉放在一边不吃。庄公好奇地问其缘故，他回答说："小人有老母，小人所孝敬的食物她都吃过了。就是没尝过国君您所赏赐的美味，请让我把肉带回去献给老母吧！"庄公说："你有母亲可以孝敬，唯独我却没有啊！"颍考叔问："敢问您这话是什么意思呢？"庄公就将原委告诉了他，并说自己很懊悔。颍考叔说："您这有什么可愁的呢！如能挖很深的洞，和母亲在地道里相见，谁又能说您不对呢？"庄公听从了他的意见。庄公进入地道中赋诗说："地道之中，天伦之乐和和睦睦！"姜氏走出地道时赋诗作答："在地道之外，天伦之乐真是舒畅啊！"于是母子关系像从前一样了。

君子说:"颍考叔可算是个真正的孝子啊!自己爱母亲,又影响到庄公身上。《诗经》中有这样的话:'孝子的孝心无穷无尽,永远能影响和作用于同类人。'这大概就是说这种情况吧!"

曹刿论战

《左传》

齐师伐我①，公将战。曹刿（guì）请见②。其乡人曰："肉食者谋之③，又何间焉？"刿曰："肉食者鄙，未能远谋。"乃入见，问："何以战？"公曰："衣食所安，弗敢专也，必以分人。"对曰："小惠未遍，民弗从也。"公曰："牺牲玉帛，弗敢加也，必以信。"对曰："小信未孚，神弗福也。"公曰："小大之狱，虽不能察，必以情。"对曰："忠之属也，可以一战。战则请从。"

公与之乘，战于长勺④。公将鼓之，刿曰："未可。"齐人三鼓，刿曰："可矣！"齐师败绩。公将驰之，刿曰："未可。"下视其辙，登轼而望之⑤，曰："可矣！"遂逐齐师。

既克，公问其故，对曰："夫战，勇气也。一鼓作气，再而衰，三而竭。彼竭我盈，故克之。夫大国，难测也，惧有伏焉。吾视其辙乱，望其旗靡，故逐之。"

【注释】

① 我：指鲁国。
② 曹刿：又名曹沫，鲁国的一位有识之士。
③ 肉食者：即食肉者，指禄位高的人。
④ 长勺：鲁国地名，在今山东莱芜东北。
⑤ 轼：车前的横木。

【译文】

鲁庄公十年（前684）春季，齐国军队攻打鲁国。鲁庄公将要率军应战。曹刿请求见鲁庄公。他的乡亲们说："国家大事由官高禄厚的人来谋划，你又何必去参与呢？"曹刿说："有禄位的人见识浅薄，不能深谋远虑。"于是就去见庄公。曹刿问庄公道："您凭借什么作战？"庄公说："衣食等用来安身的东西，我不敢独自享用，一定把它分给别人。"曹刿说："小恩小惠没有遍及全国的百姓，百姓是不会跟从您的。"庄公说："祭祀用的牲畜、美玉、丝帛，我从来不敢对神虚报数量，一定对神诚心诚意。"曹刿回答说："小小的诚心实意不能得到神的信任，鬼神也不会赐福给您。"庄公又说："大大小小的诉讼案件，即使不能一一明察，也必定要根据实情审判处理。"曹刿说："这算是忠于职守了，可以凭这个与齐国打一仗。作战时，请让我跟您一起去。"

庄公就和曹刿同坐一辆兵车，在长勺与齐军开战。庄公将要鸣鼓进军，曹刿说："不行。"等到齐军鸣三通鼓之后，曹刿说："可以击鼓了！"齐军被打得大败。庄公又要驱车追击齐军，曹刿说："不行。"他下车察看齐军兵车留下的辙印，又登上车前的横木眺望齐军败退的情况，然后说："可以追击了！"于是便乘胜追击齐军，鲁军大胜。

得胜归朝之后，庄公问曹刿这样作战的原因，曹刿回答说："作战，是靠勇气的啊。第一次击鼓，能振作士气；第二次击鼓，士气就有些衰退了；第三次击鼓，士气就耗尽了。敌人的士气已耗尽了，而我们的士气正盛，所以能战胜他们。齐国是大国，实力难以猜测，我恐怕他们有埋伏。我看到他们兵车的车辙混乱，望见他们的旗帜东倒西歪，因此才决定追击他们。"

宫之奇谏假道

《左传》

晋侯复假道于虞以伐虢（guó）①。宫之奇谏曰②："虢，虞之表也。虢亡，虞必从之。晋不可启，寇不可玩③。一之谓甚，其可再乎？谚所谓'辅车相依，唇亡齿寒'者④，其虞、虢之谓也。"

公曰："晋，吾宗也，岂害我哉？"对曰："大（tài）伯、虞仲，大（tài）王之昭也⑤。大伯不从，是以不嗣⑥。虢仲、虢叔，王季之穆也⑦；为文王卿士，勋在王室，藏于盟府⑧。将虢是灭，何爱于虞？且虞能亲于桓、庄乎⑨？其爱之也，桓、庄之族何罪？而以为戮，不唯逼乎？亲以宠逼，犹尚害之，况以国乎？"

公曰："吾享祀丰洁，神必据我⑩。"对曰："臣闻之，鬼神非人实亲，惟德是依⑪。故《周书》曰：'皇天无亲，惟德是辅。'又曰：'黍稷非馨，明德惟馨⑫。'又曰：'民不易物，惟德繄（yī）物。'如是，则非德，民不和，神不享矣。神所冯（píng）依⑬，将在德矣。若晋取虞，而明德以荐馨香，神其吐之乎？"

弗听，许晋使。宫之奇以其族行。曰："虞不腊矣⑭。在此行也，晋不更举矣。"冬，晋灭虢。师还，馆于虞，遂袭虞，灭之，执虞公。

【注释】

① 晋侯：晋献公。复：又。鲁僖公二年晋曾向虞国借道攻打虢国，所以这是第二次了。虞：周文王所建的姬姓国，在今山西平陆。虢：也是姬姓国，东虢在今河南荥阳，西虢在今陕西宝鸡东，此文指

的是西虢。
② 宫之奇：虞国的贤大夫。
③ 玩：忽视。
④ 辅：颊骨。车：牙床。
⑤ 大伯、虞仲：分别为太王的长子和次子。大，通"太"。昭：古代宗庙设有神位，左为"昭"，右为"穆"。
⑥ 大伯不从，是以不嗣：此言太伯不从父命，结果让位于姬昌（即后来的周文王），没有继承周之王位。
⑦ 虢仲、虢叔：都是虢国的开国祖先，王季之子，周文王的次弟和三弟。
⑧ 盟府：掌管盟誓典策的官府。
⑨ 桓、庄：即桓叔、庄伯。桓叔是晋献公的曾祖父，庄伯是晋献公的祖父。桓、庄之族指晋献公同祖的兄弟。
⑩ 据：保佑。
⑪ 依：保佑。
⑫ 馨：香气。
⑬ 冯：同"凭"。
⑭ 腊：岁末祭祀众神叫腊祭。

【译文】

晋献公想再次向虞国借道攻打虢国。宫之奇对虞公进谏道："虢国是虞国的外围屏障，如果虢国亡了，虞国就必然随着它灭亡。不可助长晋国的贪心，外来的敌人决不能轻视。借一次道给它，就已经是很过分了，还能再一次玩火吗？俗谚说'面颊与牙床相互依存，失去了嘴唇，牙齿就要受冷'，而虞国与虢国的关系就是这样。"

虞公说："晋君和我同宗，难道会加害于我吗？"宫之奇答道："太伯、虞仲，都是太王的儿子，太伯不从王命，所以没有继承王位。虢仲、虢叔，都是王季的儿子，做过文王的卿士，对王室都立下了大功，记载他们功劳的典册还保存在官府里。晋国既然要消灭虢国，又怎么会爱护虞国呢？况且虞国与晋国的关系，能比桓叔、庄伯与晋国的关系更亲密吗？他们本应受到晋献公厚爱的。桓叔、庄伯的族人有什么罪过？献公却把他们全部杀害了，不就是由于他们势力大了，对晋献公构成了威胁吗？至亲的同宗因功高位尊对他构成了威胁，献公尚且要杀害他们，何况我们还是一个国家呢？"

虞公说："我献给神的祭品丰盛而洁净，神必然会保佑我的。"宫之奇说："我听说鬼神并非对人人都亲近，而是只保佑有贤德的人。所以《周书》上说：'皇天是无亲的，他只对有德行的人亲近。'又说：'祭祀的黍稷并不散发香气，只有德行才能让香气远播。'还说：'人们上贡的祭品虽然相同，神却只享用有德者的祭品。'这样看来，如果没有德行，人民就不和睦，神也不会来享用祭品了。神所依凭的，就在于德行。如果晋国攻克了虞国，修明德行，再把丰盛而洁净的贡品进献给神，神难道还会把它吐出来吗？"

虞公不听规劝，答应了晋国使者借道的请求。宫之奇就带着他的家族离开了虞国，他说："虞国等不到举行腊祭就要灭亡了！晋国这次顺道就会灭虞国，用不着再发兵了。"

冬季，晋国消灭了虢国，回师驻扎在虞国，随即突袭虞国，消灭了它，捉住了虞公。

齐桓下拜受胙

《左传》

夏，会于葵丘①，寻盟，且修好，礼也。

王使宰孔赐齐侯胙（zuò）②，曰："天子有事于文、武③，使孔赐伯舅胙④。"齐侯将下拜，孔曰："且有后命。天子使孔曰：'以伯舅耋老，加劳，赐一级，无下拜。'"对曰："天威不违颜咫尺⑤。小白余敢贪天子之命无下拜⑥？恐陨越于下⑦，以遗天子羞，敢不下拜？"下，拜，登，受⑧。

【注释】

① 葵丘：宋地，在今河南兰考境内。一说在民权东北。
② 宰孔：宰是官职，孔是名，系周王室的卿士。齐侯：齐桓公。胙：祭祀用的肉。当时天子赐异姓诸侯祭肉，是一种优厚的礼遇。
③ 事：这里指祭祀。文、武：周文王和周武王。
④ 伯舅：周王室与异姓诸侯通婚，称异姓诸侯为伯舅。
⑤ 咫尺：形容很近。咫：八寸。
⑥ 小白：齐桓公名。
⑦ 陨：坠落。
⑧ 下：下阶。拜：拜谢。登：登堂。受：受胙。

【译文】

夏天，齐桓公与其他诸侯在葵丘相会，重续从前的盟约，进一步发展友好关系，这是合乎礼的事啊。

周襄王派遣宰孔赐给齐桓公祭肉，说："天子正在祭祀文王和武王，派我把祭肉赐给伯舅。"齐桓公要下阶拜谢。宰孔说："赐祭肉之后还有别的命令。天子叫我对您说:'因为伯舅年事已高,又有功于王室,所以晋升一级,就不要下阶拜谢了。'"齐桓公回答说:"天子的威严近在咫尺,我小白怎敢贪天子的宠命而不下阶拜谢呢?我怕因失礼而从诸侯的位子上坠落下来,使天子为我蒙羞,我哪里敢不下阶拜谢呢?"于是,下阶,拜谢,登堂,恭受祭肉。

介之推不言禄

《左传》

晋侯赏从亡者①，介之推不言禄②，禄亦弗及。推曰："献公之子九人③，唯君在矣。惠、怀无亲④，外内弃之。天未绝晋，必将有主。主晋祀者，非君而谁？天实置之，而二三子以为己力⑤，不亦诬乎？窃人之财，犹谓之盗；况贪天之功以为己力乎？下义其罪，上赏其奸；上下相蒙，难与处矣。"其母曰："盍亦求之？以死谁怼（duì）⑥？"对曰："尤而效之⑦，罪又甚焉。且出怨言，不食其食⑧。"其母曰："亦使知之，若何？"对曰："言，身之文也。身将隐，焉用文之？是求显也。"其母曰："能如是乎？与汝偕隐。"遂隐而死。

晋侯求之不获，以绵上为之田⑨，曰："以志吾过⑩，且旌善人⑪。"

【注释】

① 晋侯：晋文公。从亡者：随从流亡的人。
② 介之推：姓介名推，"之"是语助词，又作"子"。
③ 献公：晋文公的父亲。
④ 惠、怀：分别是晋惠公、晋怀公。晋惠公是晋文公的弟弟，晋怀公的父亲。无亲：指众叛亲离。
⑤ 二三子：相当于"那几位"，指从亡诸臣。
⑥ 盍：何不。怼：怨恨。
⑦ 尤：罪过。
⑧ 不食其食：不应再食其禄赏。前一"食"为动词，后一"食"为名词。

⑨ 绵上：晋地名，在今山西介休南介山下。
⑩ 志：记住。
⑪ 旌：表彰。

【译文】

晋文公赏赐随他一起流亡的群臣。唯独介之推不说自己有功应加以禄赏，文公也没有嘉奖他。介之推说："献公有九个儿子，八个已死，只有文公一人还活着。惠公、怀公，众叛亲离，天下人都抛弃了他们。上天还没有因此灭绝晋国，必定有人要来掌管它。能掌管晋国宗庙祭祀的人，不是文公又是谁呢？这本来是上天的安排，而那些人却把它当成自己的功劳，不是太骗人了吗？窃取人家的财物，尚且叫作盗贼；何况贪占上天的功劳，而把它当作自己的功劳呢？在下的臣子把冒领天功的罪过当作合理的事；在上的国君却对奸邪的行为加以奖赏，上下互相欺骗，我难以和他们同朝相处了！"介之推的母亲说："你为什么不也去求赏呢？不然，默默无闻地死了，又去怨恨谁呢？"介之推回答："既然斥责贪天之功为罪过，而又去效法他们，那罪过就更严重了。况且我已对上下相欺的事发出了怨言，那就更不应再享受俸禄。"他的母亲说："也该让君主知道你的功劳，你认为怎么样？"介之推回答："言语，是人的文饰啊。我自己就要退隐了，还用得着再加文饰吗？如果再去讲明这事，就是又想显达啊。"他的母亲说："你能这样吗？那么，我就和你一同隐居起来吧。"于是他们母子就隐居起来，直至去世。

晋文公派人到各处寻觅介之推，没有找到，就把绵上之田作为介之推的祭田，说："以此记下我的过失，并且用来表彰好人。"

烛之武退秦师

《左传》

晋侯、秦伯围郑①,以其无礼于晋②,且贰于楚也③。晋军函陵,秦军汜(fán)南④。

佚之狐言于郑伯曰⑤:"国危矣!若使烛之武见秦君,师必退。"公从之。辞曰:"臣之壮也,犹不如人;今老矣,无能为也已。"公曰:"吾不能早用子,今急而求子,是寡人之过也。然郑亡,子亦有不利焉。"许之。

夜,缒(zhuì)而出⑥,见秦伯曰:"秦、晋围郑,郑既知亡矣。若亡郑而有益于君,敢以烦执事⑦。越国以鄙远⑧,君知其难也,焉用亡郑以陪邻?邻之厚,君之薄也。若舍郑以为东道主⑨,行李之往来⑩,共其乏困⑪,君亦无所害。且君尝为晋君赐矣⑫,许君焦、瑕⑬,朝济而夕设版焉⑭,君之所知也。夫晋,何厌之有?既东封郑⑮,又欲肆其西封⑯。若不阙秦⑰,将焉取之?阙秦以利晋,唯君图之!"

秦伯说⑱,与郑人盟。使杞子、逢孙、杨孙戍之⑲,乃还。子犯请击之⑳,公曰:"不可。微夫人之力不及此㉑。因人之力而敝之㉒,不仁;失其所与㉓,不知㉔;以乱易整㉕,不武㉖。吾其还也。"亦去之。

【注释】

① 晋侯:晋文公。秦伯:秦穆公。
② 以:因。无礼:晋文公为公子时曾流亡各诸侯国,经过郑国时,郑文公没有以礼相待。

③ 贰：两属，这里是依附的意思。
④ 军：用作动词，驻扎。函陵：地名，在今河南新郑北。氾：水名，指东氾，早已淤塞，故道在今河南中牟南。
⑤ 佚之狐：郑国大夫。郑伯：郑文公。
⑥ 缒：系在绳子下端从城墙上放下去。
⑦ 执事：敬辞，左右办事的人，这里是指秦穆公本人。
⑧ 鄙：边疆。
⑨ 东道主：东方路上的主人。郑在秦东，故可以招待秦国的过往使者。
⑩ 行李：外交使臣。
⑪ 共：通"供"。乏困：指食宿方面的不足。
⑫ 赐：恩惠，指秦国支持晋惠公、晋文公取得君位的往事。
⑬ 焦、瑕：晋国二邑名，都在今河南陕县附近。
⑭ 济：渡河。版：打土墙用的夹板。这里指版筑防御工事。晋惠公为报答秦君，曾许给秦国焦、瑕二地，但回国后马上不认账了。
⑮ 封：疆界。这里作动词用，即"以……为疆界"。
⑯ 肆：放肆，指极力扩展。
⑰ 阙：损害。
⑱ 说：通"悦"。
⑲ 杞子、逢孙、杨孙：三人都是秦国大夫。
⑳ 子犯：即狐偃，晋文公的舅父。
㉑ 微：没有。夫人：指秦穆公。
㉒ 敝：损害。
㉓ 所与：同盟者，与国。
㉔ 知：通"智"。
㉕ 乱：这里是分裂混乱的意思。易：代替。整：这里是联盟的意思。
㉖ 武：英武。

【译文】

晋文公和秦穆公联合起来包围了郑国,因为郑国对晋文公曾有过失礼的行为,并且依附楚国,不信任晋国。当时晋国的军队驻扎在函陵,秦国的军队驻扎在氾水的南面。

佚之狐对郑文公说:"国家很危险了!如果派遣烛之武去见秦国国君,他们的军队一定会撤退。"郑文公听从了他的建议。可是烛之武却推辞说:"老臣在年富力强的时候,尚且不如别人;现在年老了,更无能为力了。"郑文公说:"我不能早用您,如今有急事才来求您,这是我的过错。然而郑国灭亡了,对您也很不利啊!"烛之武这才答应了。

夜里,烛之武用绳子缚住身体,从城墙上吊下。见到秦穆公,说:"秦、晋两国军队围攻郑国,郑国知道自己快要灭亡了。假如灭亡了郑国对您有益处,那麻烦您发动这次战争吧!越过另一个国家,把遥远的土地作为自己的边界,您知道这是很难办的。哪能用灭掉郑国来扩大邻国的土地呢?邻国的实力增强了,您的势力就减弱了。如果不灭亡郑国,让它做东方道上的主人,贵国的使者来往经过这里,也能提供住宿,供应他们缺乏的东西,这对您也没有害处。况且,您曾经对晋惠公施与恩惠,他答应把焦、瑕两城给您。可是他早晨刚渡河回国,晚上就修筑工事来防备您,这些都是您所知道的。晋国哪里会有满足的时候?等到他在东边把疆土扩大到郑国,就会再向西边扩展疆土,那时候如果不损害秦国,又能到哪里去取得土地呢?损害秦国来增强晋国,请您好好考虑这样做的后果吧。"

秦穆公听了很高兴,就跟郑国结盟。指派杞子、逢孙、杨孙等人驻守这里,自己率领大军回去了。

这时子犯请求攻打秦军。晋文公说:"不行!如果当初没有那人的帮助,我也到不了今天。过去得过人家的帮助,现在反而去损害人家,这是不仁义;失去自己的同盟者,这是不明智;用混战代替联盟,这是不英武。我们还是撤回去吧。"于是晋国的军队也撤离了郑国。

蹇叔哭师

《左传》

杞子自郑使告于秦曰①："郑人使我掌其北门之管②，若潜师以来③，国可得也。"穆公访诸蹇叔④。蹇叔曰："劳师以袭远，非所闻也。师劳力竭，远主备之，无乃不可乎⑤？师之所为，郑必知之。勤而无所，必有悖心。且行千里，其谁不知？"公辞焉。召孟明、西乞、白乙⑥，使出师于东门之外。蹇叔哭之，曰："孟子！吾见师之出，而不见其入也！"公使谓之曰："尔何知，中寿⑦，尔墓之木拱矣⑧！"

蹇叔之子与师。哭而送之，曰："晋人御师必于殽⑨。殽有二陵焉⑩：其南陵，夏后皋之墓也⑪；其北陵，文王之所辟风雨也⑫。必死是间，余收尔骨焉！"秦师遂东。

【注释】

① 杞子：人名，穆公派驻在郑国的秦国大夫。使：派人。
② 管：类似现在的锁和钥匙。此指防守。
③ 潜师：秘密地发兵。
④ 蹇叔：秦国的一个老臣。
⑤ 无乃：大概。
⑥ 孟明：姓百里，名视，字孟明。是贤臣百里奚之子。西乞：名术。白乙：名丙。三人都是秦的著名将领。
⑦ 中寿：一般老年人的寿命，一般指六七十岁。
⑧ 拱：两手合抱。
⑨ 殽：同"崤"（xiáo），山名，地势险要，在今河南洛宁西北。

⑩ 二陵：两座大山，即东、西崤山。二山相距三十五里，为绝险之地。
⑪ 夏后皋：夏代的君主，名皋，夏桀的祖父。
⑫ 辟：同"避"。

【译文】

　　杞子从郑国派人向秦国报告说："郑国让我掌管北门的钥匙，假如秘密地发兵前来偷袭，就能占领郑国。"秦穆公为此事询问蹇叔的意见。蹇叔说："让军队长途跋涉，去袭击远方的国家，我从没听说过这样的事。我们行军劳苦，精疲力竭，而远方的国家却早已有准备，这样做大概行不通吧？我军的行动，郑国一定会知道的。大军辛辛苦苦而一无所得，军中将士必然会有怨恨和叛离之心。况且千里行军，哪个不知道呢？"秦穆公拒不接受劝谏。立即召见大将孟明视、西乞术、白乙丙，命令他们统率大军从国都东门出兵。蹇叔哭着说："孟明视！我只能看到出兵而不能看到大军回国了！"秦穆公派人对蹇叔说："你知道什么？你如果只活到一般老年人的寿命，你墓地上的树木现在已经有合抱那么粗了！"

　　蹇叔的儿子也随军出征。蹇叔哭着送他，说："晋国必定在崤山一带狙击我军。崤有两座大山：那南面的山是夏朝君主皋的坟墓所在地；那北面的山是周文王巡行时避雨的地方。你们一定会死在那两座大山之间，我到那里去收你的尸骨吧！"秦国的军队还是向东进发了。

王孙满对楚子

《左传》

楚子伐陆浑之戎①,遂至于雒(luò)②,观兵于周疆③。定王使王孙满劳(lào)楚子④。楚子问鼎之大小轻重焉⑤。对曰:"在德不在鼎。昔夏之方有德也,远方图物⑥,贡金九牧⑦,铸鼎象物⑧,百物而为之备,使民知神奸。故民入川泽山林,不逢不若⑨。螭魅(chī mèi)罔两⑩,莫能逢之。用能协于上下,以承天休⑪。桀有昏德⑫,鼎迁于商,载祀六百⑬。商纣暴虐⑭,鼎迁于周。德之休明⑮,虽小,重也。其奸回昏乱,虽大,轻也。天祚明德,有所厎(zhǐ)止⑯。成王定鼎于郏鄏(jiá rǔ)⑰,卜世三十,卜年七百⑱,天所命也。周德虽衰,天命未改,鼎之轻重,未可问也。"

【注释】

① 楚子:楚庄王。陆浑之戎:我国西北地区的古代少数民族之一,原定居于秦、晋的西北一带。
② 雒:同"洛",水名,即洛水。
③ 观兵:检阅军队来炫耀武力。
④ 定王:周定王,名瑜,是周朝的第二十一位君王。王孙满:周大夫。劳:慰劳。
⑤ 鼎:传说夏禹所铸九鼎,夏、商、周三代为政权的象征。
⑥ 图物:描绘山川奇物。
⑦ 贡金九牧:即"九牧贡金",是说九州之牧皆进贡铜。九牧,古代中国分九州,九牧就是九州的首领。金,指铜。

⑧ 铸鼎象物：以九州所贡之铜铸九鼎，将各方所描绘的奇异事物铸于鼎上。
⑨ 不若：不顺。
⑩ 螭魅罔两：即魑魅魍魉，山林水泽中的精灵妖异。
⑪ 休：福佑。
⑫ 桀：夏代的最后一位君主。
⑬ 载祀：纪年。
⑭ 纣：商代的最后一位君主。
⑮ 休明：美好而光明。
⑯ 天祚：天赐之福。底止：终止，此指最终的年限。
⑰ 郏鄏：周地，即今河南洛阳。
⑱ 卜世三十，卜年七百：周成王定鼎时占卜，占得的卦辞是：传三十代君主，享国七百年。

【译文】

楚庄王征伐陆浑的戎族，于是趁机来到洛水，在周的疆界上陈兵耀武。周定王派王孙满前去慰劳楚庄王。楚庄王便向他询问九鼎的大小轻重。王孙满回答说："享有天下在于有德行，不在于拥有鼎。从前夏朝的国君有德行的时候，远方各国进献了描绘山川奇物的图画，九州的首领进贡了各地出产的铜，夏禹就用铜铸成九鼎，将各方所绘的奇物图像铸刻在九鼎上，使人们了解神怪之物而对它早作防备，所以人们进入水泽山林，就不会遇上不顺心的事。山林水泽的鬼怪，人们也不会碰上它们。因而上下协调一致，安享上天所赐之福。夏桀昏乱暴虐，九鼎便由商接管，历经六百年。商纣王暴虐无道，九鼎又被迁到周。只要有美好的德行，九鼎虽小，却因有德而重，不会迁移到他人手中；要是为政昏乱奸邪，九鼎虽大，也因无德而轻，便容易为他人所得。上天降福给那些有德的明君，也是有其最终的年限的。周成王把九鼎安置于郏鄏的时候，曾经卜得卦辞说：传世三十代，享国七百年，这是上天的旨意啊。周王室的气运虽然较前有所衰落，但是天意还没有改变。九鼎的轻重，还不可以过问啊。"

晏子不死君难

《左传》

崔武子见棠姜而美之，遂取之①。庄公通焉②。崔子弑之③。

晏子立于崔氏之门外④。其人曰⑤："死乎？"曰："独吾君也乎哉？吾死也？"曰："行乎？"曰："吾罪也乎哉？吾亡也？"曰："归乎？"曰："君死，安归？君民者⑥，岂以陵民⑦？社稷是主。臣君者，岂为其口实⑧？社稷是养。故君为社稷死，则死之，为社稷亡，则亡之。若为己死，而为己亡，非其私昵⑨，谁敢任之？且人有君而弑之，吾焉得死之？而焉得亡之？将庸何归⑩？"门启而入，枕尸股而哭。兴⑪，三踊而出⑫。人谓崔子："必杀之。"崔子曰："民之望也，舍之得民。"

【注释】

① 崔武子：即崔杼，春秋时齐国大夫，弑庄公，立景公，自己为相，死后谥武子。棠姜：棠公之妻，姜姓。
② 庄公：齐庄公。通：私通。
③ 弑：臣杀君曰"弑"。
④ 晏子：即晏婴，字平仲，夷维（今山东高密）人，齐国大夫，曾辅佐齐灵公、庄公、景公。
⑤ 其人：晏子左右的人。
⑥ 君民者：做老百姓君主的人。
⑦ 陵：高高在上。
⑧ 口实：此处指俸禄。
⑨ 私昵：私爱亲近之臣。

⑩ 庸何：即"何"。

⑪ 兴：起立。

⑫ 踊：跳跃。三踊：跳跃了三下，表示哀痛。

【译文】

崔武子看到棠姜很美，就娶了她。后来齐庄公又和棠姜私通，崔武子杀死了齐庄公。

晏子闻讯赶来，站在崔氏大门外。晏子左右的人说："你要为国君之难而死吗？"晏子说："他只是我一个人的国君吗？我为何要为他去死呢？"他们又问："要逃走吗？"晏子说："这是我的罪过吗？我为何要逃走呢？"他们问："那么，要回家吗？"晏子说："国君死了，我能回到哪里去呢？做人君的，怎能只凌驾在老百姓之上？应以国家为重。为人臣的，怎能只图俸禄？要以扶持社稷为己任。所以国君为国家而死，臣子就要随着他同死；国君为国家而逃亡，臣子就要随着他而逃亡。如果国君只是为了一己之私而死，为了自己而逃亡，若不是他最宠爱亲昵的臣子，谁敢承担这个责任呢？况且，人家是国君宠信的大臣，却把国君杀死了。我只是一般的臣子，为什么要为他而死，为他而逃亡呢？现在国君已经死了，我又能回哪里呢？"

门开了，晏子走了进去。他把庄公的尸体放在自己的大腿上痛哭。又站立起来，跳跃了三次才走出去。有人对崔武子说："一定要杀死晏子！"崔武子说："晏子是老百姓所敬仰的人，放了他可以得到民心。"

子产论政宽猛

《左传》

郑子产有疾①,谓子大叔曰②:"我死,子必为政。唯有德者能以宽服民,其次莫如猛。夫火烈,民望而畏之,故鲜死焉;水懦弱,民狎(xiá)而玩之③,则多死焉。故宽难。"疾数月而卒。大叔为政,不忍猛而宽。郑国多盗,取人于萑苻(huán fú)之泽④。大叔悔之,曰:"吾早从夫子,不及此。"兴徒兵以攻萑苻之盗,尽杀之。盗少止。

仲尼曰⑤:"善哉!政宽则民慢,慢则纠之以猛,猛则民残,残则施之以宽。宽以济猛,猛以济宽,政是以和。《诗》曰:'民亦劳止,汔(qì)可小康。惠此中国,以绥四方⑥。'施之以宽也。'毋从诡随,以谨无良⑦。式遏寇虐,惨不畏明⑧。'纠之以猛也。'柔远能迩⑨,以定我王。'平之以和也。又曰:'不竞不绑(qiú),不刚不柔。布政优优,百禄是遒⑩。'和之至也。"及子产卒,仲尼闻之,出涕曰:"古之遗爱也!"

【注释】

① 郑子产:郑国执政大夫。
② 子大叔:姓游,名吉。子产死后,继子产执政。大,同"太"。
③ 狎:轻慢。
④ 取人:劫行人财物。一说"取"同"聚",即聚众生事。萑苻:古大泽名,即圃田泽,在今河南中牟西北。
⑤ 仲尼:孔子的字。
⑥ "《诗》曰……"至"以定我王"等十句诗,皆引自《诗经·大雅·民

劳》。汔：庶几。中国：指中原，周的腹心地带。绥：安抚。

⑦ 谨：约束。

⑧ 憯，意"曾"，又作"乃"。明：上天的明命。

⑨ 能：顺习，意即安抚。迩：近。

⑩ "不竞不绿，不刚不柔。布政优优，百禄是遒"：此四句引自《诗经·商颂·长发》。竞，急。绿，缓。优优，宽厚。遒，聚。

【译文】

郑国执政大夫子产在病重时，对子太叔说："我死后，你一定会做执政大臣。只有德行完美的人才能用宽松的政治来使百姓服从。次一等的就不如执政威猛。火势猛烈，人们望而生畏，因此很少有人被火烧死的；水性柔弱，人们轻视它，玩弄它，因此就有很多人被水淹死。所以执掌政事，实行宽政很难。"子产病了几个月就去世了。子太叔继承他执掌国政。开始时，不忍实行猛政而实行宽政。于是郑国出现很多盗贼，在萑苻泽一带劫人财物。太叔后悔地说："我若早听从子产的劝导，就不会弄到这个样子。"太叔调动步兵，围剿萑苻泽的盗贼，将他们全部都杀了。盗贼也就稍稍收敛了。

仲尼说："真好啊！施政太宽百姓就容易轻慢国法；轻慢国法就得用猛政来纠正。施政太猛百姓就要受摧残；受了摧残就得再用宽政来抚慰。以宽调剂猛，以猛调剂宽，政策因此和谐。《诗经》中有这样的话：'百姓劳苦到了极点，希望能稍微得到安宁。在中原地区施加恩惠，可用来安抚四方的诸侯。'这就是实行宽政。'对小恶不宽容放纵，坏人就会受到约束；坚决制止盗贼的暴行，难道他们就不怕上天的明命。'这就是用猛政来纠正偏差啊。'安抚远方的，亲善邻近的，因此周王朝得到安定。'这就是用和谐使它稳定啊。《诗经》中又说：'不急也不缓，不太刚也不太柔。施政宽厚，众多的福禄都聚集在这里。'这就是和谐的程度达到了极点。"待到子产死后，仲尼听到这消息，流着泪说："子产是古人能够给百姓留下恩惠的那种人啊！"

吴许越成

《左传》

吴王夫差败越于夫椒①，报槜（zuì）李也②。遂入越。越子以甲楯（dùn）五千保于会（kuài）稽③，使大夫种因吴太宰嚭（pǐ）以行成④。吴子将许之。

伍员（yún）曰⑤："不可。臣闻之：'树德莫如滋，去疾莫如尽。'昔有过（guō）浇（ào）杀斟灌以伐斟鄩（xún）⑥，灭夏后相⑦，后缗（mín）方娠（shēn）⑧，逃出自窦，归于有仍⑨，生少康焉。为仍牧正⑩，惎（jì）浇能戒之⑪。浇使椒求之⑫，逃奔有虞⑬，为之庖正⑭，以除其害。虞思于是妻之以二姚⑮，而邑诸纶⑯，有田一成⑰，有众一旅⑱。能布其德，而兆其谋⑲，以收夏众，抚其官职。使女艾谍浇⑳，使季杼诱豷（yì）㉑，遂灭过、戈㉒。复禹之绩，祀夏配天，不失旧物。今吴不如过，而越大于少康，或将丰之㉓，不亦难乎！勾践能亲而务施，施不失人，亲不弃劳，与我同壤，而世为仇雠。于是乎克而弗取，将又存之，违天而长寇雠，后虽悔之，不可食已。姬之衰也㉔，日可俟也。介在蛮夷，而长寇雠，以是求伯（bà）㉕，必不行矣。"

弗听。退而告人曰："越十年生聚，而十年教训，二十年之外，吴其为沼乎！"

【注释】

① 夫差：春秋末年吴国国君，阖闾之子。夫椒：山名。在今江苏吴县西南太湖中。

② 槜李：地名。在今浙江嘉兴西南。鲁定公十四年（前496），越国

在此大败吴军,吴王阖闾脚伤而死。

③ 越子:越王勾践。甲楯:披甲执盾的士兵。楯,盾牌。会稽:山名。在今浙江绍兴南。

④ 大夫种:文种,越大夫。嚭:伯嚭,吴王夫差的宠臣,官至太宰。

⑤ 伍员:字子胥。吴大夫。

⑥ 过:古国名。在今山东掖县北。传说为东夷首领寒浞之子浇封于此。斟灌、斟鄩:夏的同姓诸侯。

⑦ 后相:传说中的夏代君主相,夏启之孙。据说夏王太康被后羿夺去王位,寒浞杀后羿,取代夏政。后相依二斟,寒浞之子浇灭二斟,后相亡。

⑧ 后缗:相的妻子,有仍氏女。娠:妊娠,怀孕。

⑨ 有仍:古代部族。在今山东济宁东南。

⑩ 牧正:掌管畜牧的官。

⑪ 惎:憎恨。

⑫ 椒:浇的臣下。

⑬ 有虞:原是舜的部落。这里指舜的后代封国,在今河南虞城北。

⑭ 庖正:掌管膳食的官。

⑮ 虞思:虞国君。二姚:虞思的两个女儿。虞国姚姓。

⑯ 纶:虞地名。在今河南虞城东南。

⑰ 成:土地面积单位,方十里为一成。

⑱ 旅:五百步卒为一旅。

⑲ 兆:开始。

⑳ 女艾:少康之臣,打入浇那里做间谍。

㉑ 季杼:少康之子。豷:浇之弟,封于戈。

㉒ 过、戈:指浇国和豷国。

㉓ 丰:壮大。

㉔ 姬:吴是周太王之子太伯的后代,姬姓。

㉕ 伯：同"霸"，春秋时有实力领导其他国家的诸侯称为"霸"。

【译文】

　　吴王夫差在夫椒打败越军，报了檇李战役之仇，并乘势进入越国。越王勾践带着五千披甲执盾的士兵守在会稽山，派大夫文种通过吴国太宰伯嚭向吴王求和。吴王打算答应他。

　　伍员说："不行。臣听说：'建树德行没有比不断培植更重要的，去除毒害没有比扫灭干净更重要的。'从前过国的君王浇杀了斟灌，又攻打斟鄩，灭了夏后相，夏后相的妻子后缗正怀着孕，从城墙小洞里逃出来，回到有仍，生下少康。少康后来做了有仍的牧正，对浇满怀仇恨并时刻提防他。浇派椒寻找少康，少康逃到有虞，做了那里的庖正，从而免除了浇对自己的危害。虞思因此把两个女儿嫁给他，封他在纶邑，拥有十里见方的田地和五百个步卒。少康能广施恩德，开始实行复国的计划，召集夏朝的余部，安抚他们的官员。派女艾到浇那里去刺探情报，派儿子季杼去引诱浇的兄弟豷。这样就灭掉了过国、戈国。恢复了禹的功绩，奉祀夏朝的祖先同时祭祀天帝，没有丢掉原有的天下。现在吴国不如过国，越国却比少康强大，如果使越国壮大，不也是我们的灾难吗！越王勾践能够亲近人民而致力于施舍，施行恩惠就不会失掉民心，亲近人民就不会忽视别人的功劳。越国和我国同在一块土地上，而世世代代又是仇敌，在这种情况下攻下了而不取归己有，又打算让它存在下去，违背上天而壮大仇敌，以后虽然懊悔，也不能消除。姬姓的衰微，指日可待。我国介于蛮夷之间而让仇敌壮大，用这样的办法求取霸业，必然是行不通的。"

　　吴王不听伍员的意见。伍员退下后告诉别人说："越国用十年繁衍人口积聚力量，用十年教育训练人民，二十年以后，吴国的宫殿恐怕要沦为池沼了！"

召公谏厉王止谤

《国语》

厉王虐①,国人谤王②,召公告曰③:"民不堪命矣!"王怒,得卫巫,使监谤者,以告,则杀之。国人莫敢言,道路以目。王喜,告召公曰:"吾能弭(mǐ)谤矣,乃不敢言。"

召公曰:"是障之也!防民之口,甚于防川。川壅而溃,伤人必多。民亦如之。是故为川者决之使导;为民者宣之使言。故天子听政,使公卿至于列士献诗④,瞽献曲⑤,史献书,师箴(zhēn)⑥,瞍赋⑦,矇诵⑧,百工谏,庶人传语,近臣尽规,亲戚补察⑨,瞽、史教诲⑩,耆、艾修之⑪,而后王斟酌焉,是以事行而不悖。民之有口也,犹土之有山川也,财用于是乎出;犹其有原隰衍沃也⑫,衣食于是乎生。口之宣言也,善败于是乎兴,行善而备败,其所以阜财用衣食者也。夫民虑之于心而宣之于口,成而行之,胡可壅也?若壅其口,其与能几何?"

王弗听。于是国人莫敢出言。三年,乃流王于彘(zhì)⑬。

【注释】

① 厉王:周厉王,姬姓,名胡,夷王之子。
② 谤:指责,议论。
③ 召公:即召穆公,姬姓,名虎,周之卿士。一作"邵"。
④ 列士:古时一般官员称为士,较高者为列士。
⑤ 瞽:古代盲人乐师,后来成为乐师之代称。
⑥ 师:乐师。箴:箴言,是一种有劝诫意义的文辞,近似后世的格言。
⑦ 瞍:盲人无眸子者曰"瞍"。

⑧ 瞽：有眸子而看不见的人。
⑨ 亲戚：此指与周王同宗的大臣。
⑩ 教诲：指用歌曲和史书之言对君王进行教诲。
⑪ 耆、艾：人六十曰耆，五十曰艾。此指朝中的老臣。
⑫ 原：高而平坦的土地。隰：低而潮湿的土地。衍：低而平坦的土地。
沃：有水源可以灌溉的土地。
⑬ 彘：古地名，在今山西霍县东北。

【译文】

周厉王暴虐无道，百姓都指责他的过失。召公规劝厉王说："人民受不了这暴虐的政令了！"厉王听了非常生气，找来卫国的巫师，派他们去监视那些指责朝政的人。只要报告谁指责朝政，厉王就把指责的人杀掉。从此百姓就没有敢说话的了，在道路上见了面只能互相以眼神示意。周厉王十分得意，告诉召公说："我能制止百姓的指责议论了，人们不敢说什么了。"

召公说："这是阻塞人们的言论啊，阻塞人民的口，后患超过阻塞河流。壅塞的河流一旦决口，伤害人一定很多；堵人民的嘴也是这样。因此治水的人要疏通水道，使它通畅无阻；治理人民的人也应开导他们，使其畅所欲言。所以天子处理政事，让大臣以至有地位的士人进献讽喻的诗篇；让盲人乐师进献民间乐曲；让史官进献史籍；让乐师进献有劝诫意义的文辞；让无眸子的盲人吟咏公卿、列士所献的诗歌；让有眸子的盲人诵读讽谏的诗文；让各种手艺人向国王进谏；让平民百姓间接地把他们的话传上来；让近臣各尽规劝的职责；让王室同宗的大臣来监察朝政，弥补天子的过失；盲人乐师和史官以乐歌、史籍之言来教诲天子；让朝中老臣将那些规劝、教诲的文字加以整理，然后由天子斟酌取舍，付诸施行。因此大王行事就不违背情理。人民有口，犹如土地上有山水，财物用度是从这里生产出来的；又如土地上有高原、洼地、低平之地、水浇之田，衣服、食物也是从这里生产出来的。

大家用口发表言论，政事的好坏就列举出来了。推行好的而防止坏的，这就是使财用、衣食丰富起来的根本啊。人民内心考虑的事都能从口头上表达出来，就应该成全其美而照它施行，怎能加以壅塞呢？如果壅塞其口，那么支持帮助我们的人还能有多少呢？"

　　周厉王不听召公的意见。于是百姓再也没有敢发言的。过了三年，暴动的群众就把厉王驱逐到彘地去了。

申胥谏许越成

《国语》

吴王夫差乃告诸大夫曰①："孤将有大志于齐②，吾将许越成，而无拂吾虑③。若越既改，吾又何求？若其不改，反行，吾振旅焉④。"申胥谏曰："不可许也。夫越，非实忠心好吴也，又非慑畏吾甲兵之强也。大夫种勇而善谋，将还（xuán）玩吴国于股掌之上⑤，以得其志。夫固知君王之盖威以好胜也⑥，故婉约其辞，以从（zòng）逸王志⑦，使淫乐于诸夏之国⑧，以自伤也。使吾甲兵钝弊，民人离落，而日以憔悴⑨，然后安受吾烬⑩。夫越王好信以爱民，四方归之，年谷时熟，日长（zhǎng）炎炎⑪。及吾犹可以战也，为虺（huǐ）弗摧⑫，为蛇将若何？"

吴王曰："大夫奚隆于越⑬？越曾足以为大虞乎？若无越，则吾何以春秋曜吾军士⑭？"乃许之成。将盟，越王又使诸稽郢辞曰："以盟为有益乎？前盟口血未干⑮，足以结信矣。以盟为无益乎？君王舍甲兵之威以临使之，而胡重于鬼神而自轻也？"吴王乃许之，荒成不盟⑯。

【注释】

① 夫差：吴王阖闾的儿子，姬姓。
② 大志：即称霸。
③ 拂：违逆。虑：谋。
④ 振旅：指整顿军队。
⑤ 还：同"旋"，旋转。
⑥ 盖威：尚武。

⑦ 从：同"纵"。

⑧ 诸夏之国：中原的其他诸侯国。

⑨ 憔悴：此言困苦不堪。

⑩ 烬：灰烬。

⑪ 炎炎：势头正盛的样子。

⑫ 虺：这里指小蛇。摧：杀灭。

⑬ 奚：为何。隆：高看。

⑭ 曜：同"耀"，炫耀。

⑮ 口血未干：古人以歃血为盟，这里是说订盟不久。

⑯ 荒：空。

【译文】

　　吴王夫差因越王请求讲和，便告诉众位大夫说："我将要对齐国采取大的行动，所以我打算答应越国向我们议和的请求，你们不要违忤我的意图。如果越国已经改正了过去的行为，我们还有什么要求呢？假如他们不改，等到伐齐回来时，我们再发兵攻打他们。"伍子胥进谏说："我们不能同意越国议和的请求。越国并非真心实意地与吴国交好，也不是畏惧我们武力强大。越国大夫文种勇武超人而又足智多谋，他将把我们吴国玩弄于股掌之上，为所欲为。他们平素就知道大王您尚武而好胜啊，所以就用婉约委曲的辞令来奉承您，纵逸您的志向，使您在中原各国的争斗中贪享安逸而戕害自己啊；又使我们军队疲弱劳损，人民离散流落而日益困苦，然后越国就安然享受我国留下的成果。至于越王，他讲忠信、爱人民，四方都归顺他，五谷米粮适时成熟，他们国运兴隆，犹如朝阳蒸蒸。所以趁着我们目前的时机，利用我们的条件，还可以与越国决战。不消灭小蛇，到它长成大蛇时将怎么办呢？"

　　吴王说："你为什么这样尊崇越国？怎值得将越国当作大的顾虑呢？假若没有越国，那么我们怎能在春季秋季随时向他们炫耀武力呢？"吴王于是答应和越国议和。将要订立盟约时，越王又派诸稽郢推辞说："如果你们把订盟看作有益之事，那么前次订盟的时间不久，足以互相取信了；如果你们把订盟看作无益之事，那么您却放弃武力来和我们订立盟约，您为何对鬼神敬重而对自己轻蔑呢？"吴王就应允了他，仅仅只做了议和的空言，而无订盟之实。

苏秦以连横说秦

《战国策》

苏秦始将连横说秦惠王①，曰："大王之国，西有巴、蜀、汉中之利②，北有胡貉（hé）、代马之用③，南有巫山、黔中之限④，东有殽（xiáo）、函之固⑤。田肥美，民殷富，战车万乘（shèng），奋击百万⑥，沃野千里，蓄积饶多，地势形便，此所谓天府，天下之雄国也。以大王之贤，士民之众，车骑之用，兵法之教，可以并诸侯，吞天下，称帝而治。愿大王少留意，臣请奏其效。"秦王曰："寡人闻之：毛羽不丰满者，不可以高飞；文章不成者⑦，不可以诛罚；道德不厚者，不可以使民；政教不顺者，不可以烦大臣。今先生俨然不远千里而庭教之，愿以异日。"

苏秦曰："臣固疑大王之不能用也。昔者神农伐补遂⑧，黄帝伐涿鹿而禽蚩（chī）尤⑨，尧伐驩兜⑩，舜伐三苗⑪，禹伐共工⑫，汤伐有夏⑬，文王伐崇⑭，武王伐纣⑮，齐桓任战而伯（bò）天下⑯。由此观之，恶（wū）有不战者乎！古者使车毂（gǔ）击驰，言语相结，天下为一。约从连横，兵革不藏。文士并饬（shì）⑰，诸侯乱惑，万端俱起，不可胜理。科条既备，民多伪态；书策稠浊，百姓不足；上下相愁，民无所聊。明言章理⑱，兵甲愈起，辩言伟服，战攻不息；繁称文辞，天下不治；舌敝耳聋，不见成功；行义约信，天下不亲。于是乃废文任武，厚养死士，缀甲厉兵，效胜于战场。夫徒处而致利，安坐而广地，虽古五帝、三王、五伯⑲，明主贤君，常欲坐而致之，其势不能，故以战续之。宽则两军相攻，迫则杖戟相撞，然后可建大功。是故兵胜于外，义强于内；威力于上，民服于下。今欲并天下，凌万乘⑳，诎敌国㉑，制海内，子元元㉒，臣诸侯，非兵不可。今之嗣主，忽于至道，皆惛（hūn）于教，乱于治，迷于言，惑于语，沉于辩，溺于辞。以此论之，王固不能行也。"

说秦王书十上而说不行。黑貂之裘敝，黄金百斤尽，资用乏绝，去秦而归。嬴（léi）縢（téng）履蹻（juē）㉓，负书担橐（tuó）㉔，形容枯槁，面目犁（lí）黑，状有愧色。归至家，妻不下纴（rèn），嫂不为炊，父母不与言。苏秦喟然叹曰："妻不以我为夫，嫂不以我为叔，父母不以我为子，是皆秦之罪也！"乃夜发书，陈箧（qiè）数十㉕，得太公《阴符》之谋㉖，伏而诵之，简练以为揣摩㉗。读书欲睡，引锥自刺其股，血流至足，曰："安有说人主不能出其金玉锦绣，取卿相之尊者乎？"期年㉘，揣摩成，曰："此真可以说当世之君矣！"

于是乃摩燕乌集阙㉙，见说赵王于华屋之下，抵掌而谈㉚。赵王大说（yuè），封为武安君㉛，受相印。革车百乘，锦绣千纯（tún）㉜，白璧百双，黄金万镒㉝，以随其后，约从散横，以抑强秦。故苏秦相于赵而关不通。当此之时，天下之大，万民之众，王侯之威，谋臣之权，皆欲决于苏秦之策。不费斗粮，未烦一兵，未战一士，未绝一弦，未折一矢，诸侯相亲，贤于兄弟。夫贤人任而天下服，一人用而天下从。故曰：式于政㉞不式于勇；式于廊庙之内㉟，不式于四境之外。当秦之隆，黄金万镒为用，转毂连骑，炫煌（huáng）于道，山东之国㊱，从风而服，使赵大重。且夫苏秦特穷巷掘门、桑户棬（quān）枢之士耳㊲。伏轼撙（zǔn）衔㊳，横历天下，庭说诸侯之主，杜左右之口，天下莫之能伉（kàng）。

将说楚王，路过洛阳。父母闻之，清宫除道，张乐设饮，郊迎三十里。妻侧目而视，倾耳而听。嫂蛇行匍伏，四拜自跪而谢。苏秦曰："嫂！何前倨而后卑也？"嫂曰："以季子位尊而多金㊴。"苏秦曰:"嗟乎!贫穷则父母不子,富贵则亲戚畏惧,人生世上,势位富贵,盖(hé)可忽乎哉㊵!"

【注释】

① 苏秦(?—前284):战国时东周洛阳(今河南洛阳东)人,字季子,战国时著名的纵横家。连横:秦国在西,六国居东,秦与六国中的某个国家联合以打击其他的国家,这种策略谓之"连横"。秦惠王(前337—前331年在位):姓嬴,名驷,秦孝公之子。

② 巴:在今四川东部地区。蜀:在今四川西部地区。汉中:在今陕西省秦岭以南地区。

③ 胡:此指北方匈奴族所居之地。貉:兽名,形似狐,毛皮可制裘。代:在今山西、河北两省北部,其地产良马。

④ 巫山:山名,在今四川巫山东。黔中:在今湖南沅陵西。

⑤ 殽:同"崤"(xiáo),山名,地势险要,在今河南洛宁西北。函:函谷关,在今河南灵宝西南。

⑥ 奋击:此指奋勇作战的武士,指精锐部队。

⑦ 文章:此指礼乐法度。

⑧ 神农:传说中远古的帝王,农业和医药的发明者。补遂:未详,一说古部落名,一作辅遂。

⑨ 涿鹿:山名,在今河北涿鹿南。蚩尤:相传是九黎部落的首领,黄帝与之战于涿鹿之野,兵败被杀。

⑩ 驩兜:人名,相传为尧臣,因作乱而被流放。

⑪ 三苗:古族名,或称有苗,分布在今河南南部、湖南洞庭、江西鄱阳一带。

⑫ 共工:古代传说中的人物。

⑬ 汤:名履,殷商开国之君。

⑭ 文王:姬姓,名昌,商末诸侯,称西伯(西方诸侯之长)。

⑮ 武王：名发，文王之子。武王率诸侯灭商，建立周朝。
⑯ 齐桓：齐桓公，名小白，春秋五霸之一。伯：通"霸"。
⑰ 饬：同"饰"，巧饰。
⑱ 章：同"彰"，明显。
⑲ 五帝：一说指黄帝、颛顼（zhuān xū）、帝喾（kù）、唐尧、虞舜。三王：指夏、商、周三代的开国之君禹、汤、文王。五伯：春秋五霸，一般指齐桓公、晋文公、宋襄公、秦穆公、楚庄王。
⑳ 万乘：指大国。
㉑ 诎：同"屈"。
㉒ 子元元：视百姓如子。元元，百姓。
㉓ 羸：同"累"，缠绕。縢：此指裹腿布。蹻：通"屩"，草鞋。
㉔ 橐：囊。
㉕ 箧：书箱。
㉖ 太公：姓姜，名尚，字子牙，其先人封在吕地，故又称吕尚。
㉗ 简：选择。练：熟悉。
㉘ 期年：周年。
㉙ 摩：逼近。燕乌集：阙名。君主所居之处，下有二台，上有门楼者曰阙。
㉚ 抵掌：即击掌，表示兴奋。
㉛ 武安：地名，在今河北武安县内。武安君：苏秦的封号。
㉜ 纯：束。
㉝ 镒：二十四两为一镒。
㉞ 式：同"试"，用。
㉟ 廊庙：国君祭祀、议事的地方。
㊱ 山东：指太行山以东的地区。
㊲ 掘门：凿墙为门。掘，同"窟"。桑户：用桑木做门板。棬枢：以弯木做门轴。

㊳ 撙：节制。

㊴ 季子：旧时嫂子称呼小叔子为季子。

㊵ 盖：通“盍”，为什么。

【译文】

起初，苏秦用连横的主张游说秦惠王，他说：“大王的国家，西面有巴、蜀、汉中的丰富物产，北边有胡、代出产的貉裘和骏马，南面有巫山、黔中的险隘，东边有崤山、函谷关的牢固。土地肥美，人民富足，兵车万乘，勇士百万，沃野千里，蓄积很多，地势险要，可攻宜守，这真是所谓的‘天府之国’啊！凭着大王的贤明，猛士和百姓的众多，车骑的熟练驾驭，兵法的精通，完全可以吞并诸侯，统一天下，称帝而治。希望大王稍微留意，让我陈说一下这样做的成效。”秦惠王说：“我听说，羽毛不丰满的不可以高飞；礼乐法令不完备的不可以用刑罚；道德修养不完善的不可以役使百姓；政教不和顺的不能烦劳大臣出征。现在先生不远千里郑重地来到秦国，且在朝廷上教诲我，请改日再讨教吧。”

苏秦说：“我本来就怀疑大王能不能采纳我的主张。从前神农氏讨伐补遂，黄帝讨伐涿鹿，擒杀了蚩尤，唐尧讨伐驩兜，虞舜讨伐三苗，夏禹攻打共工，商汤讨伐夏桀，周文王讨伐崇侯虎，周武王讨伐商纣，齐桓公以武力称霸天下。由此看来，哪有不用武力的呢？古时候，使者的车辆络绎不绝，彼此用言语结交，使天下结为一体。现在合纵连横之说兴起，战争不断。文士们巧饰辞令，诸侯们被他们蛊惑得不知所从，以致各种事端都发生了，理也理不出个头绪。法令条例愈完备，老百姓奸诈的愈多；文书政令愈繁多，百姓愈穷困。上上下下都发愁，老百姓更是没有什么依赖了。大道理讲得愈堂皇漂亮，战争反而愈多。穿盛装逞口才的辩士到处游走，战争反而愈不能停止；文士们的言辞繁杂浮夸，天下得不到太平。说话的人磨破了舌头，听的人震聋了耳朵，却见不到什么成效；实行仁道，倡导信用，天下反而不能和睦相亲。

于是只得废弃文治,采用武力,以优厚的待遇收养敢死之士,缝制战袍,磨利兵器,在战场上决定胜负。以此看来,什么也不做就得到好处,安坐不动能拓展疆土,即使是从前的五帝、三王、五霸以及其他贤明的君主,也经常想坐着求得,但做不到,他们不得不动用武力来解决问题。距离远两军便摆开阵势互相攻打,距离近就兵器对兵器拼杀,这样才能建立大功。因此,对外战争取得了胜利,对内行仁义就能强盛;国君的威望树立了,下面的百姓就会顺从。今天想要吞并天下,凌驾在大国之上,战胜敌国,统一海内,安抚百姓,臣服诸侯,不用武力就办不到。可惜今天的国君,忽视这一重要的道理,不明教化,不懂治国的道理,为花言巧语所迷惑,沉溺在巧辩的言辞之中。照这样看来,大王本来就不能采纳我的主张。"

　　苏秦向秦王上书多次,但秦王始终都没有采纳他的主张。黑貂皮大衣穿破了,带去的盘缠也用完了。生活费花光了,他只好离开秦国回家去。苏秦打着裹腿,穿着草鞋,背着书箱,挑着行李,身子干瘦,脸色黄黑,露出一副惭愧的神情。苏秦回到家里,妻子不下织机迎接他,嫂子不给他做饭吃,父母也不理睬他。苏秦长叹一声说:"妻子不认我作丈夫,嫂子不认我作小叔子,父母不把我看作儿子,这全是我自己的过错啊!"于是就连夜翻找书籍,摆开了几十只书箱,找到了姜太公所著的兵书《阴符》。他每天伏案诵读,选择重要的以熟记,结合当时天下的形势来研究。读书读累了要打瞌睡时,就拿个锥子刺自己的大腿,鲜血一直流到脚跟。他激励自己说:"哪有游说国君没拿出真才就得到卿相高位的呢?"过了一年,苏秦揣摩透了,说:"这次我真能说服当代的国君了!"

　　于是,苏秦就来到燕乌集阙,在华丽的宫殿里游说赵王,两人谈得很投机。赵王很高兴,就封苏秦为武安君,授给他相印,还有兵车百辆,锦绣千匹,白璧百对,黄金万镒为他所用。苏秦和六国订约合纵,拆散了连横,共同抑制强大的秦国。所以,苏秦在赵国为相时,六国同秦国断绝了往来。当时，尽管天下这么大，百姓众多，王侯威风，谋臣权变，但什么事都得由苏秦来决定。没有耗费一斗粮食，不用一件兵器，不用一个士兵，不拉断一张弓，不折一支箭，就使六国的诸侯互相亲爱，胜过亲兄弟。真是贤人当政，天下信服；一个贤人被任用，天下顺从。所以说：要靠政治，不靠勇敢；靠在朝廷里决策，不靠对外打仗。当苏秦志得意满的时候，万镒黄金随他用，随从的车马络绎不绝，威风凛凛。太行山以东地区的各诸侯国闻风而服从，使赵国的地位大大提高。原来苏秦不过是个住在穷街小巷、矮门陋屋的穷士罢了，可是他却坐车乘马，横行天下，在各国的朝廷上游说各国的君主，国君左右的亲信都被他辩得无话可说，天下没有人能同他抗衡。

  苏秦要去游说楚王，路过洛阳。他的父母听说他回来了，就赶忙收拾房屋，打扫道路，敲锣打鼓，备办酒席，到郊外三十里去迎接他。他的妻子不敢正眼看他，侧着耳朵听他说话；嫂子匍匐在地上，像蛇一样爬到苏秦跟前，拜了又拜，跪在地上向他认错。苏秦问她道："嫂子，你为什么先前那样傲慢而现在又这样低声下气呢？"他嫂子回答说："因为您现在地位尊贵，金钱多了呀！"苏秦感叹："唉！一个人贫穷的时候，连父母也不认他做儿子；一旦富贵了，连亲人都怕他。人生活在世上，那权位和富贵，怎么能忽视呢！"

邹忌讽齐王纳谏

《战国策》

邹忌修八尺有馀①，而形貌昳（yì）丽②。朝服衣冠③，窥镜，谓其妻曰："我孰与城北徐公美④？"其妻曰："君美甚，徐公何能及君也！"城北徐公，齐国之美丽者也。忌不自信，而复问其妾曰："吾孰与徐公美？"妾曰："徐公何能及君也！"旦日，客从外来，与坐谈。问之："吾与徐公孰美？"客曰："徐公不若君之美也！"

明日，徐公来。熟视之，自以为不如。窥镜而自视，又弗如远甚。暮，寝而思之。曰："吾妻之美我者，私我也；妾之美我者，畏我也；客之美我者，欲有求于我也。"

于是入朝见威王⑤，曰："臣诚知不如徐公美。臣之妻私臣，臣之妾畏臣，臣之客欲有求于臣，皆以美于徐公。今齐地方千里，百二十城。宫妇左右，莫不私王，朝廷之臣，莫不畏王，四境之内，莫不有求于王。由此观之，王之蔽甚矣！"

王曰："善。"乃下令："群臣吏民，能面刺寡人之过者，受上赏；上书谏寡人者，受中赏；能谤议于市朝⑥，闻寡人之耳者，受下赏。"

令初下，群臣进谏，门庭若市。数月之后，时时而间（jiàn）进；期（jī）年之后，虽欲言，无可进者。燕、赵、韩、魏闻之，皆朝于齐。此所谓战胜于朝廷⑦。

【注释】

① 邹忌：齐威王时任国相，封于下邳（今江苏邳州西南），号成侯。

① 修：长，这里指身高。
② 丽：漂亮有风度。
③ 服：作动词，穿戴。
④ 徐公：人名，当时齐国著名的美男子。
⑤ 威王：齐威王，姓田，名婴齐，齐桓公之子。
⑥ 谤：指责别人的过错。市朝：泛指公共场所。
⑦ 战胜于朝廷：意味政治修明，不必用军事行动就能使敌国畏服。

【译文】

　　齐国相国邹忌，身高八尺多，仪表容貌非凡。一天清晨，他穿戴好衣帽，照着镜子，问他的妻子："我与城北徐公相比，谁更漂亮？"他的妻子说："你漂亮极了，徐公怎能比得上你呢！"城北的徐公，乃是齐国有名的美男子。邹忌不相信自己比徐公美，又问他的妾说："我与徐公谁漂亮？"妾回答说："徐公怎能比得上您呀！"第二天，有位客人来访邹忌。邹忌陪他坐下，寒暄一阵后，问客人说："我与徐公谁漂亮？"客人答道："徐公不如您漂亮！"

　　又过了一天，徐公来了。邹忌认真仔细地看着徐公，自认为比不上他；又对着镜子照看，更觉得自己远不如徐公。晚上睡觉时，邹忌想来想去说："我的妻子认为我美，是因为偏爱我；小妾说我美，是因为怕我；客人说我美，是因为希望得到我的帮助。"

　　于是上朝晋见齐威王，说："我明知自己不如徐公漂亮。可是，我的妻子偏爱我，我的妾害怕我，我的客人想得到我的帮助，他们都说我比徐公漂亮。如今齐国方圆千里，一百二十多座城池。您宫里的嫔妃、近臣没有不偏爱您的，朝中的大臣没有不害怕您的，全国的老百姓没有不想求您帮助的。由此看来，大王所受的蒙蔽一定很厉害啊！"

　　齐威王说："好。"于是下了一道命令："不论官吏和老百姓，凡是能够当面指责我的错误的，就可得头等奖赏；上奏章劝谏我的，就可得中等奖赏；能够在公共场所议论我的过错并能让我听到的，就可得下等奖赏。"

命令刚下达时，群臣都来进谏，宫门前、院子内像集市一样热闹；几个月以后，间或有人来进谏；一年以后，就是有想进谏也没有什么可说的了。燕、赵、韩、魏等国的国君听到这个情况，就向齐国朝见。这就是所谓在朝廷上战胜了敌国。

冯谖客孟尝君

《战国策》

齐人有冯谖（xuān）者①，贫乏不能自存，使人属（zhǔ）孟尝君②，愿寄食门下。孟尝君曰："客何好？"曰："客无好也。"曰："客何能？"曰："客无能也。"孟尝君笑而受之，曰："诺。"左右以君贱之也，食（sì）以草具③。居有顷，倚柱弹其剑，歌曰："长铗（jiá）归来乎④！食无鱼。"左右以告。孟尝君曰："食之，比门下之客。"居有顷，复弹其铗，歌曰："长铗，归来乎，出无车。"左右皆笑之，以告。孟尝君曰："为之驾，比门下之车客。"于是乘其车，揭其剑，过其友，曰："孟尝君客我。"后有顷，复弹其剑铗，歌曰："长铗，归来乎！无以为家。"左右皆恶（wù）之，以为贪而不知足。孟尝君问："冯公有亲乎？"对曰："有老母。"孟尝君使人给其食用，无使乏。于是冯谖不复歌。

后孟尝君出记，问门下诸客："谁习计会，能为文收责于薛者乎⑤？"冯谖署曰："能。"孟尝君怪之，曰："此谁也？"左右曰："乃歌夫'长铗归来'者也。"孟尝君笑曰："客果有能也，吾负之，未尝见也。"请而见之，谢曰："文倦于是⑥，愦（kuì）于忧，而性懧（nuò）愚，沉于国家之事，开罪于先生。先生不羞，乃有意欲为收责于薛乎？"冯谖曰："愿之。"于是约车治装，载券契而行，辞曰："责毕收，以何市而反？"孟尝君曰："视吾家所寡有者。"

驱而之薛，使吏召诸民当偿者，悉来合券。券遍合，起，矫命以责赐诸民，因烧其券。民称万岁。长驱到齐，晨而求见。

孟尝君怪其疾也，衣冠而见之，曰："责毕收乎？来何疾也？"曰："收毕矣。""以何市而反？"冯谖曰："君云'视吾家所寡有者'。臣窃计，君宫中积珍宝，狗马实外厩（jiù），美人充下陈⑦。君家所寡有者以义耳！窃以为君市义。"孟尝君曰："市义奈何？"曰："今君有区区之薛，不拊爱子其民⑧，因而贾（gǔ）利之。臣窃矫君命，以责赐诸民，因烧其券，民称万岁，乃臣所以为君市义也。"孟尝君不说（yuè），曰："诺。先生休矣！"

后期（jī）年，齐王谓孟尝君曰："寡人不敢以先王之臣为臣。"孟尝君就国于薛。未至百里，民扶老携幼，迎君道中终日。孟尝君顾谓冯谖："先生所为文市义者，乃今日见之。"冯谖曰："狡兔有三窟，仅得免其死耳。今君有一窟，未得高枕而卧也。请为君复凿二窟。"

孟尝君予车五十乘（shèng），金五百斤，西游于梁⑨，谓惠王曰："齐放其大臣孟尝君于诸侯，诸侯先迎之者，富而兵强。"于是梁王虚上位，以故相为上将军，遣使者，黄金千斤，车百乘，往聘孟尝君。冯谖先驱诫孟尝君曰："千金，重币也；百乘，显使也。齐其闻之矣。"梁使三反，孟尝君固辞不往也。齐王闻之，君臣恐惧，遣太傅赍（jī）黄金千斤⑩，文车二驷（sì），服剑一，封书谢孟尝君曰："寡人不祥，被（pī）于宗庙之祟，沉于谄谀之臣，开罪于君。寡人不足为也，愿君顾先王之宗庙，姑反国统万人乎？"冯谖诫孟尝君曰："愿请先王之祭器，立宗庙于薛。"庙成，还报孟尝君曰："三窟已就，君姑高枕为乐矣。"

孟尝君为相数十年，无纤介之祸者⑪，冯谖之计也。

【注释】

① 冯谖：孟尝君门下的一个食客。
② 孟尝君：姓田，名文，田婴之子，战国时著名的四公子之一，为齐相。
③ 食以草具：给他吃粗糙的食物。
④ 铗：剑把，这里指剑。
⑤ 责：同"债"。薛：地名，故城在今山东枣庄境内。
⑥ 是：一作"事"。
⑦ 下陈：原为宾主相接陈列礼品、站立侯从之处，位于堂下，此指后宫内室。陈，行列。
⑧ 拊：同"抚"。
⑨ 梁：魏国迁都于大梁（今河南开封），故魏又称"梁"。
⑩ 太傅：官名，是辅佐君王的高官之一。赍：带着。
⑪ 介：同"芥"，小草。

【译文】

　　齐国有个叫冯谖的，穷得连自己也没法养活，他托别人去请求孟尝君，想在孟尝君门下做个食客。孟尝君问："这位客人有什么爱好？"那人回答说："没有什么爱好。"又问："客人有什么才能？"那人回答说："没有什么才能。"孟尝君就笑着答道："好吧。"孟尝君身边管事的以为主人看不起冯谖，就给他粗劣的饭食吃。过了不久，冯谖倚着厅堂的柱子弹着他的剑唱道："长剑呀，咱们回去吧！吃饭没有鱼。"管事的人把这事报告了孟尝君。孟尝君说："给他鱼吃，按照一般门客的待遇待他。"过了不久，冯谖又弹着他的剑唱道："长剑呀，咱们回去吧，出门没有车子坐。"管事的人都笑话他，又把这事报告了孟尝君。孟尝君说："给他准备车子，按照门下车客的标准待他。"于是冯谖就坐上他的车，高举着他的剑，去拜访他的朋友，说："孟尝君把我当成客了！"过后没几天，他又弹着他的剑，唱道："长剑呀，咱们回去吧！没有什么可以养家。"管事的人都厌恶他，认为他贪得无厌。孟尝君问:"冯先生还有亲人吗?"管事的人回答说:"有个老母亲。"孟尝君就派人供给她生活费用,不让她缺少什么。从此,冯谖就不再弹剑唱歌了。

后来,孟尝君出了个告示,询问门下的门客:"哪一位熟悉账务理财,能替我到薛地去收债?"冯谖就在告示上写下:"我能。"孟尝君感到很奇怪,问道:"这位是谁呀?"管事的人说:"这就是那个唱'长剑呀,咱们回去吧'的人。"孟尝君笑着说:"这位客人果然有才能啊!我亏待了他,还不曾见过他呢。"于是就把冯谖请来相见,对他道歉说:"我被政事搞得很疲倦,被忧虑搅得心烦意乱,而且生性懦弱愚笨,完全沉溺于国事之中,以至得罪了先生。先生不以此为羞辱,还肯为我到薛地去收债吗?"冯谖回答说:"愿意去。"于是套好了车,收拾了行李,把借债的契装在车上,准备出发。向孟尝君辞行的时候,问道:"收完了债,用债款买点什么东西回来呢?"孟尝君说:"看看我家里缺什么东西就买什么吧。"

冯谖赶着马车到了薛城,派官吏召集起老百姓中该还债的都来验对契约。全验完了,他就站起来,假传孟尝君的命令,宣布把债款全部赏给老百姓,于是烧掉了借契。老百姓都欢呼万岁。冯谖马不停蹄地赶回齐都,大清早就去求见孟尝君。孟尝君对他回来得这么快感到奇怪,穿戴好衣帽出来接见他,问道:"债全收齐了吗?回来得怎么这么快啊?"冯谖回答说:"收齐了。""用它买了些什么东西回来?"冯谖说:"您说'看看我家里缺什么东西就买什么'。我心里盘算着,您府里堆满了珍珠宝贝,猎狗骏马挤满了牲畜棚,美人站满了堂下,您府上所缺少的只是'义'罢了。我就私自做主,用债款替您买了义。"孟尝君问:"'买义'是怎么个买法?"冯谖说:"如今您只有一个小小的薛地,可是您并不爱护那里的老百姓,反倒用商人的手段向他们取利息。我就私自假托您的命令,把债款完全赏赐给老百姓,并烧掉了借契,百姓齐声欢呼万岁。这就是我给您买的义啊。"孟尝君很不高兴，说："好吧！先生，算了吧！"

过了一年，齐王对孟尝君说："我不敢把先王的臣子当作我的臣子。"孟尝君只得回到他的封地薛城去。他的车马走到离薛城还有一百里的地方时，只见老百姓扶老携幼，在大路上迎接他。孟尝君回头对冯谖说："先生替田文买的义，我今日看到了。"冯谖说："狡猾的兔子有三个洞穴才能避免死亡，现在您只有一个洞穴，还不能高枕而卧呀。请让我再替您开凿两个洞穴吧！"

孟尝君就给了冯谖五十辆车子，五百斤黄金，往西去游说梁国。冯谖对梁惠王说："齐王免了孟尝君的相位，给了诸侯重用他的机会；抢先迎接他的，一定能够国富兵强。"于是梁王就空出最高的官位，任命原来的宰相做上将军，还派了使者带着一千斤黄金，赶着一百辆马车去聘请孟尝君。冯谖先驾车回国，告诫孟尝君说："一千斤黄金是一份厚重的聘礼；动用一百辆马车，是一位很显赫的使臣。齐王大概已经听到了这个消息。"梁国的使者往返三次聘请孟尝君，可是他坚决推辞，不肯到梁国去。齐王听到这个消息，君臣都恐慌起来，立即派太傅带了一千斤黄金，二辆彩饰的车子，一把佩剑，一封亲笔信，向孟尝君道歉。信中说："我不好，遭到了祖宗神灵的惩罚，偏听偏信于阿谀逢迎的奸臣，以致得罪了您。我是不值得您辅助的，希望您念在先王宗庙的分上，姑且回到国都来治理全国的老百姓吧！"这时，冯谖又提醒孟尝君说："希望您向齐王请求，分给您一部分先王传下来的祭器，在薛邑建立宗庙。"宗庙落成了，冯谖赶回报告孟尝君说："三个洞穴全已凿好，您高枕无忧地过快活日子吧！"

孟尝君做了几十年齐国的丞相，没遭到丝毫的祸患，都是由于冯谖的计策啊。

触龙说赵太后

《战国策》

赵太后新用事①，秦急攻之。赵氏求救于齐。齐曰："必以长安君为质②，兵乃出。"太后不肯，大臣强谏。太后明谓左右："有复言令长安君为质者，老妇必唾其面！"

左师触龙愿见太后③，太后盛气而胥之④。入而徐趋⑤，至而自谢，曰："老臣病足，曾不能疾走，不得见久矣，窃自恕，而恐太后玉体之有所郄也⑥，故愿望见太后。"太后曰："老妇恃辇（niǎn）而行⑦。"曰："日食饮得无衰乎？"曰："恃鬻耳⑧。"曰："老臣今者殊不欲食，乃自强步，日三四里，少益嗜食，和于身。"太后曰："老妇不能。"太后之色稍解。

左师公曰："老臣贱息舒祺⑨，最少，不肖。而臣，窃爱怜之，愿令得补黑衣之数⑩，以卫王宫。没死以闻。"太后曰："敬诺。年几何矣？"对曰："十五岁矣。虽少，愿及未填沟壑而托之。"太后曰："丈夫亦爱怜其少子乎？"对曰："甚于妇人。"太后笑曰："妇人异甚。"对曰："老臣窃以为媪（ǎo）之爱燕后，贤于长安君。"曰："君过矣！不若长安君之甚。"左师公曰："父母之爱子，则为之计深远。媪之送燕后也，持其踵，为之泣，念悲其远也，亦哀之矣。已行，非弗思也，祭祀必祝之。祝曰：'必勿使反⑪。'岂非计久长，有子孙相继为王也哉？"太后曰："然。"

左师公曰："今三世以前，至于赵之为赵，赵主之子孙侯者，其继有在者乎？"曰："无有。"曰："微独赵，诸侯有在者乎？"曰："老妇不闻也。""此其近者祸及身，远者及其子孙，岂人主之子孙则必不善哉？位尊而无功，奉厚而无劳⑫，而挟重器多也。今媪尊长安君之位，而封之以膏腴之地，多予之重器，而不及今令有功于国。一旦山陵崩⑬，长安君何以自托于赵？老臣以媪为长安君计短也。故以为其爱不若燕后。"太后曰："诺，恣君之所使之。"于是为长安君约车百乘，质于齐。齐兵乃出。

子义闻之⑭，曰："人主之子也，骨肉之亲也，犹不能恃无功之尊，无劳之奉，而守金玉之重也⑮，而况人臣乎！"

【注释】

① 赵太后：即赵威后。其夫赵惠文王死后，孝成王年幼，由赵威后执政。
② 长安君：孝成王之弟，惠文王之子，封号为长安君。
③ 左师触龙：左师，官名。触龙，人名，龙一作"詟"。今据马王堆汉墓出土的《战国策》残本和《史记·赵世家》校改。
④ 胥：《战国策》原作"揖"，据《史记》校改，同"须"，意为等待。
⑤ 趋：快步走。触龙有脚疾，故言"徐趋"。
⑥ 郄：同"隙"，此指有病，身体不适。
⑦ 辇：古时一种用人力推挽的车子。
⑧ 鬻：即今"粥"字。
⑨ 息：儿子。
⑩ 黑衣：战国时王宫卫士穿黑色衣服，这里所以用此代指卫士。
⑪ 必勿使反：古代诸侯之女嫁到别国，如不迎自归，则必有重大事故发生，不是被夫家废弃，就是国家灭亡，所以祝其勿返。反，同"返"。
⑫ 奉：同"俸"。
⑬ 山陵崩：古代帝王死为崩，此婉言威后死去。
⑭ 子义：赵国的一位有识之士。

⑮ 金玉之重：指富贵的地位。

【译文】

赵太后刚执政，秦国乘机进攻赵国，赵国向齐国求救。齐王说："一定得用长安君来做人质，才能出兵。"赵太后不答应，大臣们极力劝谏。太后明确地对大臣们说："有谁再说要叫长安君去做人质的，我老太婆一定要吐他一脸唾沫！"

左师触龙请求进见太后，太后怒气冲冲地等着他。触龙慢慢地向前小跑，到了太后面前请罪说："老臣的脚有毛病，不能快走，所以很久没来看望您了。虽然我私下里原谅自己，可是又担心太后的贵体有什么不适，所以来看望您。"太后说："我老太婆全靠坐辇走路了。"触龙问："您每天的饭量没有减少吧？"太后说："靠喝点稀粥罢了。"触龙说："老臣近来特别不想吃东西，自己勉强散步，每天走三四里，稍微想多吃点了，对身体有好处。"太后说："我可做不到。"太后的怒色稍微缓和了些。

左师公说："我的儿子舒祺，年龄最小，没有出息；可是我又老了，内心很疼爱他，想让他当黑衣卫士，来保卫王宫。我冒着死罪禀告太后。"太后说："好吧。年纪多大了？"触龙说："十五岁了。虽说年纪还小，但总想趁着我还没入土就把他托付给您。"太后就说："男人也疼爱小儿子吗？"触龙说："比女人还厉害。"太后笑着说："女人疼爱得更厉害啊。"触龙回答说："我私下认为您疼爱燕后就超过了长安君。"太后说："您错啦！远远比不上疼爱长安君！"左师公说："父母如果疼爱子女，就得为他们作长远的打算。您送燕后出嫁的时候，拉着她的手不让她走，为她落泪，惦念和伤心她嫁得远，也真够悲哀的了。她出嫁以后，您也并不是不想她，每逢祭祀的时候，必定为她祷告说：'可别让她回来啊！'这难道不是为她作长远打算，希望她的子孙一代接一代地做国君吗？"太后说："是啊。"

触龙又说："从现在算起，上推到三代以前甚至到赵国成立的时侯，赵王的子孙封了侯的，他们的后代现在还有保住爵位的吗？"赵太后说："没有。"触龙说："不仅仅是赵国，各国君主的子孙当初被封侯的，他们的子孙有保持住的吗？"赵太后说："我没听说过。"左师公说："这就是说他们之中近则自身便遭了祸，远则祸患便落到他们子孙身上了。难道君主的子孙就一定不好吗？不是。是因为他们地位高而没有功勋，俸禄丰厚而没有业绩，但拥有贵重的东西却很多。现在您把长安君的地位提得很高，封给他肥沃的土地，赐给他大量的珍宝，却不让他现在为国立功。一旦您百年之后，长安君凭什么在赵国安身呢？我认为您对长安君打算得太不长远了，所以说您疼爱他比不上疼爱燕后。"太后说："好吧，任凭你调派他吧。"于是就替长安君准备了一百辆车子，到齐国去做人质。齐国这才派出援军。

　　子义听说了这件事，说："君主的儿子是其亲生骨肉，尚且不能对国家没有功劳而居高位、享受没有功绩的俸禄、拥有大富大贵，何况是做臣子的呢？"

鲁仲连义不帝秦

《战国策》

秦围赵之邯郸①。魏安釐王使将军晋鄙救赵。畏秦,止于荡阴②,不进。

魏王使客将军辛垣衍间入邯郸③,因平原君谓赵王曰④:"秦所以急围赵者,前与齐闵王争强为帝⑤,已而复归帝,以齐故。今齐闵王益弱⑥。方今唯秦雄天下,此非必贪邯郸,其意欲求为帝。赵诚发使尊秦昭王为帝,秦必喜,罢兵去。"平原君犹豫未有所决。

此时鲁仲连适游赵⑦,会秦围赵,闻魏将欲令赵尊秦为帝,乃见平原君曰:"事将奈何矣?"平原君曰:"胜也何敢言事?百万之众折于外⑧,今又内围邯郸而不去。魏王使客将军辛垣衍令赵帝秦,今其人在是,胜也何敢言事?"鲁连曰:"始吾以君为天下之贤公子也,吾乃今然后知君非天下之贤公子也。梁客辛垣衍安在?吾请为君责而归之。"平原君曰:"胜请为召而见之于先生。"

平原君遂见辛垣衍曰:"东国有鲁连先生,其人在此,胜请为绍介而见之于将军。"辛垣衍曰:"吾闻鲁连先生,齐国之高士也。衍,人臣也,使事有职。吾不愿见鲁连先生也。"平原君曰:"胜已泄之矣。"辛垣衍许诺。

鲁连见辛垣衍而无言。辛垣衍曰:"吾视居此围城之中者,皆有求于平原君者也。今吾视先生之玉貌,非有求于平原君者,曷为久居此围城之中而不去也⑨?"鲁连曰:"世以鲍焦无从容而死者⑩,皆非也,今众人不知,则为一身。彼秦,弃礼义、上首功之国也⑪。权使其士，虏使其民。彼则肆然而为帝⑫，过而遂正于天下⑬，则连有赴东海而死耳，吾不忍为之民也！所为见将军者，欲以助赵也！"辛垣衍曰："先生助之奈何？"鲁连曰："吾将使梁及燕助之⑭。齐、楚固助之矣。"辛垣衍曰："燕则吾请以从矣。若乃梁⑮，则吾乃梁人也，先生恶能使梁助之耶？"鲁连曰："梁未睹秦称帝之害故也！使梁睹秦称帝之害，则必助赵矣。"辛垣衍曰："秦称帝之害将奈何？"鲁仲连曰："昔齐威王尝为仁义矣，率天下诸侯而朝周。周贫且微，诸侯莫朝，而齐独朝之。居岁余，周烈王崩，诸侯皆吊，齐后往。周怒，赴于齐曰⑯：'天崩地坼（chè）⑰，天子下席⑱。东藩之臣田婴齐后至，则斮（zhuó）之⑲。'威王勃然怒曰：'叱嗟（chì jiē）⑳！而母婢也㉑！'卒为天下笑。故生则朝周，死则叱之，诚不忍其求也。彼天子固然，其无足怪。"

辛垣衍曰："先生独未见夫仆乎？十人而从一人者，宁力不胜㉒，智不若邪？畏之也！"鲁仲连曰："然梁之比于秦若仆邪？"辛垣衍曰："然。"鲁仲连曰："然则吾将使秦王烹醢（hāi）梁王㉓。"辛垣衍怏（yàng）然不说㉔，曰："嘻！亦太甚矣，先生之言也！先生又恶能使秦王烹醢梁王？"鲁仲连曰："固也，待吾言之。昔者，鬼侯、鄂侯、文王，纣之三公也。鬼（jiǔ）侯有子而好㉕，故入之于纣，纣以为恶㉖，醢鬼侯。鄂侯争之急，辨之疾㉗，故脯鄂侯㉘。文王闻之，喟（kuì）然而叹㉙，故拘之于牖（yǒu）里之库百日㉚，而欲令之死。曷为与人俱称帝王，卒就脯醢之地也？

"齐闵王将之鲁㉛，夷维子执策而从㉜，谓鲁人曰：'子将何以待吾君？'鲁人曰：'吾将以十太牢待子之君㉝。'夷维子曰：'子安取礼而来待吾君？彼吾君者，天子也！天子巡狩，诸侯避舍，纳筦（guǎn）键㉞，摄衽（rèn）抱几（jī）㉟，视膳于堂下㊱。天子已食，退而听朝也。'鲁人投其籥（yuè）㊲，不果纳㊳，不得入于鲁。将之薛，假涂于邹㊴。当是时，邹君死，闵王欲入吊，夷维子谓邹之孤曰㊵：'天子吊，主人必将倍殡柩㊶，设北面于南方㊷，然后天子南面吊也。'邹之群臣曰：'必若此，吾将伏剑而死。'故不敢入于邹。邹、鲁之臣，生则不得事养，死则不得饭含㊸。然且欲行天子之礼于邹、鲁之臣，不果纳。今秦万乘之国，梁亦万乘之国，俱据万乘之国，交有称王之名。睹其一战而胜，欲从而帝之，是使三晋之大臣不如邹、鲁之仆妾也㊹。

"且秦无已而帝㊺，则且变易诸侯之大臣；彼将夺其所谓不肖，而予其所谓贤；夺其所憎，而予其所爱；彼又将使其子女谗妾为诸侯妃姬㊻，处梁之宫，梁王安得晏然而已乎？而将军又何以得故宠乎？"

于是，辛垣衍起，再拜谢曰："始以先生为庸人，吾乃今日而知，先生为天下之士也！吾请去，不敢复言帝秦。"

秦将闻之，为却军五十里。适会公子无忌夺晋鄙军以救赵击秦㊼，秦军引而去㊽。

于是平原君欲封鲁仲连。鲁仲连辞让者三，终不肯受。平原君乃置酒，酒酣，起，前，以千金为鲁连寿。鲁连笑曰："所贵于天下之士者，为人排患、释难、解纷乱而无所取也。即有所取者㊾，是商贾之人也，仲连不忍为也。"遂辞平原君而去，终身不复见。

【注释】

① 邯郸：赵国都城，在今河北邯郸西南。
② 荡阴：地名。位于赵、魏两国交界处，在今河南汤阴。

③ 客将军：辛垣衍本非魏人而在魏做将军，故称客将军。间入：从小路潜入。

④ 因：通过。平原君：赵孝成王之叔，名胜，当时为赵相。

⑤ 与齐闵王争强为帝：这里说的是秦昭王曾与齐闵王相约同时称帝，秦昭王为西帝，齐闵王为东帝，但齐闵王后来取消帝号，秦昭王便也随之取消。

⑥ 益：更加。

⑦ 鲁仲连：又名鲁连，齐国隐士。因齐在赵东面，故下文自称"东国鲁连先生"。

⑧ 百万之众折于外：指去年秦赵长平之战，结果赵军大败。

⑨ 曷：为何。

⑩ 鲍焦：春秋时隐士，因不满时政而抱木饿死。一般人以为他的死纯属个人原因。从容：指胸襟宽大。

⑪ 上首功：崇尚斩首之功。上，同"尚"，崇尚。

⑫ 则：假如。

⑬ 过而：甚而。遂：竟。正：同"政"，统治。

⑭ 梁：即魏国。魏惠王徙都大梁，故魏又称梁。

⑮ 若乃：至于。

⑯ 赴：同"讣"，报丧。

⑰ 坼：裂开。

⑱ 天子下席：这里是说天子去世，继位天子要在草席上守丧。

⑲ 斩：斩。

⑳ 叱嗟：怒斥声。

㉑ 而：同"尔"，你。

㉒ 宁：难道。

㉓ 烹醢：古代的酷刑。烹，下油锅。醢，剁成肉酱。

㉔ 怏然：不高兴的样子。

㉕ 鬼侯：又作"九侯"。子：古时对子女的通称。这里指女儿。

㉖ 恶：丑。

㉗ 辨：通"辩"。疾：急。

㉘ 脯：肉干。这里用作动词，制成肉干。

㉙ 喟然：叹息的样子。

㉚ 牖里：地名，也作"羑里"。在今河南汤阴北。库：监牢。

㉛ 之：往。

㉜ 策：马鞭。

㉝ 太牢：牛羊猪各一称太牢。十太牢代表最高礼仪。

㉞ 筦键：指钥匙和锁。筦，同"管"，钥匙。

㉟ 摄衽：掀起衣襟。抱几：捧着几案。

㊱ 视膳：侍候别人吃饭。

㊲ 投其籥：指闭关上锁。籥，通"钥"，锁。

㊳ 果：成为事实，常以"不果"二字连用。

㊴ 假：借。涂：同"途"，道路。邹：战国时的小国，在今山东邹县。

㊵ 孤：父死称孤。这里指邹国新君。

㊶ 倍殡柩：指把灵柩换成相反的方向。倍，通"背"。

㊷ 北面：面向北。

㊸ 饭含：古代殡礼，在死人嘴里放粟米称饭，放玉称含。

㊹ 三晋：即赵、魏、韩三国，是春秋时的晋国分裂而成。

㊺ 已：止。

㊻ 谗：在别人面前说陷害某人的坏话。

㊼ 无忌：即魏信陵君，名无忌。

㊽ 引：撤退。

㊾ 即：如果。

【译文】

秦军围困赵国都城邯郸。魏王派将军晋鄙去援救赵国。但他们惧怕秦军，故停在荡阴，不敢前进。

魏王派客将军辛垣衍从小路潜入邯郸，通过平原君跟赵王说："秦国之所以加紧围攻邯郸，是因为齐王先取消了帝号的缘故。现在齐国更加衰弱，只有秦国称雄天下，它这次军事行动并非一定要得到邯郸，真正目的是想要称帝。赵国如能派遣使臣尊秦昭王为帝，秦王必然高兴，秦军就会自己解除邯郸之围。"平原君犹豫，拿不定主意。

这时候鲁仲连恰巧在赵国游历，正遇上秦军围攻邯郸，听说魏国将要让赵国尊崇秦王为帝，就去见平原君，说："事情打算怎么办呢？"平原君说："我赵胜现在怎么敢对此事发表意见呢？赵国百万大军挫败在外，如今秦军深入国内围困邯郸又不撤兵。魏王派客将军辛垣衍来让赵王尊秦王为帝，现在他就在邯郸。我还能说什么呢？"鲁仲连说："以前我以为您是当今天下的贤明公子，我现在才知道您并不是。魏国客人辛垣衍在哪里？请让我替您责问他，让他回去。"平原君说："请让我召他来见先生。"

平原君就去见辛垣衍，说："齐国有位鲁仲连先生，他现在在这里，我请求为您介绍，让他来见您。"辛垣衍说："我听说过鲁仲连先生，他是齐国的高尚贤明之士啊。我是魏王的臣子，使臣的事，有自己的职责。我不想见鲁仲连先生。"平原君说："我已经把您在这里的消息泄露给他了。"辛垣衍不得已答应了。

鲁仲连见了辛垣衍却没有说话。辛垣衍说："我看住在这围城里面的人，都是有求于平原君的。现在我观察先生的神情，不像是有求于平原君的人，为什么久留这被围之城而不离开呢？"鲁仲连说："世上那些认为鲍焦是由于没有豁达胸襟而自杀的人，都错了。现在一般人不了解情况，就认为他是为了自身利益而死。那秦国是个抛弃礼义而崇尚战功的国家，玩弄权术来役使它的士兵，像对待奴隶一样驱使它的百姓。如果秦王肆无忌惮地称了帝，甚至竟然统治天下，那么我鲁仲连只有去跳东海而死了，我不能忍受做它的臣民！我所以来见将军,是想帮助赵国。"辛垣衍问:"先生怎么样帮助赵国呢?"鲁仲连说:"我准备让魏国和燕国帮助赵国,齐国、楚国本来就帮助它了。"辛垣衍说:"燕国嘛,我愿意让它听从您吧。至于魏国,我就是魏国人,先生怎能让魏国帮助赵国呢?"鲁仲连说:"那是因为魏国没有看清秦国称帝的危害。如果魏国了解了这一点,那就一定会帮助赵国了。"辛垣衍又问:"秦国称帝的害处将会怎样呢?"鲁仲连说:"当初齐威王曾经施行仁义,率领天下诸侯朝拜周天子。周国贫穷微弱,诸侯没有一个去朝拜的,而只有齐国去朝拜。过了一年多时间,周烈王去世了,各诸侯都去吊唁,齐王去晚了。周国恼怒,讣告送到齐国说:'天子逝世犹如天崩地裂,新继位天子移居草庐苫席守丧,东方藩臣田婴齐竟敢迟到,按理应杀了他。'齐威王勃然大怒,骂道:'呸!你个丫头养的!'结果成了天下笑柄。齐威王之所以在天子活着时候朝拜他,死了就叱骂,这实在是忍受不了天子过分的苛求啊。那周天子本来就这样,没什么值得奇怪的。"

辛垣衍说:"先生您难道没有见过奴仆吗?十个奴仆听从一个主人,难道是力气胜不过、智慧不如他吗?不,是因为怕他呀!"鲁仲连说:"对。那么魏国比起秦国来,就像奴仆对主人吗?"辛垣衍回答:"是的。"鲁仲连说:"既然如此,我将要让秦王烹杀魏王,把他剁成肉酱。"辛垣衍很不高兴地说:"咳!先生这话太过分了!您又怎能让秦王烹杀魏王把他剁成肉酱呢?"鲁仲连说:"当然能啊,等我说说其中的道理吧!从前,鬼侯、鄂侯、文王是商纣王的三公。鬼侯有个女儿很漂亮,所以就把她进献给纣,纣认为她丑陋,就把鬼侯剁成了肉酱。鄂侯为此极力为鬼侯辩护,纣就把鄂侯做成了肉干。文王听到了这事,长叹一声,纣就把文王拘禁在牖里的监牢中一百天,还想杀了他。为什么跟人家同样称帝称王,结果反而落到被做成肉干、剁成肉酱的地步呢?

"齐闵王要到鲁国去,夷维子执鞭驾车随行,对鲁国人说:'你们打算用什么礼节来款待我们的国君？'鲁国人说：'我们将用十太牢的规格款待您的国君。'夷维子说：'你们从哪里取这样的礼节款待我们的国君呢？我们的国君是天子。天子来视察，各诸侯国君应离开自己居住的宫室，交出锁和钥匙，披起衣襟，捧着几案，在堂下侍候天子吃饭。等天子用餐完毕，才敢告退去处理政务。'鲁国人听了这番话，闭关上锁，不予接纳，齐闵王不能进入鲁国。齐闵王准备到薛国去，向邹国借道。当时邹国国君刚死，齐闵王打算进去吊唁。夷维子跟邹国国君的儿子说：'天子来吊唁，丧主一定要把灵柩移到相反的方向，让灵柩头朝北，设在南边，然后天子面朝南祭吊。'邹国的众臣说：'如果一定要这样，我们将伏剑自杀。'所以，齐闵王不敢进入邹国。邹、鲁的臣子，都很贫寒，国君生时不能亲身侍候奉养，死后也得不到隆重葬礼，然而齐闵王想对邹、鲁的臣子行天子的礼节时，他们也都不能接受。现在秦国是拥有战车万辆的大国，魏国也是拥有战车万辆的大国，彼此都有称王的名分。仅仅看见秦国打了一次胜仗，就要尊它为帝，这是使三晋的大臣不如邹、鲁的奴婢了。

"再说，秦国贪心不止于果真当上了皇帝的话，就会更换诸侯国的大臣；它还将剥夺它认为不好的人的权力，而给予它认为好的人；剥夺它所厌恶的人的权力，而给予他所喜欢的人；它又会让它的女儿和善于搬弄是非的侍妾来做诸侯的妃子，住在魏国的后宫中，到那时，魏王还能平安无事吗？而将军您又凭什么能够得到原来的尊荣地位呢？"

于是，辛垣衍站起身来，向鲁仲连拜了两拜，致歉道："开始我以为先生是平凡人，现在我才知道先生是天下的贤士啊！我请求离开这里，不敢再说尊秦称帝的话了。"

秦国将军听说这件事后，退兵五十里。恰好赶上魏国公子无忌夺了晋鄙的军权来援救赵国，攻击秦军，秦军就撤退离开了邯郸。

于是，平原君打算封赏鲁仲连。鲁仲连再三辞让，始终不肯接受。

平原君就设下酒宴款待他。酒喝到兴头上，平原君起身上前，献上千金为鲁仲连祝寿。鲁仲连笑着说："天下之士所看重的，就在于能替人排忧解难，消除祸乱而无所索取。假如有什么索取，那就成了做生意的人了，我鲁仲连可不愿做这样的人。"于是辞别平原君离开赵国，终身不再见面。

唐雎不辱使命

《战国策》

秦王使人谓安陵君曰①:"寡人欲以五百里之地易安陵,安陵君其许寡人。"安陵君曰:"大王加惠,以大易小,甚善。虽然,受地于先王,愿终守之,弗敢易。"秦王不说(yuè)。安陵君因使唐雎(jū)使于秦②。

秦王谓唐雎曰:"寡人以五百里之地易安陵,安陵君不听寡人,何也?且秦灭韩亡魏,而君以五十里之地存者,以君为长者,故不错意也③。今吾以十倍之地请广于君,而君逆寡人者,轻寡人与④?"唐雎对曰:"否,非若是也。安陵君受地于先王而守之,虽千里不敢易也,岂直五百里哉!"

秦王怫(fú)然怒。谓唐雎曰:"公亦尝闻天子之怒乎?"唐雎对曰:"臣未尝闻也。"秦王曰:"天子之怒,伏尸百万,流血千里。"唐雎曰:"大王尝闻布衣之怒乎?"秦王曰:"布衣之怒,亦免冠徒跣(xiǎn)⑤,以头抢(qiāng)地耳。"唐雎曰:"此庸夫之怒也,非士之怒也。夫专诸之刺王僚也⑥,彗星袭月⑦;聂政之刺韩傀(kuǐ)也⑧,白虹贯日;要(yāo)离之刺庆忌也⑨,苍鹰击于殿上。此三子者,皆布衣之士也,怀怒未发,休祲(jìn)降于天⑩,与臣而将四矣。若士必怒,伏尸二人,流血五步,天下缟(gǎo)素。今日是也。"挺剑而起。

秦王色挠(náo),长跪而谢之曰⑪:"先生坐,何至于此!寡人谕矣,夫韩、魏灭亡,而安陵以五十里之地存者,徒以有先生也。"

【注释】

① 秦王：秦始皇嬴政，因当时尚未称帝，故称秦王。安陵君：战国时期魏国一个小封邑的君主。安陵，在今河南鄢陵西北。
② 唐雎：安陵君之臣，亦作唐且。
③ 错意：不放在心上的意思。错，同"措"，置。
④ 与：同"欤"，表疑问的语助词。
⑤ 徒跣：赤脚。
⑥ 专诸：人名。春秋时吴国公子光（即阖闾）欲夺吴王僚的王位，遂使专诸置匕首于鱼腹中，献鱼时趁机刺杀了吴王僚，专诸亦被吴王的护卫所杀。
⑦ 彗星袭月：彗星，俗称扫帚星。袭，冲向。"彗星袭月"与下文的"白虹贯日"、"苍鹰击于殿上"都是古人的迷信说法。
⑧ 聂政：战国时齐国人。当时韩国大夫严仲子与韩相韩傀（一名侠累）有仇，聂政为严仲子刺杀韩傀，事成后毁面自尽。
⑨ 要离：春秋时吴人，公子光派专诸刺吴王僚后，僚之子庆忌逃往卫国，光怕他日后复仇，又遣要离刺死了庆忌。
⑩ 休祲：休，吉祥的预兆。祲，凶兆。
⑪ 长跪：古人席地而坐，双膝着地，以臀部靠着脚后跟。臀部离开脚后跟，挺身而跪，就是长跪。

【译文】

秦王派人对安陵君说："我想要用五百里的土地来换安陵，安陵君该答应我了吧。"安陵君说："承蒙大王施恩，拿大面积的土地来换小小的安陵，真是太好了。虽然是这样，可是我从先王那里继承了这块封地，想永远守住它，不敢换。"秦王不高兴。安陵君因此派唐雎出使秦国。

秦王对唐雎说："我拿方圆五百里的土地去换安陵，安陵君竟不听从我，这是为什么呢？再说，秦国灭了韩国，亡掉了魏国，安陵君却仅凭着五十里的地方还存在，因为我把安陵君看作忠厚的长者，才没有把他放在心上。现在我以十倍的土地请求安陵君扩大领土，而安陵君却违抗我，这不是看不起我吗？"唐雎回答说："不，不是像您说的这样。安陵君从先王那里继承了封地就该好好地守住它，即使拿方圆千里的土地他也不敢换，何况只有五百里呢！"

　　秦王勃然大怒，对唐雎说："你曾听说过天子发怒吗？"唐雎回答说："我没听说过。"秦王说："天子一发怒，杀死百万人，血流千里。"唐雎说："大王可曾听说过老百姓发怒吗？"秦王说："老百姓发怒，也不过是摘下帽子，赤着脚，头往地上撞罢了。"唐雎说："这是平庸无能的人发怒，不是有智勇之士发怒啊。从前，专诸刺吴王僚的时候，彗星袭击了月亮；聂政刺韩傀的时候，白色的长虹贯穿太阳；要离刺杀庆忌的时候，苍鹰在殿堂上搏斗。这三位，都是百姓中的勇士，他们满腔的愤怒还未发作的时候，吉凶的兆头就从天而降；加上我在内，将成为四个人了。如果勇士一定要发怒，倒在地上的不过两个人，流血也不会超过五步，可是天下的人都要穿白的丧服。今天就是这样！"说着，就拔出佩剑站了起来。

　　秦王吓得脸色都变了，挺直跪着的身子向唐雎道歉说："先生请坐，哪里要这样！我明白了，那韩、魏两国都灭亡了，而安陵君凭着五十里的领地还能存留下来，只是因为有先生的缘故啊！"

谏逐客书

李斯

秦宗室大臣皆言秦王曰："诸侯人来事秦者，大抵为其主游间（jiàn）于秦耳。请一切逐客。"李斯议亦在逐中。斯乃上书曰：

"臣闻吏议逐客，窃以为过矣。昔穆公求士①，西取由余于戎②，东得百里奚于宛③，迎蹇叔于宋④，求丕豹、公孙支于晋⑤。此五子者，不产于秦，而穆公用之，并国二十⑥，遂霸西戎。孝公用商鞅之法⑦，移风易俗，民以殷盛，国以富强，百姓乐用，诸侯亲服，获楚、魏之师，举地千里，至今治强。惠王用张仪之计⑧，拔三川之地⑨，西并巴、蜀，北收上郡⑩，南取汉中⑪，包九夷⑫，制鄢（yān）、郢（yǐng）⑬，东据成皋之险⑭，割膏腴之壤，遂散六国之众⑮，使之西面事秦，功施（yì）到今。昭王得范雎（jū）⑯，废穰（ráng）侯⑰，逐华阳⑱，强公室，杜私门，蚕食诸侯，使秦成帝业。此四君者，皆以客之功。由此观之，客何负于秦哉？向使四君却客而不内（nà），疏士而不用，是使国无富利之实，而秦无强大之名也。

"今陛下致昆山之玉⑲，有随、和之宝⑳，垂明月之珠，服太阿之剑㉑，乘纤离之马㉒，建翠凤之旗，树灵鼍（tuó）之鼓㉓。此数宝者，秦不生一焉，而陛下说之，何也？必秦国之所生然后可，则是夜光之璧，不饰朝廷；犀、象之器，不为玩好；郑、卫之女，不充后宫；而骏马駃騠（jué tí）不实外厩㉔；江南金锡不为用，西蜀丹青不为采㉕。所以饰后宫、充下陈、娱心意、说（yuè）耳目者，必出于秦然后可，则是宛珠之簪㉖、傅玑之珥㉗、阿缟之衣㉘、锦绣之饰，不进于前；而随俗雅化、佳冶窈窕赵女，不立于侧也。夫击瓮叩缶㉙，弹筝搏髀，而歌呼呜呜，快耳目者，真秦之声也。郑、卫桑间㉚，《韶虞》㉛、《武象》者㉜，异国之乐也。今弃击瓮扣缶而就郑、卫，退弹筝而取《韶虞》，若是者何也？快意当前，适观而已矣。今取人则不然。不问可否，不论曲直，非秦者去，为客者逐。然则是所重者，在乎色乐珠玉；而所轻者，在乎人民也。此非所以跨海内、制诸侯之术也。

"臣闻地广者粟多，国大者人众，兵强则士勇。是以太山不让土壤㉝，故能成其大；河海不择细流，故能就其深；王者不却众庶，故能明其德。是以地无四方，民无异国，四时充美，鬼神降福，此五帝、三王之所以无敌也。今乃弃黔首以资敌国，却宾客以业诸侯，使天下之士，退而不敢西向，裹足不入秦，此所谓藉寇兵而赍（jī）盗粮者也㉞。夫物不产于秦，可宝者多；士不产于秦，而愿忠者众。今逐客以资敌国，损民以益仇，内自虚而外树怨于诸侯，求国无危，不可得也。"

秦王乃除逐客之令，复李斯官。

【注释】

① 穆公：即秦穆公，一说为春秋五霸之一。
② 由余：春秋时晋人，后逃亡到戎地，奉戎王命出使秦国，被秦穆公看中，以离间计逼由余降秦。穆公用由余之谋，得以征服西戎。
戎：我国古代西部的少数民族。
③ 百里奚：楚国人，初为虞国大夫，晋灭虞后，晋献公把他作为女儿陪嫁的奴仆送入秦国。百里奚逃至楚国，被捉。秦穆公听说他很有才能，想用重金把他赎回来，但又怕引起楚人的重视不放还他，便用五张黑羊皮赎回来，封为大夫。
④ 蹇叔：百里奚的好友，经百里奚推荐，得穆公重用，为上大夫。

⑤ 丕豹：晋大夫丕郑之子。丕郑被杀，豹奔秦，穆公任用他为将。
公孙支：此人先游晋，后归秦，为穆公谋士。

⑥ 二十：《史记·秦本纪》作"十二"，是说秦吞并戎人部落之多，不是实指。

⑦ 孝公：即秦孝公。商鞅：卫国人，姓公孙，名鞅，亦称卫鞅。入秦劝孝公变法，使秦国得以富国强兵，封于商地，故称商鞅。

⑧ 惠王：即秦惠王。详见《苏秦以连横说秦》【注释】①。张仪：魏国人，战国时著名的纵横家，为秦惠王相，以"连横"说六国，破坏了六国的"合纵"政策，对秦国的强大做出了突出的贡献。

⑨ 三川之地：约在今河南洛阳一带，此地有黄河、洛水、伊水交汇，故称三川。

⑩ 上郡：魏地，在今陕西榆林一带。

⑪ 汉中：楚郡名，在今陕西南部、湖北西北部一带。

⑫ 九夷：指楚国中的少数民族地区。

⑬ 鄢、郢：皆楚都，代指楚国。鄢，楚国旧都，在今湖北宜城。郢，楚都，在今湖北江陵。

⑭ 成皋：一个战略要塞，即今河南荥阳的虎牢关。

⑮ 众：一作"纵"，即"合纵"。

⑯ 昭王：即昭襄王，秦惠王之子。范雎：魏国人，罪而入秦，说昭王，为秦相，封应侯。

⑰ 穰侯：即魏冉，秦昭王母后的异父弟，曾为秦相，专权三十年。

⑱ 华阳：即华阳君，宣太后的同父弟，曾与魏冉一同把持朝政。

⑲ 昆山：山名，在今新疆和田，以出产美玉而著名。

⑳ 随、和之宝：指随侯珠、和氏璧。随侯珠，相传随侯曾救过一条大蛇，后来蛇衔来一颗夜明珠报恩，此珠被称作"随侯珠"。和氏璧是春秋时楚人卞和献给楚王的美玉。

㉑ 太阿：剑名，相传是春秋时吴国名匠欧冶子和干将所铸的名剑。

㉒ 纤离：骏马名。

㉓ 灵鼍：鳄鱼的一种，今称扬子鳄，皮可蒙鼓。

㉔ 駃騠：一种名马。

㉕ 丹青：两种矿物质颜料。

㉖ 宛珠：宛地（今河南南阳）所产的珠子。

㉗ 傅：同"附"。玑：不圆的珠子。

㉘ 阿缟：齐国东阿（今山东东阿）所产的缟。缟，白色的薄绸子。

㉙ 缶：瓦钵，秦人用作乐器。

㉚ 郑卫：此指郑国、卫国地区的民间音乐。桑间：卫国地名，在濮水边上，据说当时那里的音乐很有名。

㉛ 韶虞：即"韶乐"，相传为舜乐。

㉜ 武：即"大武"，相传是周武王时的音乐。象：据说是周公所作的舞乐。

㉝ 太山：即泰山。

㉞ 藉：同"借"。

【译文】

秦国的宗室大臣都对秦王说："其他诸侯国来侍奉秦王的人，大都是替他们的国君到秦国来游说和进行离间活动的，我们请求您驱逐所有的客籍人。"李斯也在被驱逐的名单中。李斯就给秦王上书说："我听说官吏们建议驱逐客籍人，我私下认为这样做是错误的。从前，穆公访求贤士，从西边的戎族选取了由余，从东边的宛地得到了百里奚，从宋国迎来了蹇叔，从晋国招来了丕豹和公孙支。这五位贤士，并不生在秦国，但穆公重用他们，吞并了很多小国，于是称霸西戎。孝公采用了商鞅变法的主张，移风易俗，百姓因此富足，国家得以富强，老百姓乐于为国家出力，列国诸侯亲近归服，战胜了楚、魏的军队，攻取了上千里的土地，使国家至今仍保持安定强盛。惠王采用了张仪的计策，攻占了三川之地，向西兼并了巴、蜀，向北收得上郡，向南攻取了汉中，吞并了广大的夷族地区，控制住了楚国，向东占领了成皋天险,取得了大片肥沃的土地,从而瓦解了六国的合纵联盟,迫使他们面向西方亲近秦国,功绩一直延续到今天。昭王任用范雎,罢黜穰侯,放逐华阳君,加强了王室的权威,杜绝了权臣专政,并蚕食各国的领土,帮助秦国奠定了统一全国的基业。这四位君主,都是由于客卿的功劳而成功。由此看来,客卿有什么对不起秦国的呢?假使当时四位国君拒绝客卿而不予接纳,疏远人才而不予重用,那就使国家得不到富强的实惠,秦国也不会有强国的名声了。

"如今陛下得到了昆山的美玉,拥有随侯珠、和氏璧这样的珍宝,悬挂着明月珠,佩带着太阿剑,驾着纤离马,竖着翠凤旗,设置下灵鼍皮蒙的鼓。这几件宝物,秦国一件也不出产,可是陛下却非常喜欢,为什么呢?如果一定得是秦国出产的才能用,那么夜光璧就不能装饰朝廷,犀角、象牙的器具也不能成为玩赏的物品;郑国、卫国的美女就不该充满后宫,駃騠这样的骏马也不能待在外边的马厩里,江南产的铜、锡不能用来制作器物,西蜀产的颜料也不能用来制作彩饰。如果凡是用来装饰后宫、充满廷堂、赏心娱意、悦人耳目的东西,一定得是秦国出产的才行,那么镶着宛珠的发簪,嵌着珠子的耳环,东阿丝绸的衣服,锦绣的衣饰,都不能呈献到您面前。而那些打扮时髦、姿态优雅、妖艳苗条的赵国美女也不能侍立在您身边了。敲击瓦钵、陶缶,弹奏竹筝,拍打大腿,呜呜呀呀地歌唱,让耳目感到快乐,这才是地道的秦国音乐。而郑国、卫国的民间音乐、舜的韶乐、周的武象之类,都是外来的音乐,如今抛弃敲打瓦钵、陶缶,而听郑、卫的音乐,撤下竹筝而选取舜的韶乐,这是为什么呢?不过是为了取乐于当前、适合人的观赏罢了。当今选用人才却不是这样,不问能用与不能用,不论正确错误,只要不是秦国的就统统赶走,凡是外籍人就被驱逐。那么,这就说明您看重的是美色、音乐、珠宝、玉石,而看轻的却是人才。这绝不是统一天下、制服诸侯的策略啊。

"我听说,土地广的粮食就充裕,国家大的人口就众多,武器好的兵士就勇敢。因此，泰山不弃小土，成就了它的高大；河海不挑剔细流，成就了它的深广；帝王不排斥众人，光大了他的美德和帝业。因此，地不分东西南北，民不分本土外籍，四季富足美满，连神也会来保佑。这正是五帝、三王无敌于天下的根本原因。现在您却抛弃百姓去资助敌国，驱逐外籍人而帮助诸侯成就大业，使天下的人才都退缩畏惧，不敢向西，裹足不前，不敢入秦。这正是所谓借给敌寇武器，送给盗贼粮食啊。东西不出产在秦国的，其中宝贵的还很多；贤士不生于秦国的，其中愿意效忠的也不少。如今驱逐客籍人去帮助敌国，减少本国的人口来增强敌国，内部削弱了自己的力量，外部和各诸侯国树立怨敌。这样想求得国家没有危险，办不到啊。"

秦王于是撤销逐客的命令，恢复了李斯的官职。

宋玉对楚王问

《楚辞》

楚襄王问于宋玉曰①:"先生其有遗行与?何士民众庶不誉之甚也?"

宋玉对曰:

"唯,然,有之。愿大王宽其罪,使得毕其辞。

"客有歌于郢中者。其始曰《下里》、《巴人》②,国中属(zhǔ)而和(hè)者数千人。其为《阳阿》、《薤(xiè)露》③;国中属而和者数百人。其为《阳春》、《白雪》④,国中属而和者不过数十人。引商刻羽⑤,杂以流徵(zhǐ)⑥,国中属而和者,不过数人而已。是其曲弥高,其和弥寡。

"故鸟有凤而鱼有鲲⑦。凤凰上击九千里,绝云霓、负苍天,足乱浮云,翱翔乎杳冥之上。夫藩篱之鷃(yàn)⑧,岂能与之料天地之高哉?鲲鱼朝发昆仑之墟,暴(pù)鬐(qí)于碣石⑨,暮宿于孟诸⑩。夫尺泽之鲵(ní)⑪,岂能与之量江海之大哉?

"故非独鸟有凤而鱼有鲲也,士亦有之。夫圣人瑰意琦行⑫,超然独处,世俗之民,又安知臣之所为哉?"

【注释】

① 楚襄王:即楚顷襄王,名横,楚怀王之子。宋玉:楚国人,是战国后期一位稍逊于屈原的辞赋家,所以后人常以"屈宋"并称。其代表作是《九辩》。

② 《下里》、《巴人》:曲名,都是俚俗的小曲。

③ 《阳阿》、《薤露》:曲名,雅俗共赏的曲子。

④《阳春》、《白雪》：高雅的曲子。
⑤ 引商刻羽：意思是协于音律。古人以宫、商、角、徵、羽为五音。引，升高。刻，削减。
⑥ 流徵：流动的徵音，其声低抑绵远。
⑦ 鲲：传说中的大鱼。
⑧ 鹦：小鸟。
⑨ 碣石：山名，在今河北昌黎西北。
⑩ 孟诸：大泽名，故址在今河南商丘东北。
⑪ 鲵：小鱼。
⑫ 瑰意琦行：卓异的思想，美好的行为。

【译文】

楚襄王问宋玉道："先生大概有些不检点行为吧？不然，为什么有那么多人不喜欢你呢？"

宋玉回答道：

"嗯。是的，有这种情况。希望大王宽恕我的罪过，让我能把话说完吧。

"有一位在郢都演唱的外地人。一开始，他总是唱《下里》、《巴人》，城中能跟着唱的有几千人。然后他又唱《阳阿》、《薤露》，城中能跟着唱的只有几百人了。等到他唱《阳春》、《白雪》的时候，城中能跟着唱的不过几十个人。最后他又唱了一种婉转悠扬、音调多变、极高雅的曲子时，城中能跟着唱的不过几个人罢了。他唱的曲子愈高雅，跟着唱的人就愈少。

"所以鸟中有凤凰，鱼中有鲲。那凤凰拍打翅膀飞上万里高空，穿云过雾，背负苍天，脚踩浮云，翱翔在太空中。而那竹篱笆旁的小鸟，怎么能同它一起计量天的高度呢？鲲鱼早晨从昆仑山出发，中午在碣石山上晒背，傍晚住在孟诸泽。那一尺深的池塘里的鲵鱼，怎么能同它一起计算江海的深广呢？

"所以说，不仅仅是鸟中有凤，鱼中有鲲，士子中也有杰出的人物。圣人有卓异而美好的思想和行为，他超出一般人，远离世人而独居。那些平庸的人，又怎么能懂得我的所作所为呢？"

项羽本纪赞

《史记》

太史公曰：吾闻之周生①，曰"舜目盖重瞳子②"，又闻项羽亦重瞳子③。羽岂其苗裔邪④？何兴之暴也！夫秦失其政，陈涉首难⑤，豪杰蜂起，相与并争，不可胜数。然羽非有尺寸，乘势起陇亩之中，三年，遂将五诸侯灭秦⑥，分裂天下，而封王侯，政由羽出，号为"霸王"⑦。位虽不终，近古以来未尝有也。及羽背关怀楚⑧，放逐义帝而自立⑨，怨王侯叛己，难矣。自矜功伐，奋其私智而不师古，谓霸王之业，欲以力征经营天下，五年卒亡其国。身死东城⑩，尚不觉寤而不自责⑪，过矣。乃引"天亡我，非用兵之罪也"⑫，岂不谬哉！

【注释】

① 周生：汉代的一位儒生，其名不可考。
② 重瞳子：眼睛中有两个瞳子。
③ 项羽：秦末起义军领袖，下相（今江苏宿迁西南）人，楚将项梁之侄。秦二世元年（前209），跟随项梁起兵反秦，在巨鹿之战中摧毁秦军主力。秦亡后自立为西楚霸王，大封诸侯。在楚汉战争中被刘邦击败，自刎于乌江边上。
④ 苗裔：后代子孙。邪：同"耶"。
⑤ 陈涉：秦末农民起义领袖，名胜，与吴广起兵反秦，兵败被手下人所杀。
⑥ 五诸侯：指原来的齐、赵、韩、魏、燕五国。
⑦ 霸王：项羽自立为"西楚霸王"。

⑧ 背关怀楚：放弃地形险要的关中，想回到楚国而建都城。
⑨ 义帝：楚怀王之孙，即熊心，项梁立他为楚怀王。后来项羽自立为西楚霸王，都彭城（今江苏徐州），尊怀王为义帝。项羽自立后，放逐义帝，并暗派人把他杀死在江中。
⑩ 东城：古县名，在安徽定远东南。
⑪ 寤：同"悟"。
⑫ "天亡我，非用兵之罪也"：这是项羽在垓下突围时发出的感叹。

【译文】

太史公说：我从周生那里，听说"舜的眼睛好像是双瞳子"，又听说项羽也是这样。项羽难道是舜的后代吗？为什么他兴起得这么迅猛啊！当秦朝政治混乱无序的时候，陈涉首先发难，豪杰纷纷起兵，共同争夺天下，多得数也数不清。然而项羽没有尺寸的封地可凭借，却乘天下大乱的形势，从民间起兵，仅仅用了三年，就率领五国诸侯把秦朝灭亡了，重新分割天下土地，分封王侯，政令全由他制定，号称"霸王"。他虽然没有最终保住霸王之位，可是自近古以来，从没有过这样的人物。到了他放弃关中，因怀恋家乡而返回楚地，放逐义帝而自立为王，再抱怨王侯们叛离自己，这就难办了！项羽自夸功劳，逞个人的才智而不肯效法古代的帝王，认为霸王的事业，用武力征讨就能取得天下，结果五年的时间就灭亡了，人死在东城，死到临头还不醒悟，不去责备自己的过失，真是大错了！他竟然说"天要灭亡我，并不是我用兵的过错"，这难道不是太荒谬了吗？

孔子世家赞

《史记》

太史公曰：《诗》有之："高山仰止，景行行止①。"虽不能至，然心乡往之②。余读孔氏书，想见其为人。适鲁，观仲尼庙堂、车服、礼器，诸生以时习礼其家，余低回留之③，不能去云。天下君王至于贤人众矣，当时则荣，没则已焉④。孔子布衣，传十余世，学者宗之。自天子王侯，中国言六艺者⑤，折中于夫子，可谓至圣矣！

【注释】

① "高山仰止，景行行止"：见《诗经·小雅》。景行，大道。止，语气助词，无实意。
② 乡：同"向"。
③ 低回：流连徘徊。一作"祗回"。
④ 没：同"殁"。
⑤ 六艺：指"六经"，即《诗》、《书》、《礼》、《乐》、《易》、《春秋》。

【译文】

太史公说：《诗经》上有过这样一句话："高山仰止，景行行止。"我虽然达不到这样的境界，但内心里向往着它。我读了孔子的著作，可以想见他的为人。后来，我到了鲁国，瞻仰了孔子的庙堂、车服和礼器，又看到许多儒家弟子按时到这里来学习礼仪，我流连徘徊在那里不愿离开。天下的君主，乃至历代贤人，实在是太多了。他们在世时很荣耀，死了以后就无声无息了。孔子只是一个平民百姓，传了十几代，学者们仍然尊崇他。从天子王侯起，中国凡是研究六艺的人，都以孔子的言论为判断是非的依据，可以说他是至高无上的圣人了。

管晏列传

《史记》

管仲夷吾者①,颍(yǐng)上人也②。少时常与鲍叔牙游③,鲍叔知其贤。管仲贫困,常欺鲍叔,鲍叔终善遇之,不以为言。已而鲍叔事齐公子小白④,管仲事公子纠。及小白立为桓公,公子纠死,管仲囚焉。鲍叔遂进管仲。管仲既用,任政于齐,齐桓公以霸,九合诸侯,一匡天下,管仲之谋也。

管仲曰:"吾始困时,尝与鲍叔贾⑤,分财利多自与,鲍叔不以我为贪,知我贫也。吾尝为鲍叔谋事而更穷困,鲍叔不以我为愚,知时有利不利也。吾尝三仕三见逐于君,鲍叔不以我为不肖,知我不遭时也。吾尝三战三走,鲍叔不以我为怯,知我有老母也。公子纠败,召忽死之⑥,吾幽囚受辱,鲍叔不以我为无耻,知我不羞小节而耻功名不显于天下也。生我者父母,知我者鲍子也!"

鲍叔既进管仲,以身下之。子孙世禄于齐,有封邑者十余世,常为名大夫。天下不多管仲之贤而多鲍叔能知人也。

管仲既任政相齐,以区区之齐在海滨⑦,通货积财,富国强兵,与俗同好恶。故其称曰:"仓廪实而知礼节⑧,衣食足而知荣辱,上服度则六亲固。""四维不张,国乃灭亡。""下令如流水之原⑨,令顺民心。"故论卑而易行。俗之所欲,因而与之;俗之所否,因而去之。

其为政也,善因祸而为福,转败而为功,贵轻重,慎权衡。桓公实怒少姬⑩,南袭蔡,管仲因而伐楚,责包茅不入贡于周室⑪。桓公实北伐山戎⑫,而管仲因而令燕修召公之政⑬。于柯之会⑭,桓公欲背曹沫之约⑮,管仲因而信之,诸侯由是归齐。故曰："知与之为取，政之宝也⑯。"

管仲富拟于公室，有三归⑰、反坫（diàn）⑱，齐人不以为侈。管仲卒，齐国遵其政，常强于诸侯。

后百余年而有晏子焉⑲。

晏平仲婴者，莱之夷维人也⑳。事齐灵公、庄公、景公，以节俭力行重于齐。既相齐，食不重肉，妾不衣帛。其在朝，君语及之，即危言；语不及之，即危行。国有道，即顺命；无道，即衡命。以此三世显名于诸侯。

越石父贤，在缧绁（léi xiè）中㉑。晏子出，遭之涂㉒，解左骖赎之，载归。弗谢，入闺，久之。越石父请绝。晏子戄（jué）然，摄衣冠谢曰："婴虽不仁，免子于厄，何子求绝之速也？"石父曰："不然。吾闻君子诎于不知己而信于知己者㉓。方吾在缧绁中，彼不知我也。夫子既已感寤而赎我㉔，是知己；知己而无礼，固不如在缧绁之中。"晏子于是延入为上客。

晏子为齐相，出，其御之妻从门间而窥（kuī）其夫㉕。其夫为相御，拥大盖，策驷马，意气扬扬，甚自得也。既而归，其妻请去。夫问其故。妻曰："晏子长不满六尺，身相齐国，名显诸侯。今者妾观其出，志念深矣，常有以自下者。今子长八尺，乃为人仆御，然子之意自以为足，妾是以求去也。"其后夫自抑损。晏子怪而问之，御以实对。晏子荐以为大夫。

太史公曰：吾读管氏《牧民》、《山高》、《乘马》、《轻重》、《九府》，及《晏子春秋》㉖，详哉其言之也。既见其著书，欲观其行事，故次其传。至其书，世多有之，是以不论，论其轶事。

管仲世所谓贤臣，然孔子小之㉗。岂以为周道衰微，桓公既贤，而不勉之至王，乃称霸哉？语曰"将顺其美，匡救其恶，故上下能相亲也㉘。"岂管仲之谓乎?

　　方晏子伏庄公尸哭之,成礼然后去㉙,岂所谓"见义不为无勇㉚"者邪?至其谏说,犯君之颜,此所谓"进思尽忠,退思补过"者哉㉛!假令晏子而在,余虽为之执鞭,所忻慕焉㉜。

【注释】

① 管仲(?—前645):名夷吾,是春秋初期著名政治家,辅佐齐桓公成就霸业,著作被后人集为《管子》一书。
② 颍上:今安徽颍上一带。
③ 鲍叔:齐国大夫,以知人著称。
④ 小白:即后来的齐桓公,名小白,齐襄公之弟。襄公被杀后,小白自莒先回国,取得政权,称齐桓公。
⑤ 贾:经商。
⑥ 召忽:齐大夫,与管仲同佐公子纠。公子纠败,召忽自杀。
⑦ 在海滨:指齐国东部靠着海。
⑧ 仓廪:粮仓。句见《管子·牧民》。
⑨ 原:通"源",源泉。
⑩ 桓公实怒少姬:桓公曾与少姬在船上游玩,少姬习水性,故意让船左右摇晃,桓公吓得变了脸色。桓公很生气,就把她打发回娘家蔡国,但并没有说休了她,而蔡国却让少姬改嫁了,桓公于是伐蔡。蔡:国名,在今河南汝南、上蔡等地。
⑪ "责包茅"句:管仲以包茅不入贡于周而责备楚国,兴兵伐楚。包茅,成束的菁茅,祭祀所用,一向由楚国进贡。
⑫ 山戎:古族名,亦称北戎,在今河北北部。
⑬ 召公:一作"邵公",周开国之功臣。
⑭ 柯之会:鲁庄公十二年(前682),齐鲁会盟于柯(今山东东阿)。
⑮ 曹沫:在柯之会上,曹沫以匕首劫桓公,求退还侵占的鲁国土地,

桓公被迫同意了，后想背约，但听从管仲之言，归还了鲁国的土地。
⑯ "知与之为取"二句：见《管子·牧民》。
⑰ 三归：今不好解释，一说是交纳给诸侯的市租，一说是有三个妻子，但译注者疑为一豪华的建筑物名。
⑱ 反坫：官廷中用以放置器物的设备，用土筑成，形似土堆。
⑲ 晏子（？—前500）：名婴，字平仲，曾为齐国相，是春秋时期的著名政治家。
⑳ 莱：古国名，在今山东龙口。夷维：古地名，在今山东高密。
㉑ 缧绁：原指捆犯人的绳子，这里指牢狱。
㉒ 涂：同"途"。
㉓ 诎：同"屈"，委屈。信：同"伸"，"伸展"。
㉔ 寤：同"悟"。
㉕ 窥：偷看。
㉖ 《牧民》、《山高》、《乘马》、《轻重》、《九府》：皆《管子》中的篇名。《晏子春秋》：后人托名晏子作，为战国时人根据晏子的事迹和传说而写成。《汉书·艺文志》列入儒家。
㉗ 孔子小之：见《论语·八佾》，孔子说"管仲之器小哉"。
㉘ "将顺其美"三句：见《孝经·事君》。
㉙ "方晏子"二句：事见《晏子不死君难》篇。
㉚ 见义不为无勇：见《论语·为政》。
㉛ "进思尽忠"二句：见《孝经·事君》。
㉜ 忻：同"欣"。

【译文】

管仲，字夷吾，颍上人。他年轻时常常和鲍叔牙交往，鲍叔知道他有才干。当时管仲家境贫寒，他经常欺骗鲍叔，而鲍叔却始终好好地对待他，并不因此说他的坏话。后来，鲍叔辅佐公子小白，管仲辅佐公子纠。到了小白做了齐桓公之后，公子纠被杀，管仲成了阶下囚。

后来，鲍叔向桓公举荐管仲，管仲得到了重用，在齐国执政，桓公因此而成了霸主，多次和诸侯会盟，使天下得到安定，这都是由于管仲的谋划。

管仲说："当初我家里贫困，曾经同鲍叔一起经商，分钱财时总是多分给自己一些，鲍叔却不认为我贪财，他知道我家里穷。我曾经为鲍叔出主意，结果弄得他更加被动，鲍叔却不认为我愚蠢，他知道机运有顺利和不顺利的时候。我曾经三次做官、三次被国君免职，鲍叔却不认为是我不行，他知道我还没有好时运。我曾经三次作战、三次逃跑，鲍叔却不认为我胆小，他知道我家有老母。公子纠失败，召忽为之殉难，我却甘受牢狱中的屈辱，鲍叔却不认为我无耻，他知道我不为小节羞耻，而以不能扬名天下为可耻。生我的是父母，了解我的是鲍叔啊。"鲍叔推荐管仲以后，自己情愿做管仲的下属。他的子孙世代享受齐国的俸禄，得到封地的有十几代，常常是著名的大夫。因此，天下的人并不赞扬管仲的贤能，却称赞鲍叔能够识别人才。

管仲担任齐相以后，凭借着不算大的齐国在海滨的有利条件，使货物行销四方，积蓄财富，富国强兵，做事情同老百姓的想法一致。因此他说："仓库充实了，老百姓就懂得礼节；衣食丰足了，老百姓就懂得荣辱；国君的行为遵守法度，亲族之间就会相互团结。礼、义、廉、耻不能施行，国家就要灭亡。颁布政令像水从源头流出，使它顺应民心。"所以政令简明易懂，老百姓容易遵行。百姓所想要的，于是就给他们；百姓认为不好的，就要废除它。

管仲执政，善于变祸为福，把失败转化为成功。他注意事情的轻重缓急，慎重地权衡得失。齐桓公的确是因少姬的事而南下袭击蔡国，管仲却趁机去攻打楚国，责备楚国不向周王室进贡包茅。桓公确实是北征山戎，而管仲却趁机责令燕国修复召公的政令。齐桓公在柯地与鲁国会盟，后来又想背弃与曹沫签订的归还鲁地的盟约，而管仲却趁机劝桓公履行约定取得天下人的信任，诸侯从此归附齐国。所以说："知道给予是为了更好地获得的道理,这便是治理国家的法宝。"

管仲的富有可以同诸侯相比,有三归,有反坫,可是齐国人并不认为他奢侈。管仲死后,齐国继续推行他的政令,经常在诸侯中保持着强盛的地位。

此后一百余年,齐国又出了个晏子。

晏平仲,名婴,莱地夷维人。他历经齐灵公、庄公、景公三代。因为他节省俭朴,努力做事,所以为齐国人所敬重。做了齐相以后,他每顿只吃一种肉食,妾不穿绸缎的衣服。在上朝时,国君有话问到他,就慎重地回答;没有问到他的事情,就秉公办事。国君有道,就遵从命令行事;国君无道,就权衡利弊斟酌办理。因此,他能历灵公、庄公、景公三代,名扬诸侯。

越石父是位贤能的人,因犯罪而被囚禁。恰巧,晏子外出,在路上遇到了他,晏子就解开车子左边的马把他赎了出来,并同他一起坐车回家。晏子没有告辞,就走进内室去了,过了好久还没出来,越石父就要求绝交。晏子大吃一惊,急忙整好衣冠出来道歉,说:"我虽然不仁厚,可是我总算是把您从困境中救出来了,您为什么这么快就要同我绝交呢?"越石父说:"不是这样。我听说君子在不了解自己的人那里受委屈,但在知己面前就可以扬眉吐气。当我在监狱中时,人们是不了解我的。你既然了解我并肯赎我出来,就是我的知己了。既然是知己却不以礼待我,那我还不如在牢里好呢!"于是晏子就请他进去,待为上等的宾客。晏子做齐相时,有一天坐车外出,他的车夫的妻子从门缝里偷看。只见她的丈夫给相国驾车,坐在大伞盖下,挥鞭赶着四匹马,神气十足,得意扬扬。车夫回到家里,妻子就要求离婚。车夫问她离婚的原因。妻子说:"晏子身高不到六尺,却做了齐国宰相,名扬诸侯。今天我看他外出,思虑是那么深远,总是保持着低人一等的姿态。而你呢,身高八尺,竟给人家做车夫,可是你反倒自以为满足了,因此我要求同你离婚。"丈夫很惭愧。从此以后,车夫便注意克制自己。晏子觉得奇怪，便问他为什么变了，车夫如实回答。晏子称赞他知错能改，便推荐他做了齐国的大夫。

太史公说：我读了管子的《牧民》、《山高》、《乘马》、《轻重》、《九府》，以及《晏子春秋》，他们的言论记载得很详尽了啊！读了他们的著作，还想考察他们的所作所为，所以就编列了他们的传记。至于他们的著作，世上已有很多，因此不再说，只记了他们的轶事。

管仲是世人所说的贤臣，可是孔子却认为他小气。难道是因为周朝的王道衰微，桓公既然是一个贤君，而管仲却没有劝勉他行王道，使他只做了个霸主吗？《孝经》上说："顺从国君的美德，匡正君主的过失，就能使君臣团结和睦。"这难道是说管仲吗？

晏子伏在庄公的尸体上大哭，行完了礼后才离开，难道是所谓的"见义不为没有勇气"的人吗？至于他的进谏，敢于冒犯国君的威严，这就是人们所说的"上了朝廷就想竭尽忠心，在家中就想着弥补君王的过失"的人啊！如果晏子还活着，我就算是给他执鞭赶车，也是我高兴和向往的。

报任安书

司马迁

　　太史公牛马走司马迁再拜言①，少卿足下②：曩者辱赐书，教以慎于接物，推贤进士为务。意气勤勤恳恳，若望仆不相师③，而用流俗人之言。仆非敢如此也。仆虽罢驽④，亦尝侧闻长者之遗风矣。顾自以为身残处秽，动而见尤⑤，欲益反损，是以独抑郁而谁与语。谚曰："谁为为之？孰令听之？"盖锺子期死，伯牙终身不复鼓琴。何则？士为知己者用，女为说己者容⑥。若仆大质已亏缺矣⑦，虽才怀随、和，行若由、夷，终不可以为荣，适足以见笑而自点耳⑧。书辞宜答，会东从上来⑨，又迫贱事，相见日浅，卒卒无须臾之间得竭志意⑩。今少卿抱不测之罪，涉旬月，迫季冬，仆又薄（bó）从上雍⑪，恐卒然不可为讳⑫。是仆终已不得舒愤懑以晓左右，则长逝者魂魄私恨无穷。请略陈固陋。阙然久不报，幸勿为过。

　　仆闻之：修身者，智之符也；爱施者，仁之端也；取予者，义之表也；耻辱者，勇之决也；立名者，行之极也。士有此五者，然后可以托于世，而列于君子之林矣。故祸莫憯（cǎn）于欲利⑬，悲莫痛于伤心，行莫丑于辱先，诟莫大于宫刑。刑余之人，无所比（bì）数⑭，非一世也，所从来远矣。昔卫灵公与雍渠同载，孔子适陈⑮；商鞅因景监见，赵良寒心⑯；同子参（cān）乘，袁丝变色⑰，自古而耻之。夫中材之人，事有关于宦竖，莫不伤气⑱，而况于慷慨之士乎！如今朝廷虽乏人，奈何令刀锯之余荐天下之豪俊哉！仆赖先人绪业，得待罪辇毂（gǔ）下⑲，二十余年矣。所以自惟⑳，上之，不能纳忠效信㉑，有奇策材力之誉，自结明主；次之，又不能拾遗补阙，招贤进能，显岩穴之士㉒；外之，不能备行伍，攻城野战，有斩将搴（qiān）旗之功㉓；下之，不能积日累劳，取尊官厚禄，以为宗族交游光宠。四者无一遂，苟合取容㉔，无所短长之效，可见于此矣。向者，仆亦尝厕下大夫之列㉕，陪奉外廷末议，不以此时引纲维，尽思虑，今已亏形为扫除之隶，在阘（tà）茸之中㉖，乃欲仰首伸眉，论列是非，不亦轻朝廷、羞当世之士邪？嗟乎！嗟乎！如仆尚何言哉！尚何言哉！

且事本末未易明也。仆少负不羁之才㉗，长无乡曲之誉，主上幸以先人之故，使得奏薄伎㉘，出入周卫之中㉙。仆以为戴盆何以望天，故绝宾客之知（zhì）㉚，忘室家之业，日夜思竭其不肖之才力，务一心营职，以求亲媚于主上。而事乃有大谬不然者㉛。

夫仆与李陵俱居门下㉜，素非能相善也，趋舍异路，未尝衔杯酒、接殷勤之余欢。然仆观其为人，自守奇士，事亲孝，与士信，临财廉，取与义，分别有让，恭俭下人㉝，常思奋不顾身以殉国家之急。其素所蓄积也，仆以为有国士之风。夫人臣出万死不顾一生之计，赴公家之难，斯已奇矣。今举事一不当，而全躯保妻子之臣随而媒蘖（niè）其短㉞，仆诚私心痛之。且李陵提步卒不满五千，深践戎马之地，足历王庭㉟，垂饵虎口，横挑强胡，仰亿万之师，与单于连战十有余日，所杀过当㊱，虏救死扶伤不给（jǐ）㊲，旃裘之君长咸震怖㊳，乃悉征其左右贤王，举引弓之人，一国共攻而围之。转斗千里，矢尽道穷，救兵不至，士卒死伤如积。然陵一呼劳军㊴，士无不起，躬自流涕，沬血饮泣，更张空弮（quān）㊵，冒白刃，北向争死敌者㊶。

陵未没时，使有来报，汉公卿王侯皆奉觞上寿㊷。后数日，陵败书闻，主上为之食不甘味，听朝不怡。大臣忧惧，不知所出。仆窃不自料其卑贱，见主上惨怆怛悼㊸，诚欲效其款款之愚㊹。以为李陵素与士大夫绝甘分少，能得人之死力，虽古之名将，不能过也。身虽陷败，彼观其意，且欲得其当而报于汉㊺。事已无可奈何，其所摧败，功亦足以暴于天下矣。仆怀欲陈之，而未有路，适会召问，即以此指推言陵之功㊻，欲以广主上之意㊼，塞睚眦（yá zì）之辞㊽。未能尽明，明主不晓，以为仆沮贰师㊾，而为李陵游说，遂下于理㊿。拳拳之忠，终不能自列○51，因为诬上，卒从吏议。家贫，货赂不足以自赎○52，交游莫救视，左右亲近不为一言。身非木石，独与法吏为伍，深幽囹圄之中，谁可告诉者！此真少卿所亲见，仆行事岂不然乎？李陵既生降，颓其家声○53，而仆又佴（èr）之蚕室○54，重为天下观笑。悲夫！悲夫！事未易一二为俗人言也。

仆之先非有剖符、丹书之功○55，文、史、星、历○56，近乎卜、祝之间○57，固主上所戏弄，倡优所畜○58，流俗之所轻也。假令仆伏法受诛，若九牛亡一毛，与蝼蚁何以异？而世俗又不能与死节者次比○59，特以为智穷罪极、不能自免、卒就死耳○60，何也？素所自树立使然也○61。人固有一死，死或重于泰山，或轻于鸿毛，用之所趣（qū）异也○62。太上不辱先，其次不辱身，其次不辱理色○63，其次不辱辞令，其次诎体受辱○64，其次易服受辱，其次关木索、被箠楚受辱，其次剔（tì）毛发、婴金铁受辱○65，其次毁肌肤、断肢体受辱，最下腐刑极矣！传曰："刑不上大夫○66。"此言士节不可不勉励也。猛虎在深山，百兽震恐，及在槛阱之中○67，摇尾而求食，积威约之渐也○68。故士有画地为牢，势不可入；削木为吏，议不可对○69，定计于鲜也○70。今交手足，受木索，暴肌肤，受榜箠，幽于圜墙之中，当此之时，见狱吏则头抢地，视徒隶则心惕息○71。何者？积威约之势也。及以至是，言不辱者，所谓强颜耳，曷足贵乎！

且西伯，伯也，拘于羑里；李斯，相也，具于五刑；淮阴○72，王也,受械于陈;彭越、张敖㉃,南面称孤,系狱抵罪;绛侯诛诸吕㉄,权倾五伯,囚于请室;魏其㉅,大将也,衣赭衣,关三木;季布为朱家钳奴㉆;灌夫受辱于居室㉇,此人皆身至王侯将相,声闻邻国,及罪至罔加㉈,不能引决自裁。在尘埃之中㉉,古今一体,安在其不辱也?由此言之,勇怯,势也;强弱,形也。审矣,何足怪乎?夫人不能早自裁绳墨之外,以稍陵迟㊀,至于鞭箠之间,乃欲引节㊁,斯不亦远乎!古人所以重施刑于大夫者,殆为此也。夫人情莫不贪生恶死,念父母,顾妻子,至激于义理者不然,乃有所不得已也。今仆不幸早失父母,无兄弟之亲,独身孤立,少卿视仆于妻子何如哉?且勇者不必死节,怯夫慕义,何处不勉焉!仆虽怯懦欲苟活,亦颇识去就之分矣,何至自沉溺缧绁之辱哉!且夫臧获婢妾犹能引决㊂,况仆之不得已乎!所以隐忍苟活,幽于粪土之中而不辞者,恨私心有所不尽,鄙陋没世而文采不表于后世也。

古者富贵而名磨灭,不可胜记,唯倜傥非常之人称焉㊃。盖文王拘而演《周易》㊄;仲尼厄而作《春秋》㊅;屈原放逐㊆,乃赋《离骚》;左丘失明㊇,厥有《国语》;孙子膑脚㊈,兵法修列;不韦迁蜀,世传《吕览》㊉;韩非囚秦㊊,《说难》、《孤愤》;《诗》三百篇,大底贤圣发愤之所为作也。此人皆意有所郁结,不得通其道,故述往事,思来者。乃如左丘无目,孙子断足,终不可用,退而论书策以舒其愤,思垂空文以自见㊋。仆窃不逊,近自托于无能之辞,网罗天下放失旧闻㊌,略考其事,综其终始,稽其成败兴坏之纪㊍,上计轩辕㊎,下至于兹,为十表、本纪十二、书八章、世家三十、列传七十,凡百三十篇。亦欲以究天人之际,通古今之变,成一家之言。草创未就,会遭此祸,惜其不成,是以就极刑而无愠色。仆诚已著此书,藏之名山,传之其人、通邑大都，则仆偿前辱之责⑨⑤，虽万被戮，岂有悔哉！然此可为智者道，难为俗人言也。

且负下未易居⑨⑥，下流多谤议⑨⑦。仆以口语遇遭此祸，重为乡党所戮笑，以污辱先人，亦何面目复上父母之丘墓乎？虽累百世，垢弥甚耳！是以肠一日而九回，居则忽忽若有所亡，出则不知其所往。每念斯耻，汗未尝不发背沾衣也！身直为闺阁之臣⑨⑧，宁得自引深藏岩穴邪？故且从俗浮沉，与时俯仰，以通其狂惑，今少卿乃教以推贤进士，无乃与仆私心剌（là）谬乎⑨⑨？今虽欲自彫琢，曼辞以自饰⑩，无益，于俗不信，适足取辱耳。要之，死日然后是非乃定。书不能悉意，略陈固陋。谨再拜。

【注释】

① 牛马走：谦词，像牛马一样供驱使。走，犹言"仆"。

② 少卿：任安，字少卿。

③ 望：抱怨。师：效法，遵从。

④ 罢驽：疲弱无能的马。罢，衰弱，无能。驽，劣马。

⑤ 尤：责备。

⑥ 说：同"悦"，喜悦，宠爱。

⑦ 大质：指身体。

⑧ 点：黑点。这里作动词，玷污。

⑨ 东从上来：指太始四年（前93）司马迁随武帝东巡泰山，返回长安一事。

⑩ 卒卒：犹"猝猝"。间：同"闲"，空闲。

⑪ 薄从上雍：随汉武帝去雍地祭祀的日子越来越近。薄，迫近。雍，地在今陕西凤翔南。

⑫ 不可为讳：不能避讳，指任安死。

⑬ 憯：惨毒，惨痛。

⑭ 比：并列，放在一起。数：计算。

⑮ 卫灵公：卫灵公与夫人同车出游，令太监雍渠坐在一旁，又让孔子坐到车上，孔子以为耻辱。雍渠：卫国的宦官。

⑯ "商鞅"二句：因为商鞅是靠太监景监的介绍而见的秦孝公，贤士赵良见此，感到寒心。

⑰ 同子：指汉文帝的宦官赵谈。因与司马迁父亲司马谈同名。这里避父讳而称"同子"。参乘：陪坐在车子右面的人。袁丝：袁盎，字丝，汉文帝时大臣。

⑱ 伤气：挫伤志气，指感到耻辱。

⑲ 待罪：谦辞，指做官。辇毂：皇帝车驾。

⑳ 惟：思虑。

㉑ 纳：进纳。效：贡献。

㉒ 岩穴之士：隐士，在野的贤士。

㉓ 搴：拔取。

㉔ 苟合取容：苟且求合以求容身。

㉕ 厕：参与。

㉖ 阘茸：比喻细小卑贱。

㉗ 负：缺少，没有。

㉘ 奏薄伎：贡献微薄的才能。奏，贡献。

㉙ 周卫：指严密防卫的宫禁。

㉚ 知：了解，引申为往来，交往。

㉛ 谬：违背，相反。

㉜ 李陵：汉将李广之孙，汉武帝时率兵与匈奴作战，矢尽援绝而降。

㉝ 俭：约束，克制，不放纵。

㉞ 媒蘖：酒曲。这里是酝酿的意思，比喻借端诬罔构陷，酿成其罪。

㉟ 王庭：指匈奴首领单于的王廷。

㊱ 当：相当，相等。

㊲ 不给：指顾不上，来不及。
㊳ 旃裘：匈奴人所用毛毡和皮裘，代指匈奴人。旃，通"毡"。
㊴ 劳军：慰劳军队。
㊵ 弮：弓弩。
㊶ 死敌：为抗拒敌人而死。
㊷ 上寿：献祝寿之辞。这里指祝捷。
㊸ 惨怆怛悼：四字同义，悲伤。
㊹ 款款：恳切忠实的样子。
㊺ 当：适当，指适当的时机。
㊻ 指：意思。
㊼ 广：宽，宽慰。
㊽ 睚眦：瞪眼睛，怒目而视。
㊾ 沮：诽谤。贰师：指贰师将军李广利。
㊿ 理：即大理寺，掌刑法。
(51) 列：陈述，分辩。
(52) 货赂：财货。依汉律可用钱赎罪。
(53) 颓：堕落，败坏。
(54) 佴：居。蚕室：受过宫刑的人所住的密不透风的屋子。
(55) 剖符、丹书：汉初规定，凡受封剖符、丹书的有功之臣，子孙有罪可获赦免。剖符，是一剖为二的符，君臣各执其半，以为凭信。丹书，是用朱砂写在铁券上的誓词。
(56) 文、史、星、历：指文献、历史、天文、历法。
(57) 卜：掌占卜的官。祝：掌祭礼的官。
(58) 倡：乐人。优：伶人，演员。
(59) 次比：排列，并列。
(60) 特：只，不过。
(61) 所自树立：自己用来立身的。指职业。

㉖ 趣：趋向，归向。
㉖ 理色：指脸色。理，肌理。色，脸上神色。
㉖ 诎体：身体被捆绑。诎，通"屈"，弯曲、卷曲。
㉖ 剔毛发、婴金铁：指受髡刑和钳刑。剔，用刀刮去毛发。婴，缠绕，将铁圈戴在脖子上。
㉖ 刑不上大夫：出自《礼记·曲礼上》。
㉖ 槛：关野兽的木笼。阱：捕兽的陷阱。
㉖ 渐：浸渍，引申为渐进。这里用作名词，指逐渐受感染的结果。
㉖ 议：审讯，判决。
⑦ 定计于鲜：打算在受辱前就自杀。鲜，夭死短命，此指自杀。
⑦ 惕息：恐惧的样子。
⑦ 淮阴：即汉初大将淮阴侯韩信。刘邦曾因怀疑楚王韩信谋反而将他在陈地抓起来，赦免后降为淮阴侯。
⑦ 彭越、张敖：两人在汉初都是王，彭越受封为梁王，张敖为赵王。彭越后被杀，张敖降为侯。
⑦ 绛侯：即周勃。这里说他灭掉刘邦妻子吕后的亲族，权势超过春秋五霸，却因谋反罪而被囚禁在专门关押有罪官吏的请室。
⑦ 魏其：大将军魏其侯窦婴，被诬下狱处死。这里说他曾穿着囚犯的赭色衣服，戴着头枷、手铐和脚镣。
⑦ 季布：项羽的大将。项羽死后，刘邦欲重金收买季布，他改名换姓，卖身为奴。
⑦ 灌夫：汉景帝时为郎中将、武帝时为太仆，因得罪丞相田蚡而被囚处死。
⑦ 罔：同"网"，法网，刑法。
⑦ 尘埃之中：指屈辱的境地。下文"粪土之中"义同。
⑦ 稍：逐渐。陵迟：衰颓，指受挫。
⑦ 引节：即"死节"，死于名节。
⑦ 臧获：某些地方对奴婢的称呼。

㊻ 倜傥：洒脱，不拘束。
㊼ 文王拘而演《周易》：指周文王被拘时推演八卦，形成《周易》。
㊽ 仲尼：孔子，名丘，字仲尼。厄：困顿。
㊾ 屈原：战国时楚国大夫，后被逐投汨罗江，著有《离骚》。
㊿ 左丘：春秋时鲁国史官。
88 孙子：孙膑。著有《孙膑兵法》，已失传。膑：古代断足的刑罚。
89 不韦：即吕不韦，秦始皇初为相国。《吕览》：即《吕氏春秋》，为吕不韦组织门客所作。
90 韩非：战国末年韩国公子，在秦国被李斯谗害致死，著《韩非子》。
91 垂：流传。
92 放失：散失。
93 稽：考察。
94 轩辕：即黄帝。
95 责：同"债"。
96 负下：担负着污辱之名。
97 下流：地位低下。
98 直：只，仅仅。闺阁之臣：指宦官。
99 刺谬：违背，相反。
100 曼辞：粉饰之辞。

【译文】

供驱使的太史公司马迁再拜陈言，少卿足下：之前蒙您屈尊赐信给我，教导我谨慎处世，把推举贤才、引进才士当作责任。您情意诚挚恳切，好像在埋怨我没有听从您的指教，反而听信了一般人的意见。我是不敢这样做的呀！我虽才能低下，但也曾听说过德高望重的长者留下来的风尚。只不过我自认为身体已经残废、地位卑贱，一有行动就遭人指责，想做点好事却导致不好的结果，因此独自忧闷无人可说。谚语说："为谁而干呢？让谁来听呢？"钟子期死后，伯牙终生不再弹琴。为什么呢？因为士人只为知己者效力，女子只为爱自己的人修饰容貌。像我，身体已经残缺，即使我有随侯珠、和氏璧那样的才能，有许由、伯夷那样高洁的品行，还是不能引以为荣，恰恰足以被人耻笑而使自己受辱罢了。您的来信本该及时回复，恰逢随皇帝东巡泰山归来，又忙于琐事，和您相见的机会很少，我又忙忙碌碌没有片刻时间来尽诉我的心意。如今您遭到难以预料的罪名，再过一个月，就近冬末了，而我又要随从皇帝去雍地了，担心您突遭不幸。那样，我就永远不能抒发愤懑让您了解，而您的在天之灵一定会抱恨无穷的。请让我简略地陈述鄙陋之见。这么久没有给您回信，希望不要怪罪于我。

我曾听说：加强自身修养是智慧的象征；乐善好施是仁德的开端；恰当的索取与给予是道义的体现；耻于受侮辱是勇敢的先决条件；树立好名声是品行的最高准则。士人具备了这五点，才能据此立身处世，跻身于君子的行列。所以，灾祸没有比贪图私利更悲惨的了，悲痛没有比心灵受创更伤心的了，行为没有比让祖先受辱更难堪的了，耻辱没有比遭受宫刑更严重的了。受过宫刑的人，无法与常人相提并论，这不是某一朝代的事，而是由来已久了。从前，卫灵公与雍渠同车，孔子感到耻辱就离开卫国去往陈国；商鞅经由景监引荐而见秦孝公，赵良为此感到寒心；赵谈陪汉文帝坐车，袁盎因而怒容满面：自古以来人们就鄙视宦官。就连中等才能的人，遇到涉及宦官的事，没有不感到羞辱的，更何况是慷慨激昂之士呢！如今朝廷虽然缺乏人才，又怎么能让受过宫刑的人来推举天下的豪杰之士呢！我靠着继承父亲未竟的学术事业，得以在朝廷任职，已有二十多年了。自己觉得，对上，我没能效尽忠心与信诚，得到策略出众和才干突出的声誉，从而取得圣上的赏识；其次，我又不能为圣上拾遗补阙，进选贤能之人，使隐居者名声显扬，在外，我不能参与军队攻城略地，建立斩将拔旗的功勋；对下，我又不能积累年资和功劳，获取高官厚禄，成为宗族和朋友的荣耀和宠幸。这四方面没有一个方面我实现了的，我苟且求合以求容身，大大小小的建树全都没有，由此都可以看出来。过去，我也曾有幸置身于下大夫的行列，在朝堂上事奉圣上、发表一些微不足道的议论，那时我没有申张国家的法度，为国竭尽智谋，何况现在身体已残缺、地位低下，身处在卑贱者的行列里，却要扬眉吐气，说长道短，不是也蔑视朝廷、羞辱当今的士人吗？唉！唉！像我这样的人还能说什么呢！还能说什么呢！

况且，事情的原委难以明了。我年轻时没有出众的才能，长大后也得不到乡里的推誉，幸亏主上因为我父亲的关系，使我得以贡献微薄的才能，出入在宫禁之中。我认为头顶盆子怎么能望得见天呢，所以谢绝宾客的交往，把家庭私事扔在一边，日日夜夜思考竭尽自己绵薄的才力，一心一意地恪尽职守，期望得到主上的信任与赏识。但是事情的结果却和初衷完全相反。

我和李陵同在宫中任职，平时并没有密切来往，彼此的志趣、追求也不相同，也不曾在一起饮过酒、表示过殷勤的情谊。但是，我看他的为人，是个能守住操节的奇人，他孝顺双亲，对待士人讲信用，对待财物廉洁奉公，获取或给予都符合礼义，懂得尊卑而能礼让，谦卑自约、礼贤下士，常想为国家排解急难而奋不顾身。他平时修养品德，我认为具有国士的风范。臣子出于宁肯万死、不求一生的意念，奔赴国家急难，这已是很难得的了！现在，他行事一有不妥，那些只顾保全自己和妻小的臣子，就随即夸大他的过失，我私下实在感到痛心。况且李陵率领的步兵不足五千人，深入胡地，一直打到单于的王廷，就好比在虎口边设下诱饵，勇猛地向强大的匈奴大军挑战，向居高临下的亿万敌军发动进攻，与单于接战十多天，所杀敌人超过自己军队的人数，敌军连救死扶伤都来不及。匈奴的君主和长官们都感震惊和恐惧，便征调了左、右贤王的军队，出动了所有能拉弓射箭的人，举全国之军一起围攻李陵。李陵转战千里，箭矢耗尽，无路可走，而援军迟迟不至，死伤的士卒堆积遍地。但只要李陵一声呼唤鼓舞，士兵没有不强撑起身体，人人落泪，血流满面，重又拉开没有剪的空弓，冒着敌人的利刃，争着向北拼死杀敌。

当李陵还未遭覆没的时候，有使者来汉朝廷报捷，朝中公卿王侯都向主上举杯祝贺。过了几天，李陵兵败的消息奏闻主上，主上为此吃饭无味，上朝听政闷闷不乐。大臣们担心害怕，不知怎么办才好。我私心不考虑自己地位的卑贱，看到主上悲伤痛心，实在想奉献诚恳的见解。我认为李陵一直以来对部下，好吃的东西自己不吃，把仅存的少量物品分给别人，因而部下能为他拼死效力，即使古代的名将也比不上他。李陵虽然失败被俘，但看他的用意，是想相机报效汉朝。兵败之事已无可奈何，但他挫败敌人的功劳，也足以彰明天下。我要把所想的这些向主上陈说，一直没有机会，正逢主上召见，我就顺着这个思路来论说李陵的功劳，想以此宽慰主上的胸怀，堵塞那些怨恨李陵的言辞。我没能彻底表达清楚，以致明主没有洞察我的心意，以为我在诋毁贰师将军，而替李陵开脱，于是就把我交给大理寺问罪。我忠心耿耿，却无法自我表白，因而被定了诬上的罪名。主上最终认准了法吏的判决。我家境贫困，钱财不足以为自己赎罪，朋友们也没有谁前来营救，主上左右的亲信也无人替我说一句话。我不是没有情感的木块、石头，却要和执法的官吏打交道，被拘禁在深牢大狱之中，心中的痛苦能跟谁去诉说呢！这些正是您亲眼看到的，我的情况难道不是这样吗？李陵活着投降了，败坏了他家族的声誉，而我被关在蚕室中，又被天下人观看耻笑。可悲呀！可悲呀！这些事情是不容易对世俗的人一一说清楚的。

我的先人并没有受赐剖符、丹书那样的功劳，只是掌管文献、历史、天文、历法，地位近似于卜官、祝官一流，本来就是主上戏弄对象，像乐师、优伶那样豢养，而被世人所轻视。假如我接受处罚遭到杀戮，就像九牛失去一毛，与死去一只蝼蛄、蚂蚁有什么区别呢？而世人又不会把我和那些死于气节的人相提并论，只认为我智虑穷尽、罪大恶极、不能自脱、终于被杀而已。为什么呢？因为我的职业使人们有这样的看法。人本来就有一死，有人的死比泰山还要重，有人的死比鸿毛还要轻，这是因为他们死的原因和目的不同。首先是不使祖先受辱，其次是自身不受辱，再次是不使自己的颜面受辱，再次是不在言辞上受辱，再次是身体被绑而受辱，再次是穿上囚服而受辱，再次是戴刑具、被抽打而受辱，再次是剃掉毛发、颈戴铁圈而受辱，再次是毁坏肌肤、截断肢体而受辱，最下等的就是遭受宫刑，这是受辱到了极点！《礼记》中说："刑罚不施加于大夫以上。"这是说士大夫的节操不可以不磨砺。猛虎在深山，百兽感到震惊、害怕，一旦猛虎落入陷坑或被关进笼子，就摇着尾巴向人求食，这是威力长期以来使它渐渐驯服的结果。所以，在地上划个圆圈作监牢，有节气的人势必不肯进入；削个木头人作法吏，有节气的人也认为不能受它审讯，而打算在受辱之前就自杀。如今手脚被绑，戴上了刑具，肌肤暴露，遭受竹鞭和棍棒的抽打，囚禁在牢狱里。在这个时候，见到狱吏就赶紧磕头，看见狱卒就战战兢兢。为什么呢？这是由于威力的长期施加造成的。都已到了这种地步，却说自己没有受辱，就是厚脸皮了，有什么可赞扬的呢！

况且，西伯是一方诸侯之长，却被囚禁在羑里；李斯，是秦国的丞相，却遭受五种刑罚；淮阴侯韩信本是王，却在陈地被拘捕；彭越、张敖，都是南面称王的人，却被下狱定罪；绛侯周勃诛杀了诸吕，权势超过春秋五霸，却被关进请室；魏其侯窦婴，身为大将军，却穿上赭色囚衣，戴上了三枷；季布卖身朱家做奴隶；灌夫被关进居室受辱，这些人都位至王侯将相，名声远播邻国，等到犯罪以致刑法加身，却不能自杀而死。在屈辱的境地古今都一样，怎么能不受屈辱呢？由此说来，勇怯、强弱都是形势使然。这是很明白的了，有什么值得奇怪的呢？人不能在法律制裁之前就自杀，以致慢慢受挫而颓唐，到了遭受鞭打的时候，才想为气节而自杀，这不是晚了点吗！古人之所以不轻易对大夫实施刑罚，大概就是这个原因。人之常情，无不贪生怕死、顾念父母妻儿，至于激于义理的人就不是这样了，他们是有不得已的地方。现在，我不幸父母早早过世，也没有兄弟姐妹，独自一人活在世上，您看我对妻儿的态度又怎样呢？况且，勇敢的人不一定非要为气节而死，怯懦的人要是仰慕节义，又何处不在勉励自己呢！我虽然怯懦，想苟且偷生，也知道舍生就义的道理，怎么会甘心被囚下狱而受尽污辱呢！奴仆婢妾尚且能够下决心自杀，何况我是不得已，不是更该受死吗！我之所以强忍屈辱，苟且偷生，置身于屈辱境地而不肯去死，就因为遗恨我心愿未了，如果在屈辱中死去，我的文章便不能流传后世了。

自古以来，生前富贵而死后却声名不传的人，多得数不清，只有成就卓著、不同凡响的人才能被后人的称道。像周文王被拘禁而推演出《周易》；孔子处于困境而写成了《春秋》；屈原被流放而创作了《离骚》；左丘明双目失明，才完成了《国语》；孙膑膝盖骨被剜而编写出兵法；吕不韦谪迁蜀地，《吕氏春秋》才得以流传于后世；韩非子在秦国被捕下狱，这才有了《说难》、《孤愤》；《诗经》三百篇，大都是贤人、圣人抒发内心的愤懑而作。这些人都是心里抑郁闷结，得不到宣泄，所以才追述往事，寄希望于后来人。至于左丘明失明，孙膑断腿，他们认为再也得不到重用了，于是退而著书立说，以此抒发心中的愤懑，希望文章流传后世使后人能了解自己。我私下里不自量力，近来以拙劣的文辞，搜集散失于天下各处的旧说遗闻，粗略地考订其事实，综合其来龙去脉，考察其成败、兴衰的规律，上自黄帝，下至于今，写成表十篇、本纪十二篇、书八篇、世家三十篇、列传七十篇，共一百三十篇。也是想要探究自然和人事之间的关系，通晓自古至今的变化规律，建立一家之言论。还没有写成，就遭遇了这起灾祸，我为此书未成深感痛惜，所以，即使遭受宫刑也毫无怨色。如果我真的已写完此书，就要把它珍藏在名山之中，传给了解我的人，在交通发达的大都市里散布，那么偿还我此前受辱的债，即使被杀一万次,我还有什么可后悔的呢!然而,这些话只能对有见识的人说,难以跟一般的人去讲。

而且,背着侮辱的罪名的人不易立身当世,地位卑贱的人常常被人诋毁。我因进言而获罪,深受故乡人的耻笑,也让祖上受辱被污,还有什么脸面再给父母上坟呢?即使百世之后,这种耻辱只会越来越加重!所以,一日之中,我愁肠百转千回,平日在家神思恍惚,若有所失,出门则不知道要到哪里去。每当我想到这种耻辱,就汗流浃背、沾湿衣服。我不过是宫中的臣仆,怎么能自我引退避居山野呢?所以,暂且跟着世俗随波逐流,见机行事,以抒发内心的悲愤。如今少卿竟然叫我推贤举能,不正与我内心的想法相违背吗?现在就算我想用推贤举能的行动来粉饰自己,用甜言美语为自己开脱,也毫无用处,不会得到一般人的信任,只会自取其辱罢了。总之,人死了以后才能定功论过。这封信不能完全表达我的意思,只是概略地陈说我的鄙陋之见。再次恭敬地向您致意。

过秦论上

贾谊

秦孝公据崤、函之固①，拥雍州之地②，君臣固守，以窥周室。有席卷天下、包举宇内、囊括四海之意③，并吞八荒之心④。当是时也，商君佐之⑤，内立法度，务耕织，修守战之具；外连衡而斗诸侯⑥。于是秦人拱手而取西河之外⑦。

孝公既没，惠文、武、昭蒙故业⑧，因遗策⑨，南取汉中⑩，西举巴蜀⑪，东割膏腴之地，收要害之郡。诸侯恐惧，会盟而谋弱秦，不爱珍器、重宝、肥饶之地，以致天下之士，合从（zòng）缔交⑫，相与为一。当此之时，齐有孟尝，赵有平原，楚有春申，魏有信陵⑬。此四君者，皆明智而忠信，宽厚而爱人，尊贤而重士，约从离横，兼韩、魏、燕、赵、宋、卫、中山之众。于是六国之士，有宁越、徐尚、苏秦、杜赫之属为之谋，齐明、周最、陈轸、召滑、楼缓、翟景、苏厉、乐毅之徒通其意，吴起、孙膑、带佗、兒良、王廖、田忌、廉颇、赵奢之伦制其兵。尝以什倍之地、百万之众，叩关而攻秦。秦人开关而延敌，九国之师遁逃而不敢进⑭。秦无亡矢遗镞（zú）之费⑮，而天下诸侯已困矣。于是从散约解，争割地而赂秦。秦有余力而制其弊，追亡逐北⑯，伏尸百万，流血漂橹（lǔ）⑰。因利乘便，宰割天下，分裂河山。强国请服，弱国入朝。施（yì）及孝文王、庄襄王⑱，享国之日浅，国家无事。

及至始皇，奋六世之余烈⑲，振长策而御宇内，吞二周而亡诸侯⑳，履至尊而制六合㉑，执敲朴以鞭笞天下㉒，威振四海。南取百越之地㉓，以为桂林、象郡㉔。百越之君俛首系颈㉕，委命下吏。

乃使蒙恬（tián）北筑长城而守藩篱㉖，却匈奴七百余里㉗，胡人不敢南下而牧马，士不敢弯弓而报怨。于是废先王之道，燔（fán）百家之言㉘，以愚黔首㉙。隳（huī）名城㉚，杀豪俊，收天下之兵聚之咸阳，销锋镝（dí）㉛，铸以为金人十二，以弱天下之民。然后践华（huà）为城㉜，因河为池㉝，据亿丈之城，临不测之溪以为固。良将劲弩，守要害之处，信臣精卒，陈利兵而谁何㉞。天下已定，始皇之心，自以为关中之固，金城千里㉟，子孙帝王万世之业也。始皇既没，余威震于殊俗。

然而陈涉㊱，瓮牖（yǒu）绳枢之子㊲，氓隶之人，而迁徙之徒也㊳，材能不及中庸㊴，非有仲尼、墨翟（dí）之贤㊵，陶朱、猗顿之富㊶，蹑足行伍之间㊷，俛起阡陌之中㊸，率罢（pí）弊之卒㊹，将数百之众，转而攻秦。斩木为兵，揭竿为旗㊺，天下云集而响应，赢粮而景从㊻，山东豪俊遂并起而亡秦族矣㊼。

且夫天下非小弱也，雍州之地，崤、函之固，自若也㊽；陈涉之位，不尊于齐、楚、燕、赵、韩、魏、宋、卫、中山之君也；锄耰（yōu）、棘矜㊾，不铦（xiān）于钩、戟、长铩（shā）也㊿；谪戍之众，非抗于九国之师也⁵¹；深谋远虑，行军用兵之道，非及曩（nǎng）时之士也⁵²。然而成败异变，功业相反。试使山东之国与陈涉度（duó）长絜（xié）大⁵³，比权量力，则不可同年而语矣。然秦以区区之地，致万乘之权，招八州而朝同列，百有余年矣。然后以六合为家，崤、函为宫。一夫作难而七庙隳⁵⁴，身死人手，为天下笑者，何也？仁义不施，而攻守之势异也。

【注释】

① 秦孝公：名渠梁，任用商鞅变法，使秦国国力大增，为秦始皇统一中国奠定了基础。殽：通"崤"，崤山，在今河南洛宁北。函：

函谷关，在今河南灵宝东北。这是当时秦国的东部边境。

② 雍州：古九州之一，相当于今陕西、甘肃、青海等部分地区。

③ "有席卷"三句：席卷、包举、囊括，都有全部占有的意思。

④ 八荒：八方。

⑤ 商君：指商鞅。他由卫入秦，辅佐孝公变法，后被诬谋反遭杀害。

⑥ 衡：同"横"。斗：使诸侯争斗。

⑦ 西河：指黄河西岸，原属魏国。

⑧ 惠文、武、昭：指惠文王驷、武王荡、昭襄王则。蒙：继承。

⑨ 因：遵循。

⑩ 汉中：今陕西汉中一带。

⑪ 巴蜀：地在今四川。

⑫ 合从：合纵，指六国联合抵御秦国的策略。从，同"纵"。

⑬ "齐有"四句：孟尝，孟尝君田文。平原，平原君赵胜。春申，春申君黄歇。信陵，信陵君魏无忌。

⑭ 九国：指齐、楚、韩、魏、燕、赵、宋、卫、中山。

⑮ 镞：箭头。

⑯ 北：败北。

⑰ 橹：大盾牌。

⑱ 施：延续。

⑲ 余烈：遗留的功业。

⑳ 二周：战国时周分裂为西周、东周两个小国，分别建都于今河南洛阳和巩县。

㉑ 六合：天地四方。这里指天下。

㉒ 敲朴：杖棒，短者为敲，长者为朴。

㉓ 百越：泛指东南少数民族各部。

㉔ 桂林、象郡：是秦所设二郡，在今广西境内。

㉕ 俛：同"俯"。系颈：以带系颈，表示投降。

㉖ 蒙恬：秦国将领。曾率军渡黄河北逐匈奴，修筑长城。

㉗ 却：击退。

㉘ 燔：焚烧。

㉙ 黔首：百姓。

㉚ 隳：毁坏。

㉛ 镝：通"镝"，箭头。

㉜ 践：据。华：华山。

㉝ 河：黄河。

㉞ 谁何：谁敢呵问。何，通"呵"，呵斥。

㉟ 金城：坚固的城池。

㊱ 陈涉：即陈胜。

㊲ 牖：窗户。

㊳ 迁徙之徒：被发配到边疆服役的人。

㊴ 中庸：中等庸人。

㊵ 墨翟：即墨子，春秋后期思想家。

㊶ 陶朱：即范蠡（lí），春秋末越大夫。晚年到陶地经商致富，号称陶朱公。猗顿：春秋时鲁国人，在猗氏经营畜牧业而成巨富。

㊷ 蹑：践，履。行伍：军队基层组织。

㊸ 俛：通"勉"，尽力。

㊹ 罢：疲倦。

㊺ 揭：举。

㊻ 赢：背负。景：同"影"。

㊼ 山东：崤山以东。

㊽ 自若：如此，和以前一样。

㊾ 耰：平整土地所用农具。棘矜：棘木棍。

㊿ 铦：锋利。铩：大矛。

51 抗：同"亢"，高出，超出。

㊼ 曩：以往，从前。
㊽ 度长絜大：比较长短粗细。
㊾ 七庙：天子的宗庙，代指王朝。古代制度规定天子宗庙奉祀七代祖先。

【译文】

　　秦孝公依据崤山、函谷关的险固地势，拥有雍州的土地，君主臣民牢牢固守着，并打算伺机夺取周王朝的政权。秦国怀有席卷天下、包举宇内、征服四海、并吞八方的雄心。这期间，商鞅辅佐秦孝公，对内制定法令制度，致力于发展农耕纺织，修造用于攻守的器械；对外实行连横策略，使各诸侯之间互相争斗。于是，秦人轻而易举地夺取了西河以外的大片土地。

　　秦孝公死后，惠文王、武王、昭襄王继承祖先的基业，继续推行孝公的策略，向南攻取了汉中，向西占领了巴蜀，向东割取了肥沃富饶的土地，收服地势险要的州郡。各国诸侯极为恐慌，聚会结盟，想要削弱秦国，他们不惜用珍贵的器物、贵重的财宝、肥饶的土地来招纳天下的贤士，以合纵策略订立盟约，相互支持，连为一体。那时，齐国有孟尝君，赵国有平原君，楚国有春申君，魏国有信陵君。这四位君子，都睿智而忠信，宽厚而仁爱，尊敬贤良重视士人，他们使六国六国相约合纵，拆散与秦国的连横，同时联合了韩、魏、燕、赵、宋、卫、中山等国的力量。于是，六国的士人中有宁越、徐尚、苏秦、杜赫等人为他们出谋划策，有齐明、周最、陈轸、召滑、楼缓、翟景、苏厉、乐毅等人为他们互通信息，有吴起、孙膑、带佗、兒良、王廖、田忌、廉颇、赵奢等人为他们统率军队。他们曾经以十倍于秦国的土地和百万军队进逼函谷关，攻打秦国。秦国人打开函谷关迎敌，但九国的军队却躲避逃跑不敢进关。秦国不费一镞而天下诸侯已经陷入困境了。于是合纵阵线失效，盟约解除，六国争着割让土地贿赂秦国。这使得秦国更有余力抓住六国的弱点，追杀败逃之军，进而伏尸遍地，流淌的血把盾牌都漂起来了。秦国凭借有利形势，乘机割取天下土地，使各国山河分裂。这样，强国请求归顺，弱国赶来朝拜。相沿到秦孝文王、庄襄王，他们在位的时间较短，秦国没有发生重大的事件。

等到了秦始皇的时候，他继承发扬秦国前六代君主遗留下的功业，像高举长鞭一样驾驭天下，吞并东、西二周，而灭亡了六国诸侯，登上至高无上的帝位而控制天下，他用严刑控制天下人民，威震四海。他向南攻取了百越领土，划为桂林郡、象郡。百越的君主低头系颈，听命于秦朝小吏。他又派遣蒙恬在北边修筑长城来守卫边界，击退匈奴七百多里，使匈奴人不敢南下牧马，匈奴军队不敢挑战复仇。这时候，秦始皇废弃了古代圣王的仁义之道，焚烧了诸子百家的书籍，愚昧百姓。他毁坏各国名城，屠杀豪杰俊才，收缴天下的兵器，聚集到咸阳，销熔刀箭，铸造成十二个金人，以此来削弱天下人民反抗的力量。然后，他凭借华山，把它当作城墙，依托黄河，把它作为护城河，上据亿丈的高大城防，下临深不可测的河流，自以为固若金汤。还派良将手持强弓，守卫着要害之处；忠信的大臣率领精锐的士兵，手持锋利兵器盘问出入关卡的行人。天下已经平定，秦始皇的心中自以为关中这样坚固，犹如千里铜墙铁壁，成就了子孙万代称帝称王的不朽功业。秦始皇死后，他的余威还震慑着边远地区。

但是，陈涉这个用瓦盆当窗、用绳子系门枢的贫寒人家的穷小子，低贱的种田人，被征派守边的人，他的才能赶不上一般人，没有孔子、墨子那样的贤能，也没有范蠡、猗顿的财富，只是夹在戍卒的队伍中，在村野中勉力起事，带领疲惫的士兵，指挥几百人的军队，辗转攻打秦朝。他们砍下树木当武器，举起竹竿当大旗，天下百姓像云一样会聚，像回声一样响应，背着粮食像影子一样跟随他，崤山以东的豪杰俊士于是合力而起灭亡了秦朝。

那时候，秦朝天下并没有减小削弱，雍州的肥沃土地，崤山和函谷关的险固，和以前一样；陈涉的地位，不比齐、楚、燕、赵、韩、魏、宋、卫、中山等国的君主们尊贵；种田的锄头、木棍不比钩戟长矛锐利；

贬谪服役的队伍的战斗力，不能与九国军队相提并论；深谋远虑，行军用兵的战略战术，也比不上从前六国的谋士，然而，结果却发生变化，功业也恰好相反。假如让崤山以东的诸侯国跟陈涉比长短，论粗细，较量一下权势大小，同样是不能相提并论了。但是秦国以它原来小小的一点地方，发展到有万乘兵车的国力，夺取了八州的土地，使他们入朝称臣，也有一百多年了。然后，把天地四方变为秦国一家所有，把崤山、函谷关当作自家宫室。不料，一个陈涉发难就使秦朝覆灭，国君死在人家手里，被天下人耻笑，这是什么原因呢？这是因为不施行仁义，而攻守天下的势态不同了啊。

论贵粟疏

晁错

圣王在上而民不冻饥者，非能耕而食之，织而衣之也，为开其资财之道也。故尧、禹有九年之水，汤有七年之旱，而国无捐瘠者①，以畜积多而备先具也。今海内为一，土地人民之众不避禹、汤，加以亡天灾数年之水旱，而畜积未及者，何也？地有余利，民有余力，生谷之土未尽垦，山泽之利未尽出也，游食之民未尽归农也。民贫则奸邪生，贫生于不足，不足生于不农，不农则不地著（zhuó）②，不地著则离乡轻家。民如鸟兽，虽有高城深池，严法重刑，犹不能禁也。夫寒之于衣，不待轻暖；饥之于食，不待甘旨；饥寒至身，不顾廉耻。人情一日不再食则饥，终岁不制衣则寒。夫腹饥不得食，肤寒不得衣，虽慈母不能保其子，君安能以有其民哉？明主知其然也，故务民于农桑，薄赋敛，广畜积，以实仓廪，备水旱，故民可得而有也。

民者，在上所以牧之。趋利如水走下，四方无择也。夫珠玉金银，饥不可食，寒不可衣，然而众贵之者，以上用之故也。其为物轻微易藏，在于把握，可以周海内而亡饥寒之患。此令臣轻背其主，而民易去其乡，盗贼有所劝，亡逃者得轻资也。粟米布帛，生于地，长于时，聚于力，非可一日成也。数石（dàn）之重③，中人弗胜，不为奸邪所利，一日弗得，而饥寒至。是故明君贵五谷而贱金玉。

今农夫五口之家，其服役者不下二人，其能耕者不过百亩，百亩之收不过百石。春耕，夏耘，秋获，冬藏，伐薪樵，治官府，给徭役。春不得避风尘，夏不得避暑热，秋不得避阴雨，冬不得避寒冻，四时之间，无日休息。又私自送往迎来，吊死问疾，养孤长幼在其中。勤苦如此，尚复被水旱之灾，急政暴虐④，赋敛不时，朝令而暮改。当其有者，半贾而卖；亡者取倍称（chèn）之息⑤，于是有卖田宅、鬻子孙以偿债者矣⑥。而商贾大者积贮倍息，小者坐列贩卖，操其奇（jī）赢⑦，日游都市，乘上之急，所卖必倍。故其男不耕耘，女不蚕织，衣必文采，食必粱肉，亡农夫之苦，有阡陌之得。因其富厚，交通王侯，力过吏势，以利相倾，千里游敖，冠盖相望，乘坚策肥，履丝曳（yè）缟。此商人所以兼并农人，农人所以流亡者也。今法律贱商人⑧，商人已富贵矣；尊农夫，农夫已贫贱矣。故俗之所贵，主之所贱也；吏之所卑，法之所尊也。上下相反，好恶乖迕，而欲国富法立，不可得也。

方今之务，莫若使民务农而已矣。欲民务农，在于贵粟；贵粟之道，在于使民以粟为赏罚。今募天下入粟县官⑨，得以拜爵，得以除罪。如此，富人有爵，农民有钱，粟有所渫（xiè）⑩。夫能入粟以受爵，皆有余者也。取于有余以供上用，则贫民之赋可损，所谓损有余，补不足，令出而民利者也。顺于民心，所补者三：一曰主用足，二曰民赋少，三曰劝农功。今令民有车骑马一匹者⑪，复卒三人。车骑者，天下武备也，故为复卒。神农之教曰："有石城十仞⑫，汤池百步，带甲百万，而亡粟，弗能守也。"以是观之，粟者，王者大用，政之本务。令民入粟受爵，至五大夫以上⑬，乃复一人耳，此其与骑马之功相去远矣。爵者，上之所擅，出于口而无穷；粟者，民之所种，生于地而不乏。夫得高爵与免罪，人之所甚欲也。使天下人入粟于边，以受爵免罪，不过三岁，塞下之粟必多矣。

【注释】

① 捐：抛弃。瘠：瘦弱。

② 地著：在某地定居，此指编入户籍定居于某地。著，附着。

③ 石：重量单位，汉制三十斤为钧，四钧为石。

④ 政：同"征"。

⑤ 倍称之息：指借一还二。称，此指本利相等。

⑥ 鬻：卖。

⑦ 奇赢：利润。奇，指余物。赢，余利。

⑧ 法律贱商人：据《汉书·食货志》载，汉初规定商人"不得衣丝乘车，重税租以困辱之"。惠帝时，对商人的限制曾有所放松，但仍限制商人的子弟做官。后来对商人的禁令名存实亡。

⑨ 县官：汉朝人对朝廷、官府的称呼。

⑩ 渫：散出。

⑪ 车骑马：指装备齐全有战车和鞍辔的马。

⑫ 仞：长度单位，八尺为一仞。

⑬ 五大夫：爵位名，汉承秦制，设爵位二十级，五大夫为第九级爵位。

【译文】

　　圣明的君王在位的时候，百姓不至于挨饿受冻，这并不是因为君王能亲自种出粮食给他们吃，织出布给他们穿，而是因为他给人民开辟了获取财富的途径。所以，尽管尧、禹的时候有过九年的水灾，商汤时也有过七年的旱灾，但那时却没有弃家逃生、面黄肌瘦的人，这就是因为积蓄的粮食多，早做好了准备啊。现在全国统一，土地广大，人口众多，不亚于汤、禹的时代，又没有连年的水旱灾害，然而积蓄却比不上汤、禹之时，为什么呢？就是因为土地还有潜力，老百姓还有余力，能生长庄稼的土地还没完全开垦，山林湖泽的资源还没完全开发出来，游手好闲的人还没全部回乡耕种。百姓穷了就会去做邪恶的事。贫穷产生于物资不充足，不充足是由于不耕种，不耕种就不能定居于一个地方，不能定居在一个地方就会轻易地离开家乡。百姓像鸟兽一样，即使有高大的城墙，深深的护城河，严厉的法令，残酷的刑罚，也不能禁止他们出走。人冷了不会等到有了轻暖的衣服才去穿，饥饿了也不会等着有了美味才去吃，人在饥寒交迫时也就不顾什么廉耻了。人的情况是，一天吃不上两顿饭就要挨饿，整年不做衣服就要受冻。肚子饿了没有饭吃，身上冷了得不到衣穿，即使是慈母也不能留住他的儿女，国君又怎能保有他的百姓呢？英明的君主懂得这个道理，所以让老百姓耕种生产，采桑养蚕，减轻他们的赋税，积蓄粮食，充实仓库，以防备水旱灾年，因此也就能拥有百姓了。

当老百姓的，在于帝王用什么方法来管理他们，他们追逐利益就像水要往低处流一样，不管什么东西南北。珍珠、宝玉、黄金、白银这些东西，饿了不能当饭吃，冷了不能当衣穿，可是人们还是看重它们，这是因为皇上看重它们的缘故啊。珠玉金银这些物品，分量轻，容易收藏，拿在手中走遍全国也不会挨饿。这就会使臣子轻易地背弃他的君主，使百姓随便离开他的家乡，使得盗贼受到鼓励，使得犯法逃亡的人有了轻便好带的财物。粟米和布帛，从地里生长出来，在一定的季节里长成，收获储藏也需要一定的人力，不是短时间里可以办到的。几石重的粮食，一般人挑不动它，坏人不会贪图它的。但是这些东西，只要一天缺少了就要挨饿受冻。因此，英明的君主贵重五谷而轻视金玉。

如今农夫一个五口之家，家里能劳动的不少于二人，能够耕种的土地不超过一百亩，一百亩的收成不会超过一百石。他们春天耕种，夏天锄草，秋天收获，冬天储藏；还要砍柴，修理官府的房屋，应付各种官差。春天不能躲避风尘，夏天不能躲避暑热，秋天不能躲避阴雨，冬天不能躲避寒冻，一年四季中没有一天休息。亲戚朋友间要交际往来，吊唁死者，探望病人，扶养孤老，养育幼儿，所有的费用都包括在这当中。农民们辛苦到这种地步，还要遭受水旱灾害，官府又急征暴敛，收税不按季节，早晨发出的命令，晚上就改变了，使农民苦上加苦。交赋税的时候，有粮食的农夫按半价卖掉粮食来交税；没有粮食的农夫就得出加倍的利息借债交纳。这样就出现了卖地卖屋、卖儿卖女来还债的人了。而那些商人们，大的就囤积粮食，追求加倍的利润；小的开店贩卖，投机取巧，每天都在集市上转来转去，利用朝廷急需物资的机会，便成倍地抬高价格。所以商人家里男的不必耕地锄田，女的不必养蚕织布，穿的必定是绫罗绸缎，吃的是上等白米和鱼肉。他们没有农夫的辛苦，却坐享田地的收获。凭借着雄厚的财富，与王侯结交，势力超过官吏。他们利用钱财互相倾轧。他们游玩各地，车乘络绎不绝。他们乘着坚固的车子，赶着肥壮的马，穿着丝靴，披着绸袍。这就是商人并吞农民，农民流亡在外的原因。当今法律上虽然轻视商人，但商人实际上已经富贵了；法律上重视农民，农民实际上已经贫贱了。因此，俗人所看重的，正是国君所轻贱的商人；官吏所鄙视的，正是法律所尊重的农民。上下相反，尊重的和轻贱的颠倒，却想要使国家富强，法制生效，是办不到的。

当前的事情，再没有比引导人民务农更重要的了。要想使老百姓务农，关键在于重视粮食；重视的办法，在于让老百姓用粮食作为受赏或免罚的手段。现在应号召全国的老百姓给朝廷上交粮食，交粮可以得到封爵，也能用来赎罪。这样，富人可以得到爵位，农民可以得到钱财，粮食就能得以流通。能交纳粮食得到爵位的，都是粮多的富人。从富人那里取得粮食，以供应政府需要，那么贫苦农民所担负的赋税就可以减少，这就是所谓减少有余的补不足的，法令一颁布老百姓就能得到实利。它符合百姓的心愿，有三种好处：一是国君的财政费用充足，二是百姓的赋税减少，三是鼓励从事农业生产。按照现行的法令："老百姓出驾战车的马一匹，就可以免除他家三个人的兵役。"因为驾战车的马是国家战备所必需的，所以给他免除兵役。神农氏的书上说："即使有七八丈高的石头城墙，百步宽的沸水护城河，百万全副武装的兵士，可是如果没有粮食，那也是守不住的。"这样看来，粮食是帝王最重要物资，是治理国家的根本。让老百姓纳粮买爵，封到第九级的五大夫以上，才免除一人的兵役，这同出战马相比好处差得太远了。爵位，是皇帝专有的，只要皇帝开口封就无穷无尽；粮食，是老百姓种出来的，从地里长出而不会缺乏。得高爵和赎罪，是人们十分向往的事情。如果允许全国的人献粮给边境，并以此来换取爵位或赎罪，那么过不了三年，边境的粮食就一定很充裕了。

前出师表

诸葛亮

臣亮言①：先帝创业未半，而中道崩殂②。今天下三分，益州疲敝③，此诚危急存亡之秋也。然侍卫之臣不懈于内，忠志之士忘身于外者，盖追先帝之殊遇，欲报之于陛下也。诚宜开张圣听，以光先帝遗德，恢弘志士之气。不宜妄自菲薄，引喻失义，以塞忠谏之路也。宫中府中④，俱为一体，陟罚臧否（pǐ）⑤，不宜异同。若有作奸犯科及为忠善者，宜付有司，论其刑赏，以昭陛下平明之治。不宜偏私，使内外异法也。

侍中、侍郎郭攸之、费祎（yī）、董允等⑥，此皆良实，志虑忠纯，是以先帝简拔以遗陛下。愚以为宫中之事，事无大小悉以咨之，然后施行，必能裨（bì）补阙漏，有所广益。将军向宠性行淑均⑦，晓畅军事，试用于昔日，先帝称之曰能，是以众议举宠以为督。愚以为营中之事，事无大小悉以咨之，必能使行阵和穆⑧，优劣得所。亲贤臣，远小人，此先汉所以兴隆也；亲小人，远贤臣，此后汉所以倾颓也。先帝在时，每与臣论此事，未尝不叹息痛恨于桓、灵也⑨。侍中、尚书、长史、参军⑩，此悉贞亮死节之臣⑪，愿陛下亲之信之，则汉室之隆，可计日而待也。

臣本布衣，躬耕于南阳⑫，苟全性命于乱世，不求闻达于诸侯。先帝不以臣卑鄙⑬，猥自枉屈⑭，三顾臣于草庐之中，咨臣以当世之事，由是感激，遂许先帝以驱驰。后值倾覆，受任于败军之际，奉命于危难之间，尔来二十有一年矣。先帝知臣谨慎，故临崩寄臣以大事也⑮。受命以来，夙夜忧叹，恐托付不效，以伤先帝之明。故五月渡泸⑯，深入不毛。今南方已定，兵甲已足，当奖率三军，北定中原。庶竭驽钝⑰，攘除奸凶，兴复汉室，还于旧都⑱，此臣之所以报先帝而忠陛下之职分也。至于斟酌损益，进尽忠言，则攸之、祎、允之任也。

愿陛下托臣以讨贼兴复之效；不效，则治臣之罪，以告先帝之灵。若无兴德之言，则责攸之、祎、允等之慢，以彰其咎。陛下亦宜自谋，以咨诹（zōu）善道⑲，察纳雅言，深追先帝遗诏。臣不胜受恩感激。今当远离，临表涕零，不知所言。

【注释】

① 亮：诸葛亮（181—234），三国时蜀汉政治家、军事家。字孔明，琅邪阳都（今山东沂南南）人。初隐居隆中，后辅佐刘备建立蜀汉政权，任丞相。刘备死后，他辅佐后主刘禅，六次出兵伐魏，病死于军中，谥忠武。

② 崩殂：指皇帝死。

③ 益州：在今四川、贵州及云南的一部分地区，此指蜀汉。

④ 宫中：皇帝宫中，此指宫中的近臣。府中：丞相府中，此指政府的官员。

⑤ 陟罚臧否：陟，提升。臧，善。否，恶。

⑥ 侍中、侍郎：都是官名。郭攸之、费祎、董允：郭攸之，南阳（在今河南南阳、湖北襄阳一带）人。费祎，字文伟，江夏（在今湖北新洲一带）人。董允，字休昭，南郡（在今湖北江陵一带）人。当时郭攸之、费祎任侍中，董允任黄门侍郎。

⑦ 向宠：字臣违，刘备在世时任牙门将。刘禅时任中部督，封都亭侯。

⑧ 穆：同"睦"。

⑨ 桓、灵：桓，汉桓帝刘志。灵，汉灵帝刘宏。桓、灵统治时期政治腐败，信任宦官，汉室已接近衰亡。

⑩ 侍中、尚书、长史、参军：侍中，指郭攸之、费祎。尚书，指陈震。

长史,指张裔。参军,指蒋琬。
⑪ 亮:同"谅",诚实。
⑫ 躬:亲自。
⑬ 卑鄙:出身低下。
⑭ 猥自枉屈:指刘备降低身份。
⑮ "后值倾覆"六句:刘备临终时,曾召见诸葛亮,托以大事。倾覆:指献帝建安十三年(208),刘备被曹操击败于当阳长坂(今湖北当阳东北)。
⑯ 泸:泸水,金沙江的一条支流。
⑰ 驽钝:比喻才能平庸。
⑱ 旧都:指两汉的都城长安和洛阳。
⑲ 咨诹:咨询。

【译文】

臣诸葛亮说:先帝开创一统天下的大业尚未完成一半,就中途去世了。现在天下三国鼎立,而我们是最困乏的,这的确是到了国家生死存亡的关头。但是,侍卫大臣仍然在朝内不懈地努力,忠心耿耿的将士们在朝廷外奋不顾身,这都是因为追念先帝特殊的恩遇,要在陛下身上报答啊。陛下的确应该广开言路,听取群臣意见,发扬光大先帝遗留下来的美德,激励有志之士的志气,而不应该过分地看不起自己,说话不恰当,违背道义,以至堵塞了大家忠心进谏的道路。皇宫中的侍臣和丞相府中的官员,都是一个整体,对他们的升迁、处罚、表扬、批评,不应该有所不同。如有违法乱纪的,或是尽忠行善的,都应该交给主管部门,不定期确定对他们的奖惩,以此来表明陛下处理问题是公正清明的,也不应该有所偏袒,使宫中和宫外执法标准不一样。

侍中、侍郎郭攸之、费祎、董允等人,都是贤良诚实的人,志向忠贞,思想纯洁,因此先帝才选拔出来交给陛下,我以为宫中的事,不论大小都要征求他们的意见再去做，这样一定能够弥补过失或疏漏，得到更多的好处。将军向宠，品行善良端正，熟悉军事，从前曾试用过，先帝称赞他能干，因此大家推荐他担任中部督。我认为军营中的事情，不论大小，都要征求他的意见，这样必定能使军队内部和睦融洽，才能不同的人都各得其所。亲近贤臣，疏远小人，这就是前汉兴旺发达的原因；亲近小人，疏远贤臣，这就是后汉衰败灭亡的原因。先帝在世时，每次跟我谈论到这些事，对桓、灵二帝的所作所为总是感到痛心不已。侍中郭攸之、费祎，尚书陈震，长史张裔，参军蒋琬，都是坚贞诚实能够以死报国的大臣，希望陛下亲近他们，信任他们，那么汉室的兴旺发达，就指日可待了。

臣本是个平民，在南阳耕田种地，只想在乱世里得过且过地保住性命，并不想在诸侯中求得显赫名声。先帝不因为我出身贫贱而看不起我，反而降低身份，亲自枉驾屈临，三次到茅庐中来看望我，向我询问对当今天下大事的意见。因此我十分感动，于是就答应为先帝奔走效劳。后来遇到军事失利，我在失败的时候接受了重任，在危难的关头奉命出使东吴，从那时到现在已经二十一个年头了。先帝知道我做事谨慎，所以在临终时把兴复汉室的大事托付给我。我自从接受遗命以来，日夜忧虑叹息，唯恐做不好，损伤先帝的英明。所以在五月里统率大军渡过泸水，深入到草木不生的荒凉之地。如今南方已经平定，兵器已经准备充足，应当奖励和率领三军，北上平定中原。我愿竭尽自己平庸的才能，除掉奸诈凶恶的曹魏，复兴汉朝，回到旧都。这就是我用来报答先帝，尽忠陛下的职责啊！至于权衡政事的利弊得失，多向陛下进献忠言，那是郭攸之、费祎、董允的责任。

希望陛下把讨伐逆贼、兴复汉室的任务交给我，如果不见成效，就治我的罪，以告慰先帝在天之灵。如果没有帮助陛下发扬美德的忠言，那就应该责备郭攸之、费祎、董允等人的怠慢之罪，以揭露他们的过失。陛下也要自己多考虑国家大事，向大臣征询治国的好策略，审察并采纳正确的意见,深切地追念先帝的遗言。这样,我就承受陛下的恩德感激不尽了。现在我就要远离陛下,面对着奏章流泪,不知说了些什么。

陈情表

李密

臣密言：臣以险衅，夙遭闵凶①。生孩六月，慈父见背。行年四岁，舅夺母志。祖母刘，愍（mǐn）臣孤弱②，躬亲抚养。臣少多疾病，九岁不行，零丁孤苦，至于成立。既无叔伯，终鲜兄弟。门衰祚薄③，晚有儿息。外无期功强近之亲④，内无应门五尺之童。茕茕孑立，形影相吊。而刘夙婴疾病⑤，常在床蓐。臣侍汤药，未尝废离。

逮奉圣朝，沐浴清化。前太守臣逵⑥，察臣孝廉⑦；后刺史臣荣⑧，举臣秀才⑨。臣以供养无主，辞不赴命。诏书特下，拜臣郎中⑩。寻蒙国恩，除臣洗马⑪。猥以微贱，当侍东宫⑫，非臣陨首所能上报。臣具以表闻，辞不就职。诏书峻切，责臣逋（bū）慢；郡县逼迫，催臣上道；州司临门，急于星火。臣欲奉诏奔驰，则以刘病日笃；欲苟顺私情，则告诉不许。臣之进退，实为狼狈。

伏惟圣朝以孝治天下，凡在故老，犹蒙矜育。况臣孤苦，特为尤甚。且臣少仕伪朝⑬，历职郎署⑭，本图宦达，不矜名节。今臣亡国贱俘，至微至陋，过蒙拔擢，宠命优渥（wò），岂敢盘桓，有所希冀？但以刘日薄西山，气息奄奄，人命危浅，朝不虑夕。臣无祖母，无以至今日；祖母无臣，无以终馀年。祖孙二人，更相为命，是以区区不能废远。臣密今年四十有四，祖母刘今年九十有六，是臣尽节于陛下之日长，报刘之日短也。乌鸟私情⑮，愿乞终养。

臣之辛苦，非独蜀之人士及二州牧伯所见明知⑯，皇天后土，实所共鉴。愿陛下矜愍愚诚，听臣微志。庶刘侥幸，卒保馀年。

臣生当陨首，死当结草⑰。臣不胜犬马怖惧之情，谨拜表以闻。

【注释】

① 夙：早。闵凶：指不幸的事情。
② 愍：通"悯"。
③ 祜：福气。
④ 期：服丧一年。
⑤ 婴：缠绕。
⑥ 太守：郡的地方长官。
⑦ 孝廉：汉武帝时，令每年各郡国向中央推举当地孝顺父母与品行方正的人，称为孝廉。此制度到晋代仍沿袭。
⑧ 刺史：掌管一州军政大权的官员，在太守之上。
⑨ 秀才：由州推举的有"秀异茂美"之才的人，与明清时秀才的含义不同。
⑩ 郎中：官职名，魏晋时为侍从之官，也可出任县令。
⑪ 洗马：太子的侍从官，掌管图籍、祭典、讲经等事，太子出行时为先驱。
⑫ 东宫：指太子，因为太子居东宫，故以此来借代。
⑬ 伪朝：此处指蜀汉。
⑭ 郎署：郎官的官署，李密在蜀汉曾任尚书郎之职。
⑮ 乌鸟私情：相传乌鸦能反哺其母，用来比喻子女孝养父母。
⑯ 二州牧伯：指刺史荣和太守逵。二州，指梁州（汉中一带）和益州（在今四川）。牧伯，也称方伯，一州的地方长官。
⑰ 结草：事见《左传·宣公十五年》。春秋时，晋国上卿魏武子有一宠妾，魏武子病危时嘱咐儿子魏颗要宠妾殉葬。魏武子死后，魏颗违背父亲的吩咐，将宠妾嫁出。后来，魏颗与秦国的力士杜回交战，看见一位老人把地上的草结扎起来，绊倒了杜回，魏颗

获得了胜利。当天晚上,他梦见老人自称是宠妾之父,来报答他不杀女儿的恩情,后来"结草"便用来表示死后也要报恩的意思,与后来的"落寇结草"含义不同。

【译文】

臣李密禀奏:臣因为命运坎坷,幼年便连遭不幸。刚生下六个月,父亲就去世了;四岁那年,舅舅又逼着母亲改嫁。祖母刘氏,怜惜我孤独幼弱,亲自抚养我。我幼时常常生病,九岁的时候还不会走路,孤苦伶仃,一直到长大成人。既没有叔父伯父,又没有哥哥弟弟。门庭衰落,福分浅薄,很晚才有儿子。外面没有近亲,家里连个照应门户的童仆也没有。孤孤单单,只有和自己的影子互相安慰。祖母刘氏又多年疾病缠身,卧床不起,我侍奉汤药,从来没有间断和离开过。

到了臣敬奉圣朝,承受清明的政治教化。前次郡太守逵,考察并推举我做孝廉;后来益州刺史荣,又选拔我为秀才。我因为祖母无人供养,都推辞而没能从命。朝廷特地发布诏书,任命我为郎中;不久又蒙受国恩,任命我为太子洗马。凭我这样微贱的人,去担当东宫太子的侍从官,这种恩典,是我杀身也难以报答的。臣把这些写成表上奏,辞谢不去就职。诏书急切严厉,责备我怠慢逃避使命;郡县官员逼迫,催促我上路;州官衙门的吏役登门敦促,紧急如星火。臣想接受诏书,离家赴任,而祖母刘氏的病情又一天比一天重,想苟且地迁就个人的私情,但禀告、恳请又得不到允诺。我的处境实在是进退两难,十分狼狈。

我想圣朝是以孝来治理天下的,凡是老年人都受到朝廷的体恤和照顾,何况我们祖孙孤单困苦,更是不同寻常。再说,我年轻时曾在伪朝做官,历任郎官,本来就希图仕途发达,并不重视名声和节操。现在我是低贱的俘虏,身份卑微鄙陋,却受到过分的提拔,恩重的任命非常优厚,哪里还敢迟疑不前,有非分的希求呢?只是因为祖母刘氏日落西山,奄奄一息,生命垂危,有早晨不知有晚上了。臣如果没有祖母的抚育，是难以有今日的；祖母如果失去了我的奉养，也就无法度过她的余年。祖孙二人，相依为命，因此臣的一点心愿是不能抛弃祖母离家远行的。臣李密今年四十四岁，祖母刘氏九十六岁。这样看来，我忠于陛下日子长，而报答祖母刘氏的日子却不多了。我怀着乌鸦反哺其母的私衷，来乞求陛下准允我为祖母养老送终。

我的苦衷，不仅蜀中人士和梁、益二州长官亲眼所见和知晓，而且天地神灵也会明察的。恩请陛下怜恤我的一片诚心，允许我实现这个微不足道的心愿，使祖母刘氏可以侥幸地安度晚年，我活着将以生命报效陛下，死后也要结草报恩。臣有说不尽的像犬马般恐惧的心情，恭敬地上表报告圣上。

兰亭集序

王羲之

永和九年①，岁在癸丑，暮春之初，会于会稽（kuài jī）山阴之兰亭②，修禊（xì）事也③。群贤毕至，少长咸集。此地有崇山峻岭，茂林修竹，又有清流激湍，映带左右，引以为流觞（shāng）曲水④。列坐其次⑤，虽无丝竹管弦之盛⑥，一觞一咏，亦足以畅叙幽情。是日也，天朗气清，惠风和畅⑦。仰观宇宙之大，俯察品类之盛⑧，所以游目骋怀，足以极视听之娱，信可乐也。

夫人之相与，俯仰一世⑨。或取诸怀抱，晤言一室之内；或因寄所托，放浪形骸之外⑩。虽趣舍万殊，静躁不同，当其欣于所遇，暂得于己，快然自足，不知老之将至。及其所之既倦⑪，情随事迁，感慨系之矣。向之所欣，俯仰之间，已为陈迹，犹不能不以之兴怀。况修短随化⑫，终期于尽⑬。古人云："死生亦大矣⑭。"岂不痛哉！

每览昔人兴感之由，若合一契⑮，未尝不临文嗟悼，不能喻之于怀。固知一死生为虚诞⑯，齐彭殇为妄作⑰。后之视今，亦犹今之视昔，悲夫！故列叙时人，录其所述。虽世殊事异，所以兴怀，其致一也⑱。后之览者，亦将有感于斯文。

【注释】

① 永和：东晋穆帝年号。永和九年即公元353年。
② 会稽：郡名。治所在今浙江绍兴。山阴：县名。治所在今浙江绍兴。
  兰亭：亭名。在山阴西南。

③ 禊：即祓禊，起源于周代的一种民俗，最早是在每年阴历三月上旬的巳日，到水边用香薰草药沐浴，以祓除不祥。曹魏以后固定在三月三日，内容也变成了水边宴饮、郊外游春一类活动。

④ 流觞：修禊时的一种活动。用耳杯盛酒放在水上，让它随着流水漂浮，流到谁面前谁就拿起酒杯喝酒。觞：酒杯。

⑤ 次：次第。

⑥ 丝竹管弦：泛指音乐。丝：指弦类乐器，如二胡。竹：指管类乐器，如笛、箫。

⑦ 惠风：和风。

⑧ 品类：这里指代万物。

⑨ 俯仰：俯仰之间，极言时间短促。

⑩ 形骸：指身体。

⑪ 之：动词，到或往。

⑫ 化：指生死变化的自然现象。

⑬ 期：期限。

⑭ 死生亦大矣：《庄子·德充符》篇引孔子的话。

⑮ 契：古代的契分左右两半，二人各执其一，相合为信。

⑯ 一死生：庄子认为生死同时存在于一体，生死没有区别。一，用作动词。

⑰ 齐彭殇：庄子认为长寿与短命没有区别。齐，等同。彭，彭祖，相传为古代的长寿者。殇，夭折的人。

⑱ 致：情致、情趣。

【译文】

永和九年，正是农历癸丑年。暮春三月上旬的一天，我们在会稽郡山阴县的兰亭聚会，举行祓禊活动。许多有贤德的人全来了，年轻的年长的，都会集在一起。这个地方有崇山峻岭，有茂密的树林和修长的翠竹。又有清水急流，像轻柔飘动的绸带一样环绕在左右，把它引来作为泛觞的曲水。大家依次坐在水边,虽然没有管弦齐奏的盛况,但是,边饮酒、边赋诗,也足以畅叙内心深处的情怀。这一天,天空晴朗,空气清新,春风和煦。仰观广大的宇宙,俯瞰繁盛的万物,借此尽情观赏,舒展胸怀,足以把耳闻目睹的欢娱推向极致,实在快乐!

人与人交往,一生的时间是很短促的。有的人和朋友在室内晤谈,倾吐自己的心里话;有的人则把自己的志趣寄托在所爱好的事物上,放纵不羁。虽然采取和舍弃的差别很大,性格的恬静或浮躁也不相同,但是当他们因遇到的事物而喜悦,暂时得意,也感到心满意足,这时竟然连衰老将要到来的事都忘记了。等到他们对于自己所做的事感到厌倦了,心情也随着事物的变化而改变,感慨就会随之而来。从前所喜欢的快乐,在一俯一仰的刹那间已成为过去的事,尚且不能不因此而发生感慨,又何况人的寿命有长有短,随着天地间的变化,最终归结到死亡呢?古人说:"死和生,也是件大事啊!"这怎能不使人悲痛呢?

每当我看到前人发生感慨的缘由,与我所感叹的如同符契那样相合,未曾不面对着前人的那些文章而嗟叹悲伤,心里却又不明白为什么会这样。我本来就知道把死亡和生存看作一样是荒诞的,把长寿和短命看作一样也是虚妄的。后人看待今人,也像今人看待古人一样,实在可悲!因此,我把此时与会的人,一一记下,抄录了他们所写的诗篇。尽管时代变迁世事更改,但激起人们感叹的原因却是一致的。后代看到这些诗作的读者,大概也将由这些诗文引起同样的感慨吧。

归去来辞

陶渊明

归去来兮,田园将芜胡不归!既自以心为形役①,奚惆怅而独悲!悟已往之不谏,知来者之可追②。实迷途其未远,觉今是而昨非。舟遥遥以轻飏③,风飘飘而吹衣。问征夫以前路,恨晨光之熹(xī)微。乃瞻衡宇④,载欣载奔。僮仆欢迎,稚子候门。三径就荒⑤,松菊犹存。携幼入室,有酒盈樽。引壶觞以自酌,眄(miàn)庭柯以怡颜。倚南窗以寄傲,审容膝之易安⑥。园日涉以成趣,门虽设而常关。策扶老以流憩,时矫首而遐观。云无心以出岫,鸟倦飞而知还。景翳翳以将入,抚孤松而盘桓。

归去来兮,请息交以绝游。世与我而相违,复驾言兮焉求?悦亲戚之情话,乐琴书以消忧。农人告余以春及,将有事于西畴(chóu)。或命巾车,或棹孤舟,既窈窕以寻壑,亦崎岖而经丘。木欣欣以向荣,泉涓涓而始流。善万物之得时⑦,感吾生之行休。

已矣乎!寓形宇内复几时,曷不委心任去留?胡为遑遑欲何之?富贵非吾愿,帝乡不可期。怀良辰以孤往,或植杖而耘耔(zǐ)⑧。登东皋以舒啸,临清流而赋诗。聊乘化以归尽,乐夫天命复奚疑!

【注释】

① 以心为形役:意思是为了衣食而委屈自己的心意去做官。
② 谏:改正。追:来得及弥补。这两句见于《论语》:"往者不可谏,来者犹可追。"

③ 遥遥：即"摇摇"，船在水中晃动的样子。
④ 衡宇：横木为门的简陋居室。语出《诗经·陈风·衡门》"衡门之下，可以栖迟"一句。
⑤ 三径：汉代蒋诩辞官隐居，在房前竹林中开辟了三条小路，只与求仲、羊仲两位隐士往来。后代指隐士居处。
⑥ 容膝：房屋狭小，只能容下双膝。
⑦ 善：倾慕。
⑧ 耔：培苗。

【译文】

　　回去吧，家中的田园就要荒芜了，为什么还不回去！既然为了衣食让心受躯体的奴役，为什么又郁郁不快而独自伤悲！明白过去的错误已不可挽回，知道要在未来的日子里补救。幸好我误入迷途并不太远，感觉今天辞官正确而以前的做法不对。船摇啊摇轻快地行驶，微风轻轻吹拂着衣服。向行人询问前方的道路，恼恨晨光太暗使我望不见故乡。终于看到了故乡的茅舍，心中喜悦啊大步向前。仆人们欢迎我，小儿子也早就在门口迎候。院中的小径已长满了荒草，翠松霜菊还依然在那里长着。领着孩子走进屋内，甘醇的美酒早斟满杯中。拿起酒壶酒杯自斟自饮，看着庭院中花草树木露出欣慰的笑颜。靠着南窗来寄托孤傲的情怀，体会到这狭小的屋子才易于心安。天天到园中悠闲散步自有乐趣，虽然有门但客少而常常关着。拄着拐杖自由自在地闲逛，不时地抬头眺望浮云远山。白云毫无目的地从山峦间涌现，鸟儿飞倦了也知道飞还。夕阳在昏暗的暮色中将要落山，我依然手抚孤松流连忘返。

　　回去吧，请断绝和官场的交往，世道和我的性情相违背，我还驾着车出去有什么可追求的呢？亲友们满含真情的话使我喜悦，抚琴读书使我乐而忘忧。农家告诉我春已经到了，就要到西边地里忙个不停。有时候乘着篷车，有时候划着小船，既到那幽深的山涧中寻找淙淙的溪流，也沿着崎岖的山路走过苍翠的山丘。树木欣欣向荣，山泉细细地长流。羡慕万物正当好时节，感叹我的生命行将到了尽头。

算了吧！人活在这天地间能有多长时间呢，为什么不随心所欲地决定去留？为什么要惶恐不安想要到何处去寻找归宿呢？追求富贵并不是我的愿望，仙境更难以寻觅。希望天气好独自前去，将拐杖放到田边培土锄地。登上那东边的高地我放声长啸，来到清澈的溪流边我即景赋诗。姑且遵循自然的变化走向人生的尽头，快乐地听从命运的安排还有什么疑虑！

桃花源记

陶渊明

晋太元中①,武陵人捕鱼为业②。缘溪行,忘路之远近。忽逢桃花林,夹岸数百步,中无杂树,芳草鲜美,落英缤纷③。渔人甚异之,复前行,欲穷其林。

林尽水源,便得一山。山有小口,仿佛若有光。便舍船,从口入。初极狭,才通人。复行数十步,豁然开朗。土地平旷,屋舍俨然④,有良田、美池、桑竹之属,阡陌交通,鸡犬相闻。其中往来种作,男女衣着,悉如外人。黄发垂髫⑤,并怡然自乐。见渔人,乃大惊,问所从来,具答之。便要(yāo)还家⑥,设酒杀鸡作食。村中闻有此人,咸来问讯⑦。自云先世避秦时乱,率妻子邑人来此绝境⑧,不复出焉,遂与外人间隔。问今是何世⑨,乃不知有汉,无论魏、晋。此人一一为具言,所闻皆叹惋。余人各复延至其家⑩,皆出酒食。停数日,辞去。此中人语云:"不足为外人道也⑪。"

既出,得其船,便扶向路⑫,处处志之⑬。及郡下,诣太守说如此⑭。太守即遣人随其往,寻向所志,遂迷不复得路。

南阳刘子骥⑮,高尚士也。闻之,欣然规往⑯,未果,寻病终⑰。后遂无问津者⑱。

【注释】

① 太元:东晋孝武帝司马曜的年号,376—396年。
② 武陵:郡治在今湖南常德。
③ 落英:落花。一说为初开的花。

④ 俨然：整齐的样子。
⑤ 黄发：指头发变白、变黄的老人。垂髫（tiáo）：指头发垂着的儿童。古代幼儿垂发，稍长总角。
⑥ 要：同"邀"，邀请。
⑦ 咸：都，皆。
⑧ 绝境：与世隔绝的地方。
⑨ 何世：什么时代。世，时代，朝代。
⑩ 延：邀请。
⑪ 不足：不必，不值得。
⑫ 扶：沿着。向路：原来的路。
⑬ 志：做标记。
⑭ 诣：拜见。太守：郡的长官。
⑮ 刘子骥：刘骥之，字子骥，南阳（今河南南阳）人。好游山水，隐居阳岐，终身不仕。
⑯ 规：规划，打算。
⑰ 寻：不久。
⑱ 问津者：问路的人。津，渡口。

【译文】

东晋孝武帝年间，有个武陵人以打鱼为生。有一天，他沿着一条小溪往前行，忘记走了多远的路程。忽然遇见一片桃树林，在小溪的两岸绵延几百步，其中没有一棵其他的树，散发着清香的绿草新鲜又漂亮，鲜艳的桃花纷纷飘落在草地上。这美丽的景致使渔人很惊奇，他继续前行，想要寻到桃林的尽头。

桃林的尽头，是溪水的发源地，那里有一座小山。山上有一个小洞口，洞里好像有些光亮。渔人就舍弃自己的船从洞口进去。洞里开始的一段非常狭窄，仅仅能通过一个人。再向前走几十步，忽然明亮开阔起来。只见土地平坦宽广，房屋整整齐齐地排列，有肥沃的田野、幽美的池塘和桑树、竹林之类的植物。田间的小路纵横交错，鸡鸣狗吠的声音彼此都能听得到。人们在田间来往耕作，男男女女的衣着打扮都和外面的人一样。老老少少都高高兴兴，自得其乐。他们看见渔人，非常吃惊，问他是从哪里来的，渔人详细地回答了他们。他们邀请渔人到家里做客，杀鸡摆酒招待他。村里的人听说来了这么一个客人，都来打听消息。他们自称祖先因为逃避秦朝的战乱，带领老婆孩子和乡亲们来到这个与世隔绝的地方，没再出去过，于是，他们就和外面的人断绝了来往。他们问渔人现在是什么时代，竟然不知道有汉朝，更不用说魏朝和晋朝了。渔人把自己所知道的情况一件一件详细地讲述给他们听，大家听完后都感叹惋惜不已。其余的人又各自把渔人邀请到家里做客，都摆出酒饭招待他。渔人停留了几天，要告辞走了。这里边的人叮嘱他说："这里的情况没有必要向外边的人说呀！"

渔人出来以后，找到自己的船，沿着来路返回，沿途处处标上记号。他到了武陵以后，便去拜见太守，报告了遇到的这些情况。太守立即派人跟他一同前去，寻找先前做的标记，结果却迷失了方向，再也没有找到那条路。

南阳郡的刘子骥，是个高雅的名士。听说了这个消息，高高兴兴地打算前往探寻，但没有去成，不久就得病去世了。从此以后，就再也没有探寻桃花源的人了。

五柳先生传

陶渊明

先生不知何许人也，亦不详其姓字①，宅边有五柳树，因以为号焉。闲静少言，不慕荣利。好读书，不求甚解②，每有会意，便欣然忘食。性嗜酒，家贫，不能常得。亲旧知其如此，或置酒而招之。造饮辄尽③，期在必醉④；既醉而退，曾不吝情去留⑤。环堵萧然⑥，不蔽风日；短褐（hè）穿结⑦，箪（dān）瓢屡空⑧；晏如也⑨。常著文章自娱⑩，颇示己志。忘怀得失，以此自终。

赞曰⑪：黔娄之妻有言⑫："不戚戚于贫贱⑬，不汲汲于富贵⑭。"其言兹若人之俦（chóu）乎⑮！衔觞（shāng）赋诗⑯，以乐其志，无怀氏之民欤？葛天氏之民欤⑰？

【注释】

① 何许：何处，什么地方。详：清楚地知道。
② 不求甚解：不刻意寻求深奥的解释。这里指不死抠字眼。
③ 造：到。辄：就，总是。
④ 期：希望。
⑤ 吝情：吝惜，舍不得。去留：指"去"，复词偏义。
⑥ 环堵：房屋四周的墙壁。萧然：空洞、冷落的样子。指穷困无物。
⑦ 短褐：粗布短袄。穿：破洞、破损。结：打结，打补丁。
⑧ 箪：盛饭的圆形竹器。瓢：舀水的葫芦。
⑨ 晏如：安然自得的样子。作者曾在《始作镇军参军经曲阿作》的诗中说："被褐欣自得，屡空常晏如。"
⑩ 自娱：自己使自己欢乐。

⑪ 赞：史传的一种评论文字的名称。"赞曰"是作者叙述完了五柳先生的生平事迹后对他的评论。
⑫ 黔娄：春秋时鲁国的一个不求仕进、独善其身的清高名士。
⑬ 戚戚：感伤、忧愁的样子。
⑭ 汲汲：竭力求取的样子。
⑮ 俦：类。
⑯ 衔觞：口含酒杯，指饮酒。觞：是古时的一种酒杯。
⑰ 无怀氏、葛天氏：传说中上古时代的氏族首领。据说在他们的时代，风俗淳厚朴实。

【译文】

　　有一位先生，没有人知道他是什么地方的人，也不清楚他的姓名和字号。只知道他的住宅旁边有五棵柳树，因而就拿"五柳"来作别号称呼他。他悠闲恬静，寡言少语，不羡慕荣华利禄。他爱好读书，但并不过分寻求深奥的解释。每当他读到会心得意处，就高兴得连吃饭都忘记了。他好喝酒，但家里很穷，不能常得到酒喝。亲戚、老朋友知道他这种情况，有的人就准备好酒席去邀请他。他去喝酒，总要一饮而尽，希望大醉才心满意足。喝醉了就退出，别人留不留他，他从不在意。他家中四壁空空，房子既挡不住风吹，也遮不住日晒。他身上穿的粗麻布短袄，破了几个洞，大破的地方还打了结。家中盛饭的竹筐和装酒用的悬瓢经常是空的，但他总是安然自若。他常常写文章自我欣赏，很能表示自己的志趣。他忘掉了那患得患失的世俗之情，就这样度过自己的一生。

　　赞语说：黔娄的妻子曾说过："不为贫贱而忧愁哀伤，也不为富贵而奔走追求。"这话所说的就是像五柳先生这样的人吧！饮酒作诗，使自己的志向常常得到满足快乐，他是无怀氏时代的人呢，还是葛天氏时代的人呢？

谏太宗十思疏

魏徵

臣闻求木之长者,必固其根本;欲流之远者,必浚(jùn)其泉源①;思国之安者,必积其德义。源不深而望流之远,根不固而求木之长,德不厚而思国之安:臣虽下愚,知其不可,而况于明哲乎!人君当神器之重②,居域中之大③,不念居安思危,戒奢以俭,斯亦伐根以求木茂,塞源而欲流长也。

凡昔元首④,承天景命⑤。善始者实繁,克终者盖寡⑥。岂取之易、守之难乎?盖在殷忧⑦,必竭诚以待下;既得志,则纵情以傲物⑧。竭诚,则吴越为一体⑨,傲物,则骨肉为行路⑩。虽董之以严刑⑪,振之以威怒⑫,终苟免而不怀仁,貌恭而不心服。怨不在大,可畏惟人⑬。载舟覆舟⑭,所宜深慎。

诚能见可欲,则思知足以自戒;将有作⑮,则思知止以安人;念高危,则思谦冲而自牧⑯;惧满盈⑰,则思江海下百川;乐盘游⑱,则思三驱以为度⑲;忧懈怠,则思慎始而敬终⑳;虑壅蔽㉑,则思虚心以纳下;惧谗邪,则思正身以黜恶㉒;恩所加,则思无因喜以谬赏;罚所及,则思无以怒而滥刑:总此十思,宏兹九德㉓,简能而任之㉔,择善而从之,则智者尽其谋,勇者竭其力,仁者播其惠,信者效其忠㉕;文武并用,垂拱而治㉖。何必劳神苦思,代百司之职役哉㉗!

【注释】

① 浚:疏浚,深挖。
② 神器:指帝位。

③ 域中：这里指天地之间。

④ 元首：这里指君主。

⑤ 景：大。

⑥ 克：能够。

⑦ 殷忧：深忧。

⑧ 物：这里指人和事。

⑨ 吴越：春秋时期东南方的两个大国。公元前496年越国几乎被吴国灭亡。后来越国经过二十年的休养生息，国力强盛，终于打败了吴国。这里用吴越两国指代深仇大恨。

⑩ 骨肉：亲属。行路：过路人。

⑪ 董：监督。

⑫ 振：通"震"，镇压。

⑬ 人：即"民"。因避唐太宗李世民的讳，改"民"为"人"。

⑭ 载舟覆舟：水能承载船，也能颠覆船。作者用船和水的关系比喻统治者和人民的关系。

⑮ 作：动作，这里指从事劳民伤财的建造事项。

⑯ 冲：谦和。牧：这里指修养。

⑰ 满、盈：都是溢出的意思，比喻骄傲自满。

⑱ 盘游：游乐，这里指打猎等。

⑲ 三驱：一年打猎三次。因为打猎时必须驱赶禽兽，所以称打猎为"驱"。一说，网开一面，由三面围合驱捕禽兽。

⑳ 敬：慎。

㉑ 壅：堵塞。蔽：蒙蔽。

㉒ 黜：排斥。

㉓ 宏：扩大。兹：此。九德：古代的九种道德标准，即《尚书·皋陶（yáo）谟》："宽而栗（严肃），柔而立（果断），愿（谨慎）而恭，乱（治）而敬，扰（驯善）而毅，直而温，简（马虎）而廉（端

正），刚而塞（充实），强而义（有原则）。"

㉔ 简：选择。

㉕ 信：诚实。

㉖ 垂拱：天子垂衣拱手，表示无为而治。

㉗ 百司：百官。

【译文】

　　我听说，要想让树木生长得好，就一定要加固它的根本；要想让河水流得长远，就一定要深挖它的源泉；要想让国家安定，就一定要多积聚道德仁义。源泉挖得不深，却希望水流得长远，树根埋得不牢，却希望树木生长得很好，道德仁义不深厚，却希望国家很安定：我虽然愚笨，但也知道这些都是不可能的，更何况明智的人呢！国君担当着帝王的重任，处在全国最高的地位，不考虑在安全的时候想到危险，努力用节俭来戒除奢侈，这也就像砍断树根却要求树木茂盛，堵塞泉源却要使流水长远一样啊。

　　以前的国君，承受上天的圣明意志，创业时做得好的确实很多，但能坚持到底的却很少。这难道是因为取得天下容易，守住天下就很难吗？这大概是因为他们在忧患中创业的时候，国君一定会竭尽诚意地对待下属和臣民；而一旦得志，便放纵情欲，傲视他人。如果竭尽诚意地待人，那么，即使像吴越这样的世仇，也能团结在一起；如果傲视别人，那么，骨肉之亲也会疏远得像过路人一样。如果这样，即使用严酷的刑罚来督责他们，用威严的权势震慑压制他们，最后也只能使人苟且地免除刑罚，而不会怀念君王的恩惠，他们表面上恭敬，可是内心却不悦服。怨恨不在乎是大是小，可怕的只是百姓。百姓像水，君主像船，水可以托载着船，也可以把船掀翻，这时应该特别谨慎小心的。

　　要真能做到：看见自己喜爱的东西，就想到知足，以便警诫自己；将要大兴土木，就想到要适可而止，以便使人民安定；考虑到地位高随时会有危险，就想到要谦虚，并加强自我修养；害怕自己骄傲自满，就想到要像江海一样甘居下游，却有容纳百川的度量；喜欢游乐，就想到国君每年打猎三次的限度；担心对政事懈怠懒散，就想到既要谨慎地开始，又要严肃地结束；担心上下蔽塞，就想到要虚心地接受臣下的意见；怕偏听谗佞之言，就想到要正心修身，斥退邪恶的人；有赏赐时，就想到不要因为自己一时高兴而赏赐不当；施行刑罚时，就想到不要因为自己一时恼怒而滥用刑罚。要努力做到十思，发扬九种美德。选拔有才能的人而任用他，择取好的意见而听从实行它。那么，聪明的人就能竭尽他的智谋，勇敢的人就会竭尽他的气力，仁义的人就会传播他的美德，诚实的人就会贡献他的忠心。这样文官武将一起施展才能，国君您就可以垂衣拱手治理天下了。何必一定要国君亲自来劳神苦思，代行百官的职务呢！

为徐敬业讨武曌檄

骆宾王

伪临朝武氏者①，性非和顺，地实寒微②。昔充太宗下陈③，曾以更衣入侍④。洎（jì）乎晚节⑤，秽乱春宫⑥。潜隐先帝之私⑦，阴图后房之嬖⑧。入门见嫉，蛾眉不肯让人；掩袖工谗⑨，狐媚偏能惑主。践元后于翚翟（huī dí）⑩，陷吾君于聚麀（yōu）⑪。加以虺（huǐ）蜴（yì）为心⑫，豺狼成性，近狎邪僻⑬，残害忠良，杀姊屠兄，弑君鸩（zhèn）母⑭。人神之所同嫉，天地之所不容。犹复包藏祸心，窥窃神器⑮。君之爱子，幽之于别宫；贼之宗盟，委之以重任。呜呼！霍子孟之不作⑯，朱虚侯之已亡⑰。燕啄皇孙⑱，知汉祚之将尽；龙漦（chí）帝后⑲，识夏庭之遽衰。

敬业，皇唐旧臣⑳，公侯冢子㉑。奉先君之成业，荷本朝之厚恩。宋微子之兴悲㉒，良有以也；袁君山之流涕㉓，岂徒然哉！是用气愤风云，志安社稷。因天下之失望，顺宇内之推心㉔，爰举义旗，以清妖孽。南连百越，北尽三河㉕，铁骑成群，玉轴相接㉖。海陵红粟㉗，仓储之积靡穷；江浦黄旗㉘，匡复之功何远。班声动而北风起㉙，剑气冲而南斗平。喑（yīn）呜则山岳崩颓㉚，叱咤则风云变色。以此制敌，何敌不摧！以此图功，何功不克！

公等或居汉地㉛，或叶（xié）周亲㉜，或膺（yīng）重寄于话言㉝，或受顾命于宣室㉞。言犹在耳，忠岂忘心！一抔之土未干，六尺之孤何托㉟？倘能转祸为福，送往事居㊱，共立勤王之勋㊲，无废大君之命，凡诸爵赏，同指山河㊳。若其眷恋穷城，徘徊歧路，坐昧先几之兆㊴，必贻后至之诛。请看今日之域中，竟是谁家之天下！

【注释】

① 武氏：武则天。名曌（zhào），文水（今属山西）人。唐太宗时入宫为"才人"，太宗死后，削发为尼。高宗时被召为嫔妃，并立为皇后，开始参与朝政。中宗继位，以皇太后身份临朝听政。不久废中宗，立睿宗。不久又废睿宗，自称"圣神皇帝"，改国号周。

② 地：通"第"，门第，出身。

③ 下陈：堂下。这里指姬妾。

④ 更衣入侍：据说汉武帝遇歌女卫子夫，卫子夫因替武帝更衣而得宠幸，成为皇后。

⑤ 洎：及，至。

⑥ 春宫：太子所居宫室。此指当时太子、后来的高宗李治。这里是说武则天在唐高宗未即位时就与他发生了暧昧关系。

⑦ 私：宠幸。

⑧ 嬖：卑贱者得到宠爱。

⑨ 掩袖工谗：像郑袖教人掩袖那样善于进谗言。《战国策·楚策》载：楚王夫人郑袖对新入宫受宠的美人说，楚王爱美人的容貌，但讨厌美人的鼻子，让美人见到楚王时用袖子掩住鼻子。郑袖又对楚王说，美人掩袖是因为讨厌楚王身上的气味。楚王怒而疏远了美人。

⑩ 元后：皇后。翚翟：野鸡。唐代皇后的礼服上有翚翟图饰，这里指代皇后之位。

⑪ 聚麀：原指两头公鹿共同拥有一头母鹿，这里是指唐太宗和高宗先后有武则天，乱了人伦。聚，共。麀，公鹿。

⑫ 虺：一种毒蛇。蜴：蜥蜴。

⑬ 狎：亲近。

⑭ 鸩：鸟名。羽毛有毒，可以浸酒毒死人。

⑮ 神器：帝位。

⑯ 霍子孟：霍光，字子孟。汉武帝死，他辅佐幼帝昭帝，昭帝死，

又立昌邑王，后因其乱政而废之，扶立宣帝。

⑰ 朱虚侯：刘章，封朱虚侯。汉高祖死，吕氏家族总揽朝政，刘章等大臣消灭诸吕，迎立文帝。

⑱ 燕啄皇孙：用赵飞燕故事。西汉成帝时，赵飞燕入宫为皇后，妹为昭仪，姐妹俩都无子，却嫉恨别人，暗中杀害皇子，使成帝无嗣。武则天当政时也有"燕飞来，啄皇孙，皇孙死，燕啄矢"的谣谚。

⑲ 龙漦：龙的涎沫。传说夏帝曾将两条自称是褒地二君的龙的涎沫收藏起来。周厉王末年，涎沫流了出来，一宫女遇上后怀孕生下一女即褒姒。褒姒后来成为周幽王宠妃，并导致了周朝灭亡。这里是说武后当朝，于唐不利。

⑳ 敬业：徐敬业。唐开国功臣徐勣的长孙，曾任太仆少卿、眉州刺史，后贬柳州司马。他在扬州兴兵讨伐武则天被击败。

㉑ 冢子：嫡长子。

㉒ 宋微子：商纣王庶兄，周武王封他于宋。相传微子过殷旧都，触景伤怀，作《麦秀歌》。

㉓ 袁君山：即袁安，东汉汝南（今属河南）人。和帝时，见天子幼弱，外戚专权，暗自呜咽流泪。

㉔ 推心：人心所向。

㉕ 三河：汉代河南、河东、河内三郡，相当于今河南、黄河南北及山西部分地区。

㉖ 玉轴：指战车。一说指战船。

㉗ 海陵：今江苏泰州。红粟：陈年米，年久而发红。

㉘ 黄旗：唐代皇帝仪仗所用黄色旌旗。徐敬业在扬州起兵时，以拥戴太子李贤复位为号召。

㉙ 班声：泛指马嘶。

㉚ 喑呜：怒气郁积。

㉛ 汉地：指唐朝的封地。唐人常借汉说唐事。

㉜ 叶：合乎。周亲：至亲。
㉝ 膺：承受。
㉞ 宣室：汉未央宫前殿正室。
㉟ 六尺之孤：未成年的孤儿。此指中宗李显。
㊱ 往：死者，指高宗。居：生者，指中宗。
㊲ 勤王：天子有难，臣下起兵相救。
㊳ 同指山河：指着泰山、黄河盟誓。见《史记·高祖功臣侯者年表序》。
㊴ 坐：由于，因为。昧：看不清。先几之兆：事先显出的预兆。

【译文】

非法当朝执政的武则天，本性并不良善温顺，出身非常贫寒低贱。从前，她充当太宗的才人，利用事奉太宗更衣的机会而得到太宗的宠幸。到了年岁稍大，又在太子的东宫中淫乱。她隐瞒了和太宗的一段私情，暗暗图谋高宗对她的宠幸。选进后宫的妃嫔都遭到她的妒忌，她依仗貌美，不肯让别人分享皇帝的宠爱；她像郑袖一样善于挑拨离间谗害别人，像狐狸般的妖媚偏偏能迷惑君主。后来，她窃据了皇后的名位，陷皇帝于败坏人伦的境地。加上她心如蛇蝎，性如豺狼，亲近奸臣，残害忠良；杀姐害兄，弑君毒母。她这样的人，真是人神共愤，天地难容。她还包藏祸心，阴谋篡夺帝位。君王的爱子，被她囚禁在冷宫中；而逆贼武氏的同姓宗族，却被委以重任。唉！像霍光那样辅佐幼主的忠臣再也不会出现；像刘章那样诛杀外戚的义士也消失了。赵飞燕杀害皇子，预示了汉朝即将灭亡；而龙涎化为帝后褒姒，标志着夏朝将很快走向衰亡。

徐敬业是大唐旧臣，公侯的嫡子。继承先辈建立的功业，蒙受本朝的厚恩。宋微子为故国的覆灭而感到悲伤，实在是有道理的；袁安言及外戚专权而流泪，难道是毫无道理的吗！因此，义愤激荡风云，志在安定国家。趁着天下百姓对武氏的失望情绪，顺应海内民心的向背，高举正义之旗，发誓要清除妖孽之人。向南连接百越之地，向北到达三河诸郡，铁骑成群，战车相连。海陵红米积贮，仓库里的军储无穷无尽；江浦之滨，黄旗高扬，光复大唐的伟大功业指日可待。战马嘶鸣，北风骤起；宝剑之气，直冲向天上的星斗。军士怒气填胸使山岳为之崩毁，叱咤怒吼使风云为之变色。拿这样的军队去制服敌人，什么样的敌人不可摧毁！用这样的气概来谋求功业，什么样的功业不能成就！

诸位，有的是保有朝廷封地的异姓王侯，有的是皇室至亲，有的承受口头重托在外面肩负重要的使命，有的在朝廷领受君王的遗命。先节的遗言还在耳边回响，你们忠诚的心意难道就可以忘记！先帝坟上的土还没有干，幼小的孤儿托付给什么人？如果能够改变祸患为福祉，送别先帝高宗，匡扶幼主之位，共同建立勤王的功勋，不忘记先帝的遗伞，那么，一切封爵赏赐，都可以指泰山黄河发誓。假使有人仍然留恋孤立无援的城池，在歧路上徘徊不定，因为错过已经显露的吉兆，就必定会因丢失时机而招致严厉的惩罚。请看今天的国内，究竟是谁家的天下！

滕王阁序

王勃

南昌故郡①,洪都新府。星分翼轸②,地接衡庐③。襟三江而带五湖④,控蛮荆而引瓯越⑤。物华天宝,龙光射牛斗之墟⑥;人杰地灵,徐孺下陈蕃之榻⑦。雄州雾列,俊彩星驰⑧。台隍枕夷夏之交⑨,宾主尽东南之美⑩。都督阎公之雅望⑪,棨(qǐ)戟遥临⑫;宇文新州之懿范⑬,襜(chān)帷暂驻⑭。十旬休暇⑮,胜友如云;千里逢迎,高朋满座。腾蛟起凤⑯,孟学士之词宗;紫电清霜⑰,王将军之武库⑱。家君作宰⑲,路出名区⑳;童子何知,躬逢胜饯。

时维九月,序属三秋㉑。潦水尽而寒潭清,烟光凝而暮山紫。俨骖𬴂(cān fēi)于上路㉒,访风景于崇阿㉓。临帝子之长洲㉔,得仙人之旧馆㉕。层峦耸翠,上出重霄;飞阁流丹,下临无地。鹤汀凫渚,穷岛屿之萦回;桂殿兰宫,列冈峦之体势。

披绣闼(tà),俯雕甍(méng)㉖:山原旷其盈视,川泽盱(xū)其骇瞩。闾阎扑地㉗,钟鸣鼎食㉘之家;舸舰迷津,青雀黄龙之轴㉙。虹销雨霁,彩彻云衢。落霞与孤鹜(wù)齐飞㉚,秋水共长天一色。渔舟唱晚,响穷彭蠡之滨㉛;雁阵惊寒,声断衡阳之浦㉜。

遥吟俯畅,逸兴遄(chuán)飞。爽籁(lài)发而清风生㉝,纤歌凝而白云遏。睢园绿竹㉞,气凌彭泽之樽㉟;邺水朱华㊱,光照临川之笔㊲。四美具㊳,二难并㊴。穷睇(dì)眄(miàn)于中天,极娱游于暇日。天高地迥,觉宇宙之无穷;兴尽悲来,识盈虚之有数。望长安于日下㊵,指吴会于云间㊶。地势极而南溟深㊷,天柱高而北辰远㊸。关山难越，谁悲失路之人㊹？萍水相逢，尽是他乡之客。怀帝阍（hūn）而不见㊺，奉宣室以何年㊻！

呜乎！时运不齐，命途多舛（chǎun）。冯唐易老㊼，李广难封㊽。屈贾谊于长沙㊾，非无圣主；窜梁鸿于海曲㊿，岂乏明时？所赖君子安贫，达人知命。老当益壮，宁知白首之心；穷且益坚，不坠青云之志。酌贪泉而觉爽(51)，处涸辙以犹欢(52)。北海虽赊，扶摇可接；东隅已逝(53)，桑榆非晚(54)。孟尝高洁(55)，空怀报国之心；阮籍猖狂，岂效穷途之哭(56)？

勃三尺微命，一介书生。无路请缨，等终军之弱冠(57)；有怀投笔(58)，慕宗悫（què）之长风(59)。舍簪笏（hù）于百龄(60)，奉晨昏于万里。非谢家之宝树(61)，接孟氏之芳邻(62)。他日趋庭，叨陪鲤对(63)；今晨捧袂，喜托龙门(64)。杨意不逢(65)，抚凌云而自惜；钟期既遇(66)，奏流水以何惭？

呜乎！胜地不常，盛筵难再；兰亭已矣(67)，梓泽丘墟(68)。临别赠言，幸承恩于伟饯；登高作赋，是所望于群公。敢竭鄙诚，恭疏短引；一言均赋，四韵俱成：

滕王高阁临江渚，佩玉鸣鸾罢歌舞。画栋朝飞南浦云，朱帘暮卷西山雨。闲云潭影日悠悠，物换星移几度秋？阁中帝子今何在？槛外长江空自流！

【注释】

① 南昌：南昌旧为豫章郡治所，唐代改为洪州。

② 翼轸：都是星宿名，分野为楚地之。

③ 衡庐：分别是衡山和庐山，此处代指二山所在地衡州和江州。

④ 三江：泛指长江中下游地区。长江过彭蠡之后，分三道入海，故称三江。五湖：泛指长江流域的洞庭湖、青草湖、鄱阳湖、彭蠡湖、太湖等五大湖泊。一说是太湖的别名。

⑤ 蛮荆：古代称楚国为蛮荆，这里泛指湖北、湖南一带。瓯越：古东越王定都东瓯（今浙江永嘉），故称瓯越。

⑥ 龙光：宝剑的光芒。据《晋书·张华传》载，晋初，牛、斗（星宿名）之间有紫光映照，张华命雷焕寻觅，果然在豫章郡丰城（属洪州）牢狱地下，发现宝剑一双，一名为龙泉，二名为太阿。后宝剑没入水中，化为双龙。

⑦ 徐孺：字孺子，东汉末年人，家贫，自耕而食，德行为时人所敬重。陈蕃为豫章郡太守，不接宾客，唯独为徐孺准备了一榻留宿，徐走后，便挂起来。

⑧ 俊彩：有才能的官吏。

⑨ 台隍：亭台，城堑。

⑩ 东南之美：语出《世说新语·言语》。

⑪ 都督阎公：名不详，一说是洪州都督阎伯屿。雅望：好声望。

⑫ 棨戟：古代大官出行时所用的仪仗之一，这里是指阎公亲临此地。

⑬ 宇文：复姓，一说是宇文钧，和下文的孟学士、王将军都是当时的座上宾客。新州：地名，在今广东新兴一带。

⑭ 襜帷：车上的帷幕，借指车辆。

⑮ 十旬休暇：唐朝规定，每十天为一旬，官员在旬日休假。

⑯ 腾蛟起凤：《西京杂记》中载，董仲舒著《春秋繁露》，梦蛟龙入怀，扬雄著《太玄》，梦凤凰飞集书上。这里是称赞孟学士的文章美。

⑰ 紫电清霜：古宝剑名。是说吴帝孙权有宝剑六，其二名紫电。清霜亦宝剑名。

⑱ 武库：本义是放置兵器的仓库，这里指谋略。

⑲ 作宰：做官。

⑳ 名区：著名的地方，指洪州。

㉑ 序：时序。三秋：秋季七、八、九三个月，分为孟秋、仲秋、季秋。

㉒ 骖騑：骖，车辕两旁的马；騑，骖旁的马。

㉓ 崇阿：高山峻岭。

㉔ 帝子：指滕王李元婴。

㉕ 仙人：也是指滕王。

㉖ 甍：屋脊。

㉗ 闾阎：屋舍。扑地：遍地。

㉘ 钟鸣鼎食：古代贵族鸣钟列鼎而食，形容富贵人家的繁华景象。

㉙ 轴：通"舳"，指船。

㉚ 鹜：野鸭。

㉛ 彭蠡：古大泽名，即今江西鄱阳湖。

㉜ 衡阳：地名，在今湖南。传说大雁飞到衡阳衡山就停下，不再南飞。今衡山有回雁峰。

㉝ 爽籁：参差不齐的箫。爽，差也。

㉞ 睢园：也称兔园，西汉梁孝王所建的园林，他常在此与文人聚会。

㉟ 彭泽：指东晋诗人陶渊明，他曾为彭泽令。

㊱ 邺：魏都，今河南临漳，是曹操兴起的地方。朱华：红艳的荷花，此处借指文采风流。

㊲ 临川：地名，在今江西抚州，这里代指南朝诗人谢灵运，他曾任临川内史。

㊳ 四美：李善注为"音、味、文、言也"。一说四美指良辰、美景、赏心、乐事。

㊴ 二难：指学通古今的明哲之士。一说指明主、嘉宾难得。

㊵ 望长安于日下：意思是远谪南行，回头望长安城，如在天上。

㊶ 吴会：吴郡与会稽郡，指今江苏、浙江一带。

㊷ 南溟：南海。语出《庄子·逍遥游》。

㊸ 天柱：据《神异经》记述，昆仑山上有铜柱，其高入天，称为天柱。
北辰：北极。北极为天心。天柱和北辰都指朝廷。

㊹ 失路：不得志。

㊺ 帝阍：原意为天帝的守门者，这里指怀念朝廷。

㊻ 宣室：汉代未央宫前的正室。贾谊曾在此被文帝召见，却没得到重用。

㊼ 冯唐：汉文帝时为中郎署长，景帝时出为楚相，后罢免。武帝求贤良，有人举荐他，而他当时已九十多岁，不能再做官了，所以说他易老。

㊽ 李广：西汉名将，多次参加抗击匈奴的战争，但时运不济，始终没能封侯。

㊾ 贾谊：汉初著名的政论家、文学家，受朝中权贵排斥，文帝时为长沙王太傅，始终未能发挥他的政治才能。

㊿ 梁鸿：东汉时的高士，不满汉章帝的暴政，他更名改姓，与妻子孟光避居齐鲁，后移居吴地。海曲：海隅，即滨海之地。

㉕ 贪泉：广州附近的一泉水名，传说人一饮此泉水，就贪得无厌。

㉖ 涸辙：喻穷困的境地。语见《庄子·外物篇》。

㉗ 东隅：即日出东隅，指早晨，引申为早年。

㉘ 桑榆：即日落桑榆，指晚上，引申为晚年。

㉙ 孟尝：字伯周，东汉人，以廉著称。桓帝时，尚书杨乔多次举荐，称他"清行出俗，能干绝群"，但始终没被起用。

㉚ 穷途之哭：据说晋朝诗人阮籍，佯狂不羁，有时驾车独游，不走大路，等到路走不通了，便痛哭而返。

㉛ 终军：字子云，西汉济南人，二十余岁为谏议大夫，武帝派他出使南越，他请求给他长缨(绳)，说一定要将南越王缚了来献于朝廷。弱冠：《礼记·曲礼》说"男二十曰弱冠"。

㉜ 投笔：东汉人班超家贫，替官府抄写文书为生。后来他慨然将笔扔掉，说："大丈夫无他志略，当效傅介子、张骞立功异域，以取封侯，安能久事笔砚间乎！"以后他代汉出使西域，立下大功。

㉝ 宗悫：字元干，南朝宋时人。幼年，叔父问他的志向，他说："愿

乘长风破万里浪。"

⑥⑩ 簪笏：都是官场服用之物，代指官职。
⑥① 谢家之宝树：《世说新语·言语》中记载，谢安问其子侄，为什么人们总是希望孩子们成才呢？他的侄子谢玄答道："譬如芝兰玉树，欲使其生于庭阶耳！"比喻好子弟。
⑥② 芳邻：好邻居。用了"孟母三迁择邻"的典故。
⑥③ "他日"二句：指亲聆父训之意。《论语·季氏》中记载，孔丘之子孔鲤，有一次快步走过庭前，孔子问他："学《诗》乎？"他回答没有。孔子教导他："不学诗，无以言！"于是他便回去认真学《诗》。又有一次过庭，孔子问他："学《礼》乎？"他说没有。孔子又告诉他："不学礼，无以立！"于是他便认真学习《礼》。
⑥④ 喜托龙门：东汉人李膺，声望极高，当时的士子能够得到接近他的机会的，便称为登龙门。
⑥⑤ 杨意：即杨得意，蜀人，汉武帝的狗监。有一次武帝读了司马相如的《子虚赋》，甚为赞赏，以为古人所作。杨得意便进言说是同乡司马相如作的。于是，武帝便召见了司马相如。
⑥⑥ 钟期：即钟子期，俞伯牙的知音。
⑥⑦ 兰亭：在浙江会稽山上，晋时王羲之等人曾在此聚会。王羲之写了下了著名的《兰亭集序》一文，记述这次盛会。
⑥⑧ 梓泽：即晋朝石崇的金谷园，在今河南洛阳西北。

【译文】

南昌旧为豫章郡治所，如今是新置的洪州都府，正好位于翼星、轸星的分野地带，地域紧接衡州、江州两地。它三江为衣襟，五湖做衣带，向西控制荆楚，向东连着闽越。物产华美，天生珍宝，宝剑光直射斗、牛星宿之间。人物英杰，山川灵秀，徐孺也被留宿在陈蕃特设的客榻。雄伟的州郡在云雾中若隐若现，杰出的人才如星星在夜空里闪耀。城池雄踞在蛮夷与中原相交的地方，主人与宾客都是东南地区的俊杰。

洪州都督阎公有高雅的声望，远道来洪州镇守；新州刺史宇文公有美好的风范，路过洪州在这里暂驻。恰逢十天一旬的休假日，好友如云，不远千里来相会，高朋满座。孟学士的文采腾蛟起凤，是辞章的宗师；紫电清霜宝剑，王将军收藏于自己的武库。由于家父在交趾做县令，我探亲途经这一胜地，年轻无知，却有幸参加这盛大的宴会。

时间是九月，季节在三秋。地面的积水没有了，寒潭清澈见底，晚霞凝聚，暮霭中山峦一片紫色。驭马驾车在山路上奔跑，去高耸的山岭上寻访美景。亲临滕王的长洲，找到仙人居住过的馆阁。层叠的山峦如高耸的绿色屏障，直入云霄；凌空的高阁，色彩艳丽，向下看不清地面。白鹤漫步的沙滩，野鸭栖息的小洲，岛屿极尽萦绕迂回之情态，桂木建筑的楼殿，兰草装饰的宫室，布局依照山峦起伏的地势。

打开那彩绘的阁门，俯视那华丽的屋脊，山野辽阔尽收眼底，河流湖泊触目惊心。城中房舍遍地，有不少钟鸣鼎食的富贵人家；渡口满泊船只，许多是雕着青雀黄龙的大船。彩虹消失，雨过天晴，日光普照万里云空。晚霞与野鸭一起在天际飞舞，秋水和长天浑然一色。暮色里从返回的渔船上传来一声声渔歌，飘荡在鄱阳湖畔；大雁因寒风而发出的阵阵惊叫声，消失在衡阳水滨。

放声长吟，俯视山川多么舒畅，豪情逸兴勃然而起。排箫奏鸣引来徐徐清风，歌声缭绕引得白云驻足。盛宴可比睢园中的竹林聚会，酒兴压倒陶彭泽；雅情恰似邺水畔赞咏荷花，文采超过了谢灵运。良辰、美景、赏心、乐事全都具备，贤主嘉宾齐聚一堂。极目远眺长空，在短暂的假日里尽情游乐。苍天高远，大地寥廓，令人觉得宇宙无穷无尽。兴致消尽，悲哀袭来，我知道兴衰贵贱都由命中注定。回望京都，远在夕阳之下，遥指吴郡，隐约在云雾之间。地的尽头大海幽深，天柱高耸，北极星高悬。关山万里，难以越过，这迷途的游子，谁又来同情？萍水偶然相逢，全是他乡之人。心里怀念着朝廷却看不见，像贾谊那样在宣室被召见，谁又知等到哪年！

唉！时运不好，前途坎坷；冯唐容易衰老，李广难以封侯；贾谊被贬长沙，并不是没遇着圣贤的君主；梁鸿避居海角，难道是没有逢到政治昌明的时代？好在有仁义有德行的君子安于贫贱，通达的贤人知道自己的命运。年纪越老志气越大，怎么能知道白发人的心愿？境遇艰难而意志越发坚定，决不会抛弃自己的凌云壮志。喝了贪泉的水神志却觉清爽，生活在干涸的车辙中而心胸依然开朗。北海虽然遥远，乘大风便可以到达；早晨已经逝去，珍惜黄昏并不太晚。孟尝品德高洁，却空怀着报国的雄心；阮籍放浪不羁，怎么能学他穷途痛哭？

　　我王勃只是一个身份低微的书生。虽然与终军同龄，却没有机会去请缨杀敌；我也有投笔从戎的志向，很羡慕宗悫那"乘长风破万里浪"的英雄气概。如今我抛舍了功名富贵，万里迢迢去探望父亲。虽不是谢家宝树，却也愿学孟母择邻而居。不久便要见到父亲，像孔鲤一样聆听父亲教诲，今天有幸参加盛宴，喜登龙门。如果碰不到杨得意，就只能抚摸着凌云之赋为自己惋惜。既然遇见了钟子期，奏一曲高山流水，心中又有什么惭愧的呢？

　　唉！美好的地方不能长存，盛大的宴会也难再逢；兰亭集会已成过去，金谷园早成了废墟。在这盛大的宴会上倪幸蒙受恩惠，分别在即，希望在座的人能以言相赠。至于登高作赋，只能指望在座的诸公。我冒昧地尽自己微薄的诚意，恭敬地写下这篇短序；与会的人各分一字为韵，以四韵八句成篇：

　　高高的滕王阁俯视着江边的沙渚，佩玉叮当鸾铃响，歌舞已经停歇。南浦的白云早晨飞过雕花的栋梁，西山的阵雨暮霭里卷起彩绘的朱帘。闲云投影在深潭，每日里悠然自在，物更换，时光移，已过了多少年？往日楼阁里游乐的滕王如今在哪里呢？只有门槛外的江水还奔流不息！

春夜宴桃李园序

李白

夫天地者，万物之逆旅①；光阴者，百代之过客。而浮生若梦，为欢几何？古人秉烛夜游，良有以也②！

况阳春召我以烟景，大块假我以文章③。会桃李之芳园，序天伦之乐事。群季俊秀，皆为惠连④；吾人咏歌，独惭康乐⑤。幽赏未已，高谈转清。开琼筵以坐花，飞羽觞而醉月⑥。不有佳作，何伸雅怀？如诗不成，罚依金谷酒数⑦。

【注释】

① 逆旅：客舍。
② 良有以也：确实有原因。
③ 大块：指天地。文章：此处指锦绣河山。
④ 惠连：即谢惠连，南朝著名诗人谢灵运的族弟，10岁即能作诗，此处是赞美众弟年轻而有才华。
⑤ 康乐：谢灵运世袭康乐公，故世称谢康乐。
⑥ 羽觞：古代的一种椭圆形的两边有耳的酒杯。
⑦ 金谷：园名。晋人石崇有金谷园，曾在园中宴客赋诗，凡是作不出来的，罚酒三杯。

【译文】

天地是万物的客舍，光阴是百代的过客，而浮荡不定的人生好像一场梦，能有多少欢乐的日子呢？故而古人手持烛火在长夜游乐，确实是有其原因的。

何况那清新温和的春天用绚丽的景色把我们召唤，那天地间万物美不胜收。聚会在桃李芬芳的花园里，畅叙兄弟之间的乐事。诸位贤弟英俊聪敏，都是像谢惠连一流的人物。而我吟诗作赋，却惭愧难与谢灵运的才能相比。幽雅景致观赏未尽，高谈阔论更转清奇。华贵的筵宴摆好，大家在花丛里就座，频频举杯开怀畅饮，沉醉于皎洁的月色之中。没有美妙的诗章，怎能抒发风雅的情怀？如果谁吟诗不成，就按照金谷园宴会的规矩罚酒三杯。

吊古战场文

李华

浩浩乎！平沙无垠（yín），敻（xiòng）不见人①。河水萦带，群山纠纷。黯兮惨悴，风悲日曛。蓬断草枯，凛若霜晨。鸟飞不下，兽铤（tǐng）亡群。亭长告余曰②："此古战场也，尝覆三军，往往鬼哭，天阴则闻。"伤心哉！秦欤汉欤？将近代欤？

吾闻夫齐魏徭戍，荆韩召募。万里奔走，连年暴露。沙草晨牧，河冰夜渡。地阔天长，不知归路。寄身锋刃，腷（bì）臆谁诉③。秦汉而还，多事四夷④。中州耗斁（dù）⑤，无世无之。古称戎夏⑥，不抗王师。文教失宣，武臣用奇⑦。奇兵有异于仁义，王道迂阔而莫为。呜呼噫嘻！

吾想夫北风振漠，胡兵伺便。主将骄敌，期门受战⑧。野竖旄旗⑨，川回组练⑩。法重心骇，威尊命贱。利镞穿骨，惊沙入面。主客相搏，山川震眩。声析江河，势崩雷电。至若穷阴凝闭，凛冽海隅。积雪没胫，坚冰在须。鸷鸟休巢，征马踟蹰。缯（zēng）纩（kuàng）无温⑪，堕指裂肤。当此苦寒，天假强胡，凭陵杀气，以相剪屠。径截辎重⑫，横攻士卒；都尉新降⑬，将军覆没。尸踣巨港之岸，血满长城之窟。无贵无贱，同为枯骨，可胜言哉！

鼓衰兮力尽，矢竭兮弦绝；白刃交兮宝刀折，两军蹙（cù）兮生死决。降矣哉，终身夷狄；战矣哉，骨暴沙砾。鸟无声兮山寂寂，夜正长兮风淅淅。魂魄结兮天沉沉，鬼神聚兮云幂幂⑭。日光寒兮草短，月色苦兮霜白。伤心惨目，有如是耶！

吾闻之：牧用赵卒⑮，大破林胡⑯，开地千里，遁逃匈奴。

汉倾天下，财殚力痡（fū）⑰。任人而已，岂在多乎？周逐猃狁（xiǎn yǔn）⑱，北至太原⑲，既城朔方⑳，全师而还。饮至策勋，和乐且闲，穆穆棣（dì）棣㉑，君臣之间。秦起长城，竟海为关，荼毒生灵，万里朱殷。汉击匈奴，虽得阴山㉒，枕骸遍野，功不补患。

苍苍蒸民㉓，谁无父母？提携捧负，畏其不寿。谁无兄弟？如足如手。谁无夫妇？如宾如友。生也何恩？杀之何咎？其存其没，家莫闻知。人或有言，将信将疑。悁（juàn）悁心目㉔，寝寐见之。布奠倾觞㉕，哭望天涯。天地为愁，草木凄悲。吊祭不至，精魂何依？必有凶年，人其流离。呜呼噫嘻！时耶命耶？从古如斯。为之奈何，守在四夷㉖。

【注释】

① 夐：遥远。
② 亭长：唐时地方小吏，管治安和传达禁令。
③ 臆：抑郁愁闷的心情。
④ 四夷：古时泛指边疆的少数民族。
⑤ 中州：古时豫州为中州，这里指中原。敦：败坏。
⑥ 戎：泛指异族。夏：指中原。
⑦ 奇：奇诡的计谋。
⑧ 期门：原意是汉武帝外出，必与禁中侍卫等约会于殿门，故称执兵器护送的人为"期门"。此处指大军驻地的营门。
⑨ 旄旗：用旄牛尾装饰的旗子。这里泛指军旗。
⑩ 组：组甲，是战车上的士卒穿的。练：即以帛缀甲，是步卒穿的。组练，这里借指军队。
⑪ 缯：丝织品的总称。纩：棉絮。缯纩，指棉衣。
⑫ 辎重：军需物资，如武器、军服、粮草等。

⑬ 都尉：武官名，与下文的"将军"都泛指武官。
⑭ 幂幂：阴森可怕的样子。
⑮ 牧：李牧，战国时赵国的良将，多次击败匈奴。
⑯ 林胡：古代北方少数民族匈奴的一支。
⑰ 殚：尽。痡：劳累；疲劳过度。
⑱ 猃狁：我国古代北方的一个少数民族。
⑲ 太原：古时地名，在今宁夏固原北。
⑳ 城：筑城。朔方：北方。一说指今宁夏灵武一带；一说语出《诗经·小雅·出车》："天子命我，城彼朔方。"
㉑ 穆穆：仪表端庄，多指帝王。棣棣：仪态文雅安和。
㉒ 阴山：山名，起于河套，绵亘内蒙古东北，与兴安岭相接。
㉓ 苍苍：盛多的样子。蒸民：通"烝民"。众多的百姓。
㉔ 悁悁：忧闷的样子。
㉕ 布奠：陈列祭品。觞：酒器。
㉖ 守在四夷：语出《左传·昭公二十三年》："古者天子，守在四夷。"这里是说只有实行"王道"，四夷才能安定。

【译文】

辽阔平坦的沙漠，无边无际，极目远望，看不见一个人影；大河蜿蜒曲折，群山交错纵横。昏沉沉啊凄惨荒凉，悲风怒号啊日光暗淡。飞蓬折断，野草干枯，寒风凛冽好似下霜的秋晨。禽鸟惊飞不敢停落，走兽狂奔失群。亭长告诉我说："这就是古代战场，曾经覆没过多少军队。天阴时往往可以听到鬼的哭声。"令人伤心啊！这战场是秦代的，汉代的，还是近代的呢？

我听说，齐魏两国征发百姓戍守边塞，楚韩两国招募士兵。兵士们万里奔波，常年征战在野外。早晨在沙漠的草地上放马，夜晚要渡过结了冰的黄河。天远地阔，不知归路在哪里。置身在枪锋刀刃之间，向谁倾诉心中的痛苦？秦汉以来，四方边境上的战事不断，中原凋敝衰败，没有一个朝代不是如此。古人所说不管是中原或四夷，帝王的大军无人敢抗拒。但是后来文德教化废而不用，武将争用奇诡的计谋和奇兵来解决，认为王道迂阔而不再采用。哎呀啊哎哟！

我想那北风席卷荒漠的时候，胡兵便乘机入侵。主帅骄傲轻敌，敌兵到了营门才仓促应战。旷野上到处竖起战旗，沿着河岸争战奔驰。军法严厉战士心惊胆战，将军的威严至高无上而士兵的生命一钱不值。箭头射穿骨头，风沙扑打脸面。两军搏斗拼杀，高山大河也被震得晕眩。擂鼓呐喊声似江河崩裂，冲锋陷阵势如雷鸣电掣。等到乌云密布，天涯海角寒风凛冽；积雪没到人膝，冰凌挂在胡子上；凶猛的飞禽躲在巢内，健壮的战马徘徊不前；丝棉寒衣没有一点暖意，皮肤皲裂，手指冻坏。正当这天寒地冻的季节，胡兵便成了天之骄子，凭仗着肃杀的严寒，烧杀抢夺。拦路劫夺军用物资，偷袭屠杀士卒。都尉战败投降，将军也遭杀戮。死尸填塞了河流，鲜血注满了长城洞窟。不论高贵低贱，一同化作一堆白骨。这悲惨的情景怎能说得尽呢！

鼓声低落啊战士力已用尽，箭已射完啊弓弦断绝，白刃相击啊宝刀砍折，两军肉搏啊以决生死！投降吧，便终身成为异族的俘虏；奋战呀，尸骨暴露在荒漠上。飞鸟无声啊山谷寂寂，夜色正浓啊寒风凄凄啼哭；冤魂不散啊天昏暗沉沉，鬼神聚集啊愁云密布森森。日光惨淡啊荒草低矮，月色凄清啊寒霜雪白。还有比这更令人目不忍睹的惨象吗！

我听说李牧统率赵国的士兵，大破林胡，开拓了千里疆土，使匈奴逃得远远的。汉朝动用了全国之力，落了个财尽力竭。成败在于用人是否得当，哪里是因为兵卒众多！周朝驱逐猃狁，一直到太原；在北方修筑了城池，军队胜利而还。祭告宗庙，宴饮记功，君臣雍容和睦，相敬相安！秦代修建长城，关隘一直到大海，残害百姓，血染万里江山。汉朝征伐匈奴，虽然夺得阴山，伏尸相枕旷野，功绩不能弥补祸患。

天下众多的老百姓，哪一个没有爹娘？从小精心抚养，唯恐不能长大成人。哪一个没有弟兄？相亲相爱如同手足。哪一家没有夫妻？相敬相爱如宾友。活着时帝王给过什么恩惠？有什么过错要死在战场。或生或死，家里人音信杳无；偶尔传来消息，也让人半信半疑。心中担忧眼里含愁，只能在梦里和亲人相见。摆好供品，洒酒在地上，望着天边放声痛哭。天地为他忧愁，草木为他悲伤，凭吊祭祷路远难至，亲人的魂灵归附在哪里？大战之后必有灾年，百姓又将逃荒流离。哎呀哎哟！是时运所导致的呢还是命中注定的呢？自古以来就是如此。有什么办法能改变呢？只有朝廷的文治武功使异族归附，战祸不起！

陋室铭

刘禹锡

山不在高，有仙则名；水不在深，有龙则灵。斯是陋室①，惟吾德馨（xīn）②。苔痕上阶绿，草色入帘青。谈笑有鸿儒③，往来无白丁④。可以调素琴，阅金经⑤。无丝竹之乱耳⑥，无案牍之劳形⑦。南阳诸葛庐⑧，西蜀子云亭⑨。孔子云："何陋之有⑩？"

【注释】

① 斯：此，这。
② 馨：能散布很远的香气，这里指德行的美好。
③ 鸿儒：犹言大儒，指学识渊博的人。
④ 白丁：旧指平民，这里指不学无术的人。
⑤ 素琴：没有纹饰的琴，喻简朴。金经：指用泥金颜料书写的佛教或道教经文。
⑥ 丝竹：丝，指弦乐器，如二胡。竹，管乐器，如笛子，箫。
⑦ 案牍：指官府的文书。
⑧ 诸葛：指诸葛亮。三国时蜀国丞相。未出山前，曾隐居在南阳郡邓县之隆中（今湖北襄阳西）茅庐中。
⑨ 子云：扬雄字子云，成都人，西汉辞赋家。
⑩ 何陋之有：语出《论语·子罕》篇："子曰：'君子居之，何陋之有？'"

【译文】

山不在乎有多高，有神仙居住就会著名；水不在乎有多深，有蛟龙盘踞就显神灵。这虽是简陋的房子，只有我的品德飘溢馨香。碧绿的苔痕布满台阶，青青的草色映进门帘。一些饱学之士在这里谈笑风生，往来的朋友都是些有知识的人。既可以随意弹奏简朴无华的琴，又可以阅读用泥金书写的经文。没有管弦乐曲扰乱心境，也没有官府文书劳神伤身。如同南阳的诸葛亮隐居的草庐，又像西蜀的扬子云的玄亭。孔子说过："这有什么简陋的呢？"

阿房宫赋

杜牧

六王毕①，四海一，蜀山兀（wù）②，阿房（páng）出③。覆压三百余里，隔离天日。骊山北构而西折④，直走咸阳⑤。二川溶溶⑥，流入宫墙。五步一楼，十步一阁；廊腰缦回，檐牙高啄⑦；各抱地势，钩心斗角。盘盘焉，囷（qūn）囷焉⑧，蜂房水涡，矗不知其几千万落。长桥卧波，未云何龙？复道行空⑨，不霁（jì）何虹⑩？高低冥迷，不知西东。歌台暖响，春光融融；舞殿冷袖，风雨凄凄。一日之内，一宫之间，而气候不齐。

妃（fēi）嫔（pín）媵（yìng）嫱（qiáng）⑪，王子皇孙，辞楼下殿，辇（niǎn）来于秦⑫。朝歌夜弦，为秦宫人。明星荧荧，开妆镜也；绿云扰扰，梳晓鬟（huán）也⑬。渭流涨腻，弃脂水也；烟斜雾横，焚椒兰也⑭。雷霆乍惊，宫车过也；辘辘远听，杳不知其所之也。一肌一容，尽态极妍；缦立远视⑮，而望幸焉⑯。有不得见者三十六年。燕、赵之收藏，韩、魏之经营，齐、楚之精英，几世几年，取掠其人，倚叠如山。一旦不能有，输来其间。鼎铛（chēng）玉石⑰，金块珠砾，弃掷逦迤（lǐ yǐ）⑱，秦人视之，亦不甚惜。

嗟乎！一人之心，千万人之心也。秦爱纷奢，人亦念其家。奈何取之尽锱铢（zī zhū）⑲，用之如泥沙？使负栋之柱，多于南亩之农夫；架梁之椽，多于机上之工女；钉头磷（lín）磷⑳，多于在庾（yǔ）之粟粒㉑；瓦缝参差，多于周身之帛缕；直栏横槛，多于九土之城郭；管弦呕哑（ōu yā）㉒，多于市人之言语。使天下之人，不敢言而敢怒。独夫之心，日益骄固。戍卒叫，函谷举㉓；楚人一炬，可怜焦土。

　　呜呼！灭六国者，六国也，非秦也；族秦者，秦也，非天下也。嗟夫！使六国各爱其人，则足以拒秦。秦复爱六国之人，则递三世可至万世而为君，谁得而族灭也！秦人不暇自哀，而后人哀之；后人哀之而不鉴之，亦使后人而复哀后人也。

【注释】

① 六王：指战国末期的燕、赵、韩、魏、齐、楚等六国的君主。毕：完毕，这里指六国君主的灭亡。
② 兀：山顶突兀，山上的树木全被砍光。
③ 阿房：即阿房宫，故址在今西安西南的阿房村。
④ 覆压：覆盖、占地。骊山：在今陕西临潼东南。构：构造，建筑。
⑤ 咸阳：秦朝的首都，在今陕西咸阳。
⑥ 二川：渭水和樊水。川：河流。
⑦ 廊腰：走廊中的转折处。檐牙：房檐的突出部分。
⑧ 囷囷焉：曲折回旋的样子。
⑨ 复道：宫中楼阁相通，上下都有通道，故称复道。
⑩ 霁：雨后初晴。作者用彩虹比喻涂了油漆的复道。
⑪ 妃：指皇帝的妾、太子王侯的妻。嫔、嫱：都是宫廷里的女官。媵：后妃陪嫁的人。
⑫ 辇：帝王和皇后所乘的车，这里作动词用。
⑬ 荧荧：火光闪动的样子。鬟：古代妇女梳的环形发结。
⑭ 椒兰：都是香料。
⑮ 缦立：久久地站立。缦，通"慢"。
⑯ 幸：皇帝到达某地叫"幸"。
⑰ 铛：一种平底的铁锅。
⑱ 逦迤：连续不断的样子。这里指不止一处。

⑲ 锱铢：极言微小的数量。古代一两的四分之一为一锱，一锱的六分之一为一铢。
⑳ 磷磷：同"粼粼"，明净显露的样子。
㉑ 庾：谷仓。
㉒ 呕哑：形容杂乱的乐器声。
㉓ 函谷：函谷关，在今河南灵宝。

【译文】

　　六国灭亡，天下统一，蜀山的树木被砍光，阿房宫才建成。它大得覆盖了三百多里的地面，高得把天上的太阳都遮蔽了。宫殿从骊山的北面建起而曲折地向西延伸，一直通向咸阳。渭水、樊水的水缓缓流动，一直流入宫墙。宫内每隔五步有座楼，每隔十步有个阁。游廊像绸带一样回环曲折，飞檐像鸟嘴向空中啄食。楼阁各依地势高低建成，参差环抱，房心勾连，檐牙如飞龙斗角。盘盘绕绕，曲折回旋，这些楼阁多得像蜂房，曲得像旋涡，高高耸立，不知有几千万座。没有云彩哪里会有游龙？原来是长长的大桥横卧在水面上！没有雨后斜阳，怎么会有彩虹？原来是连通楼阁的复道架设在高空！高高低低，幽冥迷离，分辨不出是西是东。歌台上传出温柔的歌声，使人感到仿佛沉醉在融融的春光之中，殿中的舞袖冷冷地飘拂，使人感到仿佛在凄冷的风雨之中，在一天之内，一座宫殿里，气候的变化竟是这样的不同。

　　六国的妃嫔媵嫱、王子皇孙，离开了故国的楼阁、宫殿，乘车来到秦国。她们早上唱歌，晚上弹琴，成了秦国的宫人。好像明亮的星光闪烁，原来是她们打开了梳妆的明镜；好像碧云缭绕，原来是她们早晨在梳理发髻。渭水上泛起一层油腻，原来是她们丢弃的胭脂水粉；烟雾到处弥漫，原来是她们在焚烧椒兰熏香。像一阵雷声骤然惊起，原来是秦皇的宫车从这里经过；听那车轮声辘辘地渐远渐弱，杳无踪迹地不知它驶往何方。宫女们的肌肤和容貌，都打扮得十分妩媚娇妍，她们久久地伫立着遥望远方，盼望皇帝的到来。其中有的宫女，三十六年都没有见过始皇一面。燕国赵国收藏的珍奇、韩国魏国经营的珠宝、齐国楚国保存的精华，都是多少代、多少年从它们国家的人民手中抢夺来的，堆积得像山一般。一旦国破家亡不能保有，这些珍宝都输送到秦国来了。秦国把宝鼎当作铁锅，把美玉当成石头，把黄金当作土块，把珍珠当作沙砾，丢得到处都是，秦人见了，也不觉得可惜。

唉！一个人的心，和千万人的心是一样的。秦始皇喜欢奢侈，百姓也眷念着自己的家。为什么掠夺时连一点点也不放过，使用起来却把它当成泥沙呢？阿房宫中那些架梁的大柱子，比在地里耕田的农夫还要多；架在屋梁上的椽子，比织机上的织女还要多；那闪闪发光的钉子，比粮仓里的谷粒还要多；那参差不齐的瓦缝，比人们身上穿的丝缕还要多；直的栏杆，横的门槛，比九州的城郭还要多；那呕哑的管弦声，比市上人们说话的声音还要嘈杂。使天下人都敢怒而不敢言，秦始皇这个独夫的心却越来越骄横顽固。陈胜、吴广振臂一呼，刘邦一举攻占函谷关，楚霸王项羽的一把大火，阿房宫就可怜地变成了一片焦土。

唉！灭掉六国的，是六国本身，而不是秦国；灭掉秦国的，也是秦国本身，而不是天下的百姓。唉！假使六国君主都能爱抚他们自己的百姓，有足够的力量来抵挡秦国了；秦始皇如果也能爱抚六国的百姓，那么就可以传到三世，甚至可以传到万世，世世为君主，谁又能灭亡秦国呢？秦始皇没有顾得上哀怜自己的灭亡，却使后代的人哀怜他；后代的人哀怜秦国的灭亡而不引为鉴戒，也会使更后代的人再来哀怜他们啊！

原 毁

韩愈

古之君子①,其责己也重以周②,其待人也轻以约③。重以周,故不怠;轻以约,故人乐为善。闻古之人有舜者④,其为人也,仁义人也。求其所以为舜者,责于己曰:"彼人也,予人也。彼能是,而我乃不能是⑤!"早夜以思,去其不如舜者,就其如舜者。闻古之人有周公者⑥,其为人也,多才与艺人也⑦。求其所以为周公者,责于己曰:"彼人也,予人也。彼能是,而我乃不能是!"早夜以思,去其不如周公者,就其如周公者。舜,大圣人也,后世无及焉;周公,大圣人也,后世无及焉。是人也,乃曰:"不如舜,不如周公,吾之病也⑧。"是不亦责于身者,重以周乎!其于人也,曰:"彼人也,能有是,是足为良人矣。能善是,是足为艺人矣。"取其一不责其二,即其新不究其旧。恐恐然惟惧其人之不得为善之利。一善易修也,一艺易能也。其于人也,乃曰:"能有是,是亦足矣。"曰:"能善是,是亦足矣。"不亦待于人者,轻以约乎?

今之君子则不然⑨。其责人也详,其待己也廉⑩。详,故人难于为善;廉,故自取也少。己未有善,曰:"我善是,是亦足矣。"己未有能,曰:"我能是,是亦足矣。"外以欺于人,内以欺于心,未少有得而止矣⑪。不亦待其身者已廉乎⑫!其于人也,曰:"彼虽能是,其人不足称也;彼虽善是,其用不足称也⑬。"举其一不计其十,究其旧不图其新。恐恐然惟惧其人之有闻(wén)也⑭。是不亦责于人者已详乎?夫是之谓不以众人待其身,而以圣人望于人,吾未见其尊己也!

虽然，为是者有本有原，怠与忌之谓也。怠者不能修⑮，而忌者畏人修。吾尝试之矣，尝试语（yù）于众曰⑯："某良士，某良士。"其应者，必其人之与也⑰；不然，则其所疏远，不与同其利者也；不然，则其畏也⑱。不若是，强者必怒于言，懦者必怒于色矣。又尝语于众曰："某非良士，某非良士。"其不应者，必其人之与也；不然，则其所疏远，不与同其利者也；不然，则其畏也。不若是，强者必说于言⑲，懦者必说于色矣。是故事修而谤兴；德高而毁来。呜呼！士之处此世，而望名誉之光，道德之行，难已！

将有作于上者，得吾说而存之⑳，其国家可几而理欤㉑！

【注释】

① 君子：古代指有道德修养的人。
② 责：要求。重：严格。周：全面。
③ 轻：宽容。约：简略。
④ 舜：传说是我国古代贤明的帝王。
⑤ 乃：竟然，却。
⑥ 周公：姓姬，名旦，周文王之子，周武王之弟，周成王之叔。西周初年有名的政治家，辅佐成王治国有功。
⑦ 才：才干。艺：技能。
⑧ 病：瑕疵，缺点。
⑨ 君子：这里指那些有地位的人。
⑩ 详：周到，全面。廉：少，指要求低。
⑪ 少：稍，稍微。
⑫ 已：太，甚。
⑬ 用：作用，这里指才能。
⑭ 闻：声望，声誉。

⑮ 修：求上进。
⑯ 语：告诉。
⑰ 与：党与，朋友。
⑱ 畏：畏惧他的人。
⑲ 说：通"悦"，高兴。下句"说"同此。
⑳ 存：记在心中。
㉑ 几：庶几，差不多。理：即"治"，治理。唐代为避高宗李治讳，改"治"为"理"。

【译文】

　　古时候的君子，他们要求自己既严格又全面，他们对别人的要求既宽厚又简约。严格而又全面，所以就不会懈怠；宽厚而又简约，所以别人就都乐意做好事。他们听说古人中间有个叫舜的，他的为人，是一个有仁德义气的人。他们探求舜之所以成为舜的原因，对照着要求自己说："他是人，我也是人，他能够这样，而我怎么就不能这样。"朝思暮想，改掉自己那些不如舜的地方，发扬那些与舜相似的地方。他们听说古人中间有个叫周公的，他的为人，是一个多才而又多艺的人。他们探求周公之所以成为周公的原因，于是就对照着要求自己说："他是人，我也是人，他能够这样，而我怎么就不能这样。"朝思暮想，改掉自己那些不如周公的地方，发扬那些与周公相似的地方。舜，是个大圣人，后世没有人赶得上他；周公，是个大圣人，后世没有人赶得上他。可是，这些君子却说："我赶不上舜，赶不上周公，这就是我的缺点。"这不就是要求自己既严格而又全面吗？而他们对待别人，就说："那个人能够做到这样，就算得上是个好人了。能够擅长这个，也就完全称得上是个有技能的人了。"他们只要求别人有一种长处，而不苛求人家有两种长处；他们肯定别人最近的表现，而不追究人家的过去，提心吊胆地只怕人家得不到做好事应得的益处。一件好事，是容易做到的，一种技能，是容易学会的。可是，他们看待别人时，却说："能有这样，这也就足够了。"又说："能够擅长这种技艺，这也就足够了。"这不就是对别人的要求既宽厚而又简约吗？

现在的君子就不是这样。他们对别人求全责备，对自己却要求很低。求全责备，所以别人就很难去做好事。对自己要求低，所以自己的收获就很少。自己没有什么优点，却说："我能够这样，也就足够了。"自己没有什么技能，却说："我能够有这种技能，也就足够了。"这样对外欺骗别人，对内则欺骗自己，还没有一点收获就停步不前了。这不就是对自己要求太低了吗？他们对于别人，说："他虽然能够这样，这个人也是不值得称道的；他虽然有这种技能，这点本事是不值得称道的。"只抓住别人的一点，而不管人家的其他方面；追究人家的过去，而看不到人家新近的变化，提心吊胆地生怕别人有了声望。这不就是对别人求全责备吗？这就叫作不拿一般人的标准要求自己，却用圣人的标准苛求别人，我看不出他是在尊重自己。

虽然如此，这样做的人，是有根有源的，那就是所谓懈怠和嫉妒。懈怠的人，就不会有上进心；而嫉妒别人的人，却又生怕别人有所造就。我曾经对此进行过试验。我曾试着对大家说："某人是好人，某人是好人。"那些随声附和的人一定是他的朋友；要不，就是和他比较疏远，跟他没有利害关系的人；再不，就是害怕他的人。如果不是这三种人，厉害的人就一定会说出愤怒的话，懦弱的人就一定面带怒色了。我还曾经试着对众人说："某人不是好人，某人不是好人。"那些不随声附和我的人，一定是他的朋友；要不，就是和他比较疏远，跟他没有利害关系的人；再不，就是害怕他的人。如果不是这三种人，厉害的人就一定会说出高兴的话，懦弱的人就一定喜形于色了。因此，如果一个人的事业有所成就了，诽谤也就随之兴起了；如果一个人的品德是高尚的，诋毁也就随之而来了。唉！读书人生活在这样的时代，而指望着名誉显扬，道德推行，实在太难啊！打算在朝廷上有所作为的人，听到我的议论，并把它牢记在心上，那么国家大概就差不多可以治理好了吧！

杂说四

韩愈

世有伯乐①,然后有千里马。千里马常有,而伯乐不常有。故虽有名马,只辱于奴隶人之手②,骈死于槽枥之间③,不以千里称也。

马之千里者,一食或尽粟一石。食(sì)马者不知其能千里而食也④。是马也,虽有千里之能,食不饱,力不足,才美不外见(xiàn),且欲与常马等不可得,安求其能千里也?策之不以其道⑤,食之不能尽其材⑥,鸣之而不能通其意,执策而临之曰:"天下无马。"呜呼!其真无马耶?其真不知马也!

【注释】

① 伯乐:姓孙名阳,字伯乐,秦穆公时人,以善相马著称于世。后人常用伯乐来比喻那些能识拔人才的人。
② 奴隶人:养马的仆人。
③ 骈:并,这里引申为一起,一块。枥:系马的木桩。
④ 食:用作动词,喂养。
⑤ 策:马鞭,这里作动词,意为驾驭。
⑥ 材:这里指马的食量。

【译文】

世上先有伯乐,然后才有千里马。千里马常有,而伯乐却不常有。因此即使有好马,也只能在马夫的手下埋没,和普通的马一块老死在马厩里,不被人称为千里马。

能够日行千里的马,一顿饭有时要吃一石米,喂马的人不了解它能日行千里而足量地喂养它。这种马,虽然有日行千里的才能,但吃不饱,力气不足,才能表现不出来;而且想要它和平常的马一样的水平也办不到,怎么可以要求它能够日行千里呢?驾驭它不根据它的特性,饲养它又不能让它吃饱,听到它的嘶鸣却不能理解它的意思,手里握着马鞭对着它说:"天下没有千里马。"唉!是真的没有千里马吗?那是真的不认识千里马啊!

师　说

韩愈

　　古之学者必有师。师者，所以传道受业解惑也①。人非生而知之者，孰能无惑？惑而不从师，其为惑也，终不解矣。生乎吾前，其闻道也②，固先乎吾，吾从而师之③；生乎吾后，其闻道也，亦先乎吾，吾从而师之。吾师道也，夫庸知其年之先后生于吾乎④？是故无贵无贱，无长无少，道之所存，师之所存也。

　　嗟乎！师道之不传也久矣，欲人之无惑也难矣。古之圣人，其出人也远矣⑤，犹且从师而问焉；今之众人，其下圣人也亦远矣⑥，而耻学于师。是故圣益圣，愚益愚。圣人之所以为圣，愚人之所以为愚，其皆出于此乎？爱其子，择师而教之；于其身也⑦，则耻师焉，惑矣。彼童子之师，授之书而习其句读（dòu）者也⑧，非吾所谓传其道、解其惑者也。句读之不知，惑之不解，或师焉，或不焉⑨，小学而大遗⑩，吾未见其明也。巫医乐师百工之人⑪，不耻相师⑫。士大夫之族⑬，曰师曰弟子云者，则群聚而笑之。问之，则曰："彼与彼年相若也⑭，道相似也。位卑则足羞⑮，官盛则近谀⑯。"呜呼！师道之不复可知矣。巫医乐师百工之人，君子不齿⑰，今其智乃反不能及，其可怪也欤！

　　圣人无常师。孔子师郯（tán）子、苌（cháng）弘、师襄、老聃（dān）⑱。郯子之徒，其贤不及孔子。孔子曰⑲："三人行，则必有我师。"是故弟子不必不如师，师不必贤于弟子，闻道有先后，术业有专攻⑳，如是而已。

　　李氏子蟠（pán）㉑，年十七，好古文㉒，六艺经传皆通习之㉓，不拘于时㉔，学于余。余嘉其能行古道㉕，作《师说》以贻（yí）之㉖。

【注释】

① 受：通"授"。

② 闻：知道，懂得。

③ 师之：以他为师。师，名词用作动词。

④ 庸：岂，何必。

⑤ 出：超出。

⑥ 下：低下，不如。

⑦ 身：自身，自己。

⑧ 之：指童子。句读：文章的断句。完整的句子叫"句"，句中停顿的地方叫"读"。

⑨ 不：通"否"。

⑩ 小学而大遗：学了小的而丢了大的。遗，遗漏，丢失。小，指不知句读；大，指惑之不解。

⑪ 巫医：古代以装神弄鬼替人祈祷、治病为职业的人。乐师：以歌唱、奏乐为职业的人。百工：各种工匠。

⑫ 相师：指师徒世代传承。相，更相。

⑬ 士大夫：封建社会的上层人士。

⑭ 相若：相似。

⑮ 足：足以，极度，十分。

⑯ 盛：大。

⑰ 不齿：不屑与他们同列，指极端鄙视。齿，并列，同类。

⑱ 郯子：春秋时郯国（今山东郯城一带）国君，孔子曾向他请教过古代的官职。苌弘：东周敬王时的大夫，孔子曾向他请教古乐。师襄：春秋时鲁国的乐官，名襄。孔子曾向他学习弹琴。老聃：即老子，姓李，名耳，春秋时楚国人，思想家，道家学派创始人。孔子曾向他请教周礼。

⑲ 孔子曰：见《论语·述而》篇。原文是："三人行，必有我师焉。"

⑳ 攻：研究。

㉑ 李氏子蟠：唐德宗贞元十九年（803）进士，韩愈的学生。

㉒ 古文：指先秦两汉时代的散文。

㉓ 六艺：即六经，指《诗》、《书》、《礼》、《乐》、《易》、《春秋》。经：六经的正文。传（zhuàn）：解释经文的著作。

㉔ 时：时俗，指当时耻于从师的不良风气。

㉕ 嘉：嘉许，赞赏。

㉖ 贻：赠送。

【译文】

古代求学的人一定有老师。老师，是专门传授道理、教授学业和解答疑难的人。人不是生下来就什么都知道的，谁能没有疑难问题呢？有了疑难问题却不请教老师，那些疑难问题就始终不能解决。出生在我前面的人，他懂得的道理本来比我早，我要向他学习，拜他为师；出生在我后面的人，他懂得道理如果也比我早，我也要向他学习，拜他为师。我要学习的是道理，何必管他的年龄比我大，还是比我小呢？因此，不论高贵与贫贱，不论年长还是年少，道理在哪里，老师也就在哪里。

唉！从师求学的风尚已经失传很久了，想要人没有疑惑是很难的了。古代的圣人，他们远远超过一般人，尚且拜人为师，向人请教；当今的一般人，他们远远不如圣人了，却把从师求学当作羞耻。因此，圣人更加圣明，愚人更加愚昧。圣人之所以成为圣人，愚人之所以成为愚人，原因大概都出自这里吧？人们爱自己的子女，选择好的老师来教他们；可是他们对于自己，却把从师学习当作羞耻，这太糊涂了。那个儿童的老师是教儿童读书、学习断句的人，不是我所说的传授道理、解答疑难的人。不懂得给文章断句，有疑难问题不能解决，对于前者倒从师求学，对于后者反而不愿从师求学，小事学习了，大事却放弃了，我看不出他明白事理的地方。巫医、乐师、各种工匠不以从师求学为羞耻。而士大夫这类人，一旦有以"老师"和"弟子"相称的，就聚在一起嘲笑人家。问他们为什么这样，他们就说："那人和那人年纪差不多，学问也差不多。称地位低的人为老师实在羞耻，称地位高的人为老师就近似于谄媚。"唉！从师求学的风尚不能得到恢复，由此可知了。巫医、乐师、各类工匠，这些人受到士大夫们的鄙视。如今，士大夫们的智能却反而不及他们，这不是很值得奇怪的事吗！

圣人没有固定的老师。孔子曾经向郯子、苌弘、师襄、老聃请教。郯子这些人，他们的品德、能力不如孔子。孔子说："三个人走在一起，其中一定有可以做我老师的人。"因此，学生不一定不如老师，老师不一定就比学生贤能，懂得道理有先有后，学术、技能各有专门研究，如此而已。

李家有个孩子名蟠，今年十七岁，喜爱古文，六经的经文和传注全都学习过，但他不受耻于从师的时俗的影响，跟从我学习。我赞许他能够实行古人的从师之道，特写《师说》一文赠送给他。

送李愿归盘谷序

韩愈

太行之阳有盘谷①。盘谷之间，泉甘而土肥，草木丛茂②，居民鲜少。或曰：谓其环两山之间，故曰"盘"。或曰：是谷也，宅幽而势阻③，隐者之所盘旋。友人李愿居之。

愿之言曰："人之称大丈夫者，我知之矣。利泽施于人，名声昭于时。坐于庙朝④，进退百官，而佐天子出令。其在外，则树旗旄⑤，罗弓矢，武夫前呵，从者塞途，供给之人，各执其物，夹道而疾驰。喜有赏，怒有刑。才畯（jùn）满前，道古今而誉盛德，入耳而不烦。曲眉丰颊，清声而便体，秀外而惠中，飘轻裾（jū），翳长袖，粉白黛绿者⑥，列屋而闲居，妒宠而负恃，争妍而取怜。大丈夫之遇知于天子，用力于当世者之所为也。吾非恶此而逃之，是有命焉，不可幸而致也。穷居而野处，升高而望远，坐茂树以终日，濯清泉以自洁。采于山，美可茹⑦；钓于水，鲜可食。起居无时，惟适之安。与其有誉于前，孰若无毁于其后；与其有乐于身，孰若无忧于其心。车服不维⑧，刀锯不加⑨，理乱不知，黜陟（zhì）不闻⑩。大丈夫不遇于时者之所为也，我则行之。伺候于公卿之门，奔走于形势之途⑪，足将进而趑趄（zī jū）⑫，口将言而嗫嚅⑬；处污秽而不羞，触刑辟而诛戮⑭。侥幸于万一，老死而后止者，其于为人贤不肖何如也？"

昌黎韩愈闻其言而壮之，与之酒，而为之歌曰："盘之中，维子之宫⑮；盘之土，可以稼⑯；盘之泉，可濯可沿；盘之阻，谁争子所？窈而深，廓其有容⑰；缭而曲⑱，如往而复。嗟盘之乐兮，乐且无央⑲。虎豹远迹兮，蛟龙遁藏；鬼神守护兮，呵禁不祥；饮且食兮寿而康，无不足兮奚所望？膏吾车兮秣吾马[20]，从子于盘兮，终吾生以徜徉[21]。"

【注释】

① 太行：山名，在今山西、河南、河北的三省交界处。盘谷：山谷名，在今河南济源北。

② 藂：同"丛"。

③ 宅：居住的环境。

④ 庙朝：指宗庙和朝廷。这里合指朝廷，意即参与国家大事。

⑤ 旄：一种用旄牛尾系在旗杆上做装饰的旗。

⑥ 黛：画眉用的青色染料。

⑦ 茹：吃。

⑧ 车服：车驾服饰。这里代指官职。

⑨ 刀锯：刑具，这里指刑罚。

⑩ 黜陟：黜，贬官。陟，升官。

⑪ 形势：权势。

⑫ 趑趄：欲走而不敢走的样子。

⑬ 嗫嚅：欲言又止的样子。

⑭ 刑辟：刑法。

⑮ 宫：住室。

⑯ 稼：播种五谷。

⑰ 廓：宽阔。

⑱ 缭：曲折迂回。

⑲ 无央：无尽。

⑳ 膏：油，这里用作动词，意思是涂油、上油。秣：喂。

㉑ 徜徉：自由自在地游荡。

【译文】

　　太行山的南面有个盘谷,盘谷的中间,泉水甘甜,土地肥沃,草木繁茂,人烟稀少。有人说:因为这山谷两山环绕,故而称为"盘"有的则说:这个山谷,环境幽静而地势险阻,是隐士们流连忘返的地方。我的朋友李愿便住在这里。

　　李愿说:"人们所说的大丈夫,我了解他们。他们把利益恩惠布施给别人,好的名声显扬于当世,在朝廷参与政事,任免各级官吏,辅佐天子发布政令。他们到了外地,就高举起旌旗,摆好弓箭,武士们在前面开路,侍从们挤满了道路,供他使用的仆役手里拿着东西在大路上来回奔跑。他们高兴时就赏赐,发怒时就惩罚。许多有才华的人聚集在他们周围,谈古论今并赞誉他们的美德,听起来一点也不厌烦。一群蛾眉弯弯、面颊丰满、声音清婉、体态轻盈、相貌秀丽、心灵聪慧、衣襟飘飘、长袖掩映、浓妆淡抹的美人,在一排排的房屋里悠闲地待着。她们互相嫉妒,争娇斗艳,人人都想以色艺而获取主人的宠爱。这就是得到了天子的信任,在当世施展才能的大丈夫的所作所为啊!我并非厌恶这些而逃避它,只是因为命中注定不能侥幸得到啊!住在山野间虽生活贫穷,但登上高山可以眺望远方。坐在茂密的树林中悠闲度日,沐浴在清澈的泉水中使身体洁净。在山上采摘的野果啊,甘甜好吃;在河里钓来的鱼虾啊,新鲜可口。作息没有一定的时间,只求安逸舒适。与其当面得到赞誉,不如背后不受诽谤;与其身体享受安乐,不如心中无忧无虑。得不到赏赐,刑罚也落不到身上。既不用关心天下的治乱,官员的升降也可以不闻不问。这是不得志的大丈夫所做的啊,我就要这样做。伺候在公卿的门下,在通往权势的路上奔走,脚想要向前却停下来,嘴要说话又吞吞吐吐。处在污秽之中不觉得羞耻,触犯了刑律就遭到诛杀,在万一之中侥幸地活着,直到老死了才算完,这样做人是贤还是不贤呢?"

　　昌黎人韩愈听了他的话而非常称赞,向他献酒,并为他作歌:"盘谷之中,是您的居室;盘谷的土地,可以耕种;盘谷中的泉水,可以洗浴和游玩;盘谷地势险阻,谁来和您争夺住所!环境幽静而深远,广阔而无所不有。山路回环曲折,好像走了过去却又回到原处。感叹盘谷的乐趣啊,乐趣无穷无尽。虎豹远离这儿啊,蛟龙逃遁隐藏;鬼神守护着啊,驱走了灾难祸殃;有吃有喝啊健康长寿,没有什么不足的啊还奢望什么?给我的车子涂好油啊喂饱我的马,随您到盘谷去啊,我终生悠闲自在地在这里度过。"

祭鳄鱼文

韩愈

维年月日①，潮州刺史韩愈②，使军事衙推秦济③，以羊一、猪一投恶溪之潭水④，以与鳄鱼食，而告之曰：

昔先王既有天下，列（liè）山泽⑤，罔绳擉（chuò）刃⑥，以除虫蛇恶物为民害者，驱而出之四海之外。及后王德薄，不能远有，则江、汉之间，尚皆弃之以与蛮、夷、楚、越⑦，况潮、岭、海之间⑧，去京师万里哉！鳄鱼之涵淹卵育于此⑨，亦固其所。今天子嗣唐位，神圣慈武，四海之外，六合之内⑩，皆抚而有之，况禹迹所揜（yǎn）⑪，扬州之近地⑫，刺史、县令之所治，出贡赋以供天地宗庙百神之祀之壤者哉！鳄鱼其不可与刺史杂处此土也⑬！

刺史受天子命，守此土，治此民，而鳄鱼睅（hàn）然不安溪潭⑭，据处食民、畜、熊、豕、鹿、獐，以肥其身，以种其子孙，与刺史亢拒⑮，争为长雄。刺史虽驽弱，亦安肯为鳄鱼低首下心，伈（xǐn）伈睍（xiàn）睍⑯，为民吏羞，以偷活于此邪？且承天子命以来为吏，固其势不得不与鳄鱼辨。

鳄鱼有知，其听刺史言：潮之州，大海在其南，鲸、鹏之大⑰，虾、蟹之细，无不容归，以生以食，鳄鱼朝发而夕至也。今与鳄鱼约，尽三日，其率丑类南徙（xǐ）于海⑱，以避天子之命吏。三日不能，至五日。五日不能，至七日。七日不能，是终不肯徙也，是不有刺史、听从其言也！不然，则是鳄鱼冥顽不灵，刺史虽有言，不闻不知也！夫傲天子之命吏、不听其言、不徙以避之，与冥顽不灵而为民物害者，皆可杀。刺史则选材技吏民，操强弓毒矢，以与鳄鱼从事⑲，必尽杀乃止。其无悔！

【注释】

① 维：句首语气词。
② 潮州：州名，州治在今广东潮安。刺史：唐代州级行政长官。
③ 军事衙推：唐代节度使、观察使等下属官吏。
④ 恶溪：指今广东韩江及其上游梅江。
⑤ 列：通"迾"，阻挡。
⑥ 罔：同"网"。此处用作动词。擉：刺。
⑦ 蛮、夷：古时对边远地区少数民族的统称。楚：南方的诸侯国，东周时据有长江、汉水流域的大部分地区。越：东方诸侯国，在今浙江一带。
⑧ 岭、海之间：在今湖南、江西、广东、广西边境。海，指南海。
⑨ 涵淹：隐没，潜伏。
⑩ 六合：天地上下和四方，犹普天之下。
⑪ 拚：覆盖。
⑫ 扬州：古代九州之一，潮州在其境内。
⑬ 其：这里表示祈使、命令语气。
⑭ 眸然：瞪起眼睛，凶狠的样子。眸，眼睛突出。
⑮ 亢：同"抗"，抗拒。
⑯ 伈伈睍睍：恐惧不敢正视的样子。
⑰ 鹏：传说中的一种大鸟。
⑱ 丑类：同义连文，种类，同类。徙：迁移。
⑲ 从事：办理，处置。这里指战斗、较量。

【译文】

　　某年某月某日，潮州刺史韩愈，派遣部下军事衙推官秦济，把一头羊、一头猪投入恶溪的潭水中，把它们送给鳄鱼吃，同时又警告鳄鱼说：

　　古时候的帝王掌管天下之后，封锁高山大泽，网捕刀刺，来消除那些危害百姓的毒虫、毒蛇、凶兽，并把它们驱赶到四海之外去。后代的帝王德行威望不够，不能统治远方，连长江、汉水之间都扔给蛮、夷、楚、越，更何况潮州地处五岭、南海之间，距离京城有万里之遥呢？鳄鱼之所以潜伏在这里繁衍生息，也就很自然了。如今的天子继承了大唐的帝位，神圣、仁慈、威武，四海之外，普天之下，都在他的安抚和统辖之下，更何况大禹足迹所留、扬州所管辖、刺史县令所治理、交纳贡品和赋税来供应天地宗庙百神祭祀的潮州呢！鳄鱼，你是不可以和刺史一起生活在这片土地上啊！

刺史受天子之命，守护这里的土地，治理这里的民众，而鳄鱼竟敢恶狠狠地瞪着眼睛，不安于溪水、潭水、盘踞一方吞食人、畜、熊、豕、鹿、獐，来养肥自己，繁衍子孙，并胆敢与刺史相抗衡，争做一方之主。刺史虽然平庸懦弱，又怎么肯在鳄鱼面前俯首帖耳、战战兢兢、给百姓和官吏丢脸，在此地苟且偷生呢？况且刺史是接受天子的任命来这里为官的，形势使得我不得不跟鳄鱼辨明。

鳄鱼，如果你们能够知道，就听刺史说：潮州这地方，大海在它的南边，鲸、鹏一类的大动物，虾、蟹一类的小生物，无不容身、安居在大海里，依靠大海生长、吃喝，你们鳄鱼早晨从潮州出发，晚上就可以到达大海了。现在，刺史和鳄鱼约定：你们三天之内，率领同类向南迁到大海去，以回避天子任命的刺史。三天不行的话，就五天。五天不行的话，就七天。如果七天还不行，那就表明怎么也不肯搬迁了，那就是不把刺史放在眼里、不听刺史的话了！否则，就是鳄鱼愚蠢顽固没有灵性，刺史虽然已经有言在先，你们还是听不进、听不明白了！凡是蔑视天子任命的刺史、不听刺史劝诫、不迁走回避刺史，以及愚蠢顽劣而又危害百姓、牲畜的东西，都应该处死。刺史就要挑选武艺高强的官吏和百姓，拿着强弓毒箭，来同鳄鱼较量，直到斩尽杀绝才罢手。你们可不要后悔啊！

柳子厚墓志铭

韩愈

子厚讳宗元。七世祖庆,为拓跋魏侍中①,封济阴公。曾伯祖奭(shì)②,为唐宰相,与褚遂良、韩瑗俱得罪武后③,死高宗朝。皇考讳镇④,以事母弃太常博士,求为县令江南。其后以不能媚权贵⑤,失御史。权贵人死,乃复拜侍御史,号为刚直,所与游,皆当世名人。

子厚少精敏,无不通达。逮其父时,虽少年已自成人,能取进士第,崭然见头角⑥,众谓柳氏有子矣。其后以博学宏词,授集贤殿正字⑦。俊杰廉悍,议论证据今古,出入经史百子,踔厉风发⑧,率常屈其座人,名声大振,一时皆慕与之交。诸公要人争欲令出我门下,交口荐誉之。

贞元十九年,由蓝田尉拜监察御史⑨。顺宗即位⑩,拜礼部员外郎⑪。遇用事者得罪⑫,例出为刺史。未至,又例贬州司马。居闲益自刻苦,务记览,为词章泛滥停蓄⑬,为深博无涯涘,而自肆于山水间。

元和中,尝例召至京师,又偕出为刺史,而子厚得柳州。既至,叹曰:"是岂不足为政邪?"因其土俗,为设教禁,州人顺赖。其俗以男女质钱,约不时赎,子本相侔⑭,则没为奴婢。子厚与设方计,悉令赎归。其尤贫力不能者,令书其佣⑮,足相当,则使归其质。观察使下其法于他州⑯,比一岁,免而归者且千人。衡湘以南为进士者⑰,皆以子厚为师,其经承子厚口讲指画为文词者,悉有法度可观。

其召至京师而复为刺史也,中山刘梦得禹锡亦在遣中⑱,当诣播州⑲。子厚泣曰："播州非人所居，而梦得亲在堂，吾不忍梦得之穷，无辞以白其大人，且万无母子俱往理。"请于朝，将拜疏，愿以柳易播，虽重得罪，死不恨。遇有以梦得事白上者，梦得于是改刺连州⑳。呜呼！士穷乃见节义。今夫平居里巷相慕悦，酒食游戏相征逐，诩诩强笑语以相取下㉑，握手出肺肝相示，指天日涕泣，誓生死不相背负，真若可信。一旦临小利害，仅如毛发比，反眼若不相识；落陷阱，不一引手救，反挤之又下石焉者，皆是也。此宜禽兽夷狄所不忍为，而其人自视以为得计，闻子厚之风，亦可以少愧矣。

　　子厚前时少年，勇于为人，不自贵重顾藉，谓功业可立就，故坐废退。既退，又无相知有气力得位者推挽，故卒死于穷裔㉒，材不为世用，道不行于时也。使子厚在台、省时㉓，自持其身，已能如司马、刺史时，亦自不斥。斥时有人力能举之，且必复用不穷。然子厚斥不久，穷不极，虽有出于人，其文学辞章，必不能自力以致必传于后如今，无疑也。虽使子厚得所愿，为将相于一时，以彼易此，孰得孰失，必有能辨之者。

　　子厚以元和十四年十一月八日卒，年四十七。以十五年七月十日，归葬万年先人墓侧㉔。子厚有子男二人：长曰周六，始四岁；季曰周七，子厚卒乃生。女子二人，皆幼。其得归葬也，费皆出观察使河东裴君行立㉕。行立有节概，重然诺，与子厚结交，子厚亦为之尽，竟赖其力。葬子厚于万年之墓者，舅弟卢遵㉖。遵，涿人㉗，性谨慎，学问不厌。自子厚之斥，遵从而家焉，逮其死不去。既往葬子厚，又将经纪其家，庶几有始终者。

　　铭曰：是惟子厚之室，既固既安，以利其嗣人！

【注释】

① 七世祖庆：此处当有误。因为柳庆为柳宗元六代祖，封为济阴公的是其五代祖柳旦。拓跋魏：指南北朝时的北魏，国君姓拓跋，此处用以区分三国时的曹魏政权。

② 曾伯祖奭：柳奭，字子燕，贞观朝为中书舍人，后迁为中书侍郎，在唐高宗永徽三年代替褚遂良为中书令，地位相当于宰相。王皇后是柳的外甥女，高宗废王氏，柳也被贬为爱州刺史。后又被诬与褚遂良、韩瑗朋党为奸之罪，被处死。

③ 褚遂良：唐初名臣，曾任吏部尚书、同中书门下三品等职，因劝阻高宗废王皇后立武则天为后一事，被贬黜。韩瑗：字伯玉，曾任同中书门下三品、门下省侍中等职，因援救褚遂良，也被贬黜。

④ 皇考：对已故父亲的尊称。柳宗元之父柳镇，任长安主簿，后被任命为太常博士，柳镇因家中有尊老孤弱在吴地，请为宣城（今安徽宣城）令，文中说他为了侍奉母亲，求为江南县令，有误。

⑤ 权贵：指窦参，官任中书侍郎。

⑥ 崭然：高峻的样子。见：同"现"，显露。头角：比喻才华。

⑦ 博学宏词：唐代科举考试的一种名目，用以选拔博学之士。集贤殿：是收藏整理图书的机构，设学士、正字等官。集贤殿正字负责校订经籍，刊正文字。

⑧ 踔厉风发：这里形容议论时言辞激烈，滔滔不绝，凌厉风发。

⑨ 蓝田：县名，今陕西蓝田。尉：掌管一县治安的官。监察御史：官名，掌管监察百官，巡郡县，纠刑狱，整肃朝仪等事。

⑩ 顺宗：即唐顺宗李诵，于公元805年即位，号永贞。

⑪ 礼部员外郎：官名。唐尚书省下设六部，礼部是其中之一，掌拟定礼制、辨别等事，员外郎是其属官。

⑫ 用事者：即当权者，指王叔文。唐顺宗即位后，王叔文任户部侍郎，与柳宗元、刘禹锡等人进行政治革新，受到宦官、旧派世族

和地主官僚的反对。不久，宪宗李纯即位，革新失败，王叔文被贬，后又被杀。柳宗元、刘禹锡等人也获罪遭贬谪。柳宗元先被贬为邵州（今湖南邵阳县）刺史，未到任又被贬为永州（今湖南零陵）司马。

⑬ 泛滥停蓄：形容柳宗元的文章才华横溢如洪水泛滥，学识渊博如湖海停蓄。

⑭ 子：利息。本：本钱。侔：相等。

⑮ 佣：工钱。

⑯ 观察使：官名，即经略观察史。唐代将全国分为十五道，每道设一观察使，负责考察州、县官的政绩。

⑰ 衡湘：即衡山、湘水，泛指岭南地区。

⑱ 刘禹锡：字梦得，中山（今河北定县）人，中唐著名诗人，王叔文革新集团重要成员，革新失败后，也遭贬谪。

⑲ 播州：今贵州遵义。

⑳ 连州：地名，即今广东连州。

㉑ 诩诩：说好话讨好的样子。

㉒ 穷裔：极远的边地。

㉓ 台：御史台。柳宗元曾任监察御史，属御史台。省：尚书省，柳宗元曾任礼部员外郎，属尚书省。

㉔ 万年：古地名，在今陕西临潼东北，柳宗元的祖坟在万年的栖凤原。

㉕ 裴君行立：裴行立，绛州稷山（今山西稷山）人，元和十二年（817）任桂管观察使，是柳宗元的上司。

㉖ 卢遵：柳宗元的内弟。

㉗ 涿：唐代州名，州治在今河北涿州。

【译文】

子厚名叫宗元。他的七〔六〕世祖柳庆，担任过北魏的侍中，被封为济阴公。曾伯祖柳奭，做过唐朝的宰相，和褚遂良、韩瑗一起得罪了皇后武则天,在唐高宗时死去。父亲名镇,为了奉养母亲放弃了太常博士的职位,请求做江南的一个县令,后来又因为不能谄媚权贵,被免去殿中侍御史的职务,直到那个权贵死了,才再次被任命为侍御史。人们称赞他刚毅正直,和他来往的朋友,都是当时知名的人士。

子厚年轻时就十分聪明,学业事理皆通达。当他父亲在世的时候,他虽然还年轻却已自立成才,能考取进士,出色地显露了才华。大家都说柳家有个好儿子。这以后又通过博学宏词科考试,被任命为集贤殿正字。他才能出众,方正勇敢,发表议论能出入古今,引证于经传史籍、诸子百家,常常使在座的人折服。于是名声大振,当时的人们都希望和他交往。那些达官显贵争着要收他做自己的门生,异口同声地赞誉和推荐他。

贞元十九年,他由蓝田县尉晋升为监察御史。顺宗即位后,又被任命为礼部员外郎。遇上和他关系密切的当权者犯了罪,他被贬为州刺史;还没到任,又被贬为州司马。处在闲散的职位上他更加刻苦用功,专心致志地读书和写作。他写的文章汪洋恣肆,广博深厚,像大海那样无边无际,他自己则纵情于山水之间。

元和年间,他和同时被贬官的人曾按例被召到京都,又一起被派到地方做刺史。子厚的任所是柳州。到任之后,他感叹地说:"这里难道不能施行政教了吗?"便依照当地的风俗,推行教化和禁令,柳州的百姓都信服遵从。当地风俗常以子女作为抵押来借钱,约定期限不能按时赎还,利息和本钱一样多了,就把所抵押的人质充当奴婢。子厚替借债的人想方设法,让他们都能把人赎回家。那些特别贫穷无力办到的,便命令债主记下被抵押的人的工钱,等到与抵押的钱数相等了,就让债主归还人质。观察使将这个办法推广到其他的州,过了一年,免去奴婢身份而回到自己家中的有上千人。衡山、湘水以南准备进士考试的人,都把子厚当作老师;那些经过子厚当面指教的士子,所作文章的章法和技巧都有法度。

他被召回京都又被派为刺史的时候，中山人刘梦得也在被派遣的人员之中，应当到播州。子厚流着眼泪说："播州不是人住的地方，况且梦得家中又有老母亲，我不忍心梦得困窘犯难，以至于没有办法去对母亲说，而且无论怎么说也没有母亲和儿子一同去的道理。"他准备到朝廷为梦得请求，愿意用柳州去换播州，即使因此而再次获罪，也死而无憾。正好遇上有人将梦得的情况禀奏了皇帝，梦得因此而被改任为连州刺史。啊！士人在困境中才会表现出气节和道义！现在那些平常安定的时候互相爱慕友好，争着相约宴饮游乐，强作笑语，装出谦和的样子，手握着手诉说肺腑之言，指着苍天白日痛哭流涕地赌咒，发誓无论生死都不背弃负心，好像真的可以信赖。然而，一旦逢到很小的利害冲突，哪怕仅仅毛发般大小，也立即翻脸不认人，朋友掉到陷阱里，不仅不伸手去搭救，反而趁势推挤甚至往井里扔石头，这种人到处都有啊！这种行为是禽兽和夷狄之人都不忍心干的，而那些人却自以为计谋得逞。他们听到子厚的高尚作风，也应该有点愧吧。

子厚当初年轻时，勇于帮助别人，不保重爱惜自己，认为功名和业绩可以马上取得，因而受牵连遭到贬斥。既遭贬谪，又没有知己且有能力、有地位的人来援引提拔，所以终于客死在荒远的边地，才能不为当世所用，道义不能在当时施行。假使子厚在御史台、尚书省任职时，严格要求自己，能够像后来做司马、刺史时一样，也就自然不会遭到贬斥；遭到贬斥之后，如果能有人推举他，也必然会再被任用。然而如果子厚被贬斥的时间不长，困穷不到极点，即使才能比别人高，他的文章学识、诗歌辞赋，一定不能像现在这样，达到必定流传于后世的境界，这是毫无疑问的。即便让子厚实现了自己的愿望，在一个时期内为将为相，用文学上的成就来换取功名富贵，哪一个是得，哪一个是失，一定有对此做出判断的人。

子厚在元和十四年（820）十一月八日去世，终年仅四十七岁。在元和十五年（821）七月十日，灵柩回乡安葬在万年县先人的坟墓旁。

子厚有两个儿子：大的叫周六，才四岁；小的叫周七，子厚死后才出生的。女儿两个，都还幼小。子厚的遗骨得以回乡安葬，费用都是由观察使河东裴行立君供给的。裴行立有节操，重信义，跟子厚是朋友；子厚对他也竭诚相待，最后还是依靠了他的帮助。将子厚安葬在万年县墓地中的人，是其内弟卢遵。卢遵，涿州人，性格谨慎，学而不厌。自从子厚被贬斥之后，卢遵就跟他住在一起，一直到他去世也没有离去。他既安葬了子厚，又准备料理子厚家的家务，可以说是个有始有终的人。

铭文是：这里是子厚的墓室，既牢固又安稳，将有利于他的后代！

捕蛇者说

柳宗元

永州之野产异蛇①，黑质而白章②。触草木，尽死；以啮人，无御之者。然得而腊（xī）之以为饵③，可以已大风、挛踠（luán wǎn）④、瘘（lòu）、疠（lì）⑤，去死肌，杀三虫⑥。其始，太医以王命聚之⑦，岁赋其二；募有能捕之者，当其租入。永之人争奔走焉。

有蒋氏者，专其利三世矣。问之，则曰："吾祖死于是，吾父死于是，今吾嗣为之十二年，几死者数矣。"言之，貌若甚戚者。余悲之，且曰："若毒之乎？余将告于莅（lì）事者⑧，更若役，复若赋，则何如？"蒋氏大戚，汪然出涕曰："君将哀而生之乎？则吾斯役之不幸，未若复吾赋不幸之甚也。向吾不为斯役，则久已病矣。自吾氏三世居是乡，积于今六十岁矣，而乡邻之生日蹙，殚其地之出，竭其庐之入。号呼而转徙，饥渴而顿踣（bó）⑨。触风雨，犯寒暑，呼嘘毒疠，往往而死者相藉也⑩。曩（nǎng）与吾祖居者⑪，今其室十无一焉；与吾父居者，今其室十无二三焉；与吾居十二年者，今其室十无四五焉：非死即徙尔。而吾以捕蛇独存。悍吏之来吾乡，叫嚣乎东西，隳（huī）突乎南北⑫，哗然而骇者，虽鸡狗不得宁焉。吾恂恂而起⑬，视其缶⑭，而吾蛇尚存，则弛然而卧。谨食（sì）之⑮，时而献焉。退而甘食其土之有，以尽吾齿。盖一岁之犯死者二焉，其余则熙熙而乐，岂若吾乡邻之旦旦有是哉！今虽死乎此，比吾乡邻之死则已后矣，又安敢毒邪？"

余闻而愈悲。孔子曰："苛政猛于虎也⑯。"吾尝疑乎是，今以蒋氏观之，犹信。呜呼！孰知赋敛之毒，有甚是蛇者乎！故为之说，以俟夫观人风者得焉⑰。

【注释】

① 永州：故址在今湖南零陵。
② 质：底色。章：花纹，纹路。
③ 腊：风干的肉。
④ 挛踠：手足弯曲不能伸展。
⑤ 瘘：颈部生的脓肿毒疮。疠：恶疮。下文"疠"，指疫气。
⑥ 三虫：这里泛指人体脑、胸、腹内的寄生虫，即蛔虫、赤虫、蛲虫。
⑦ 太医：官名。掌医药之政令。
⑧ 莅：临，管理。
⑨ 顿踣：因困顿而跌倒。
⑩ 藉：叠压。
⑪ 曩：从前，以往。
⑫ 隳突：破坏奔突。
⑬ 恂恂：提心吊胆的样子。
⑭ 缶：一种口小腹大的瓦罐。
⑮ 食：饲，喂养。
⑯ 苛政猛于虎：语出《礼记·檀弓下》。
⑰ 人风：即民风，这里指民情。因避唐太宗李世民之讳而改"民"为"人"。

【译文】

　　永州的山野出产一种奇异的蛇，黑色的蛇皮上有白色的花纹。它接触过草木，草木都要死光。如果咬了人，没有医治的办法。然而捕到以后将它风干，做成药品，可以治疗麻风、肢体蜷曲、瘘、疠等恶疮，消除坏死的肌肉，杀死人体内的寄生虫。起初，太医靠皇帝的命令去征收这种毒蛇，每年征收两次。招募能捕到毒蛇的人，拿蛇抵他的赋税。永州的百姓都争着去干这件事。

　　有个姓蒋的人，依靠专门享捕蛇免赋的好处已经有三代人了。我问他，他却说："我爷爷死在捕蛇这件事上，我父亲死在捕蛇这件事上，现在我接着干这件事十二年，有好几次险些死去。"说话的时候脸色好像很忧伤。我很同情他，并且说："你怨恨这种差事吗？我打算告诉主管这事的人，更换你的差役，恢复你的赋税，你觉得怎么样？"蒋氏更加悲伤了，眼泪汪汪地说："您想可怜我，让我能活下去吗？可是我干这种差事的不幸，还比不上恢复我的赋税的不幸呢！假若过去我不干这种差事，那我早就困苦不堪了。自从我们蒋家祖孙三代定居在这个地方，到现在已经六十年了。而乡邻们的生活一天比一天窘迫。用尽了他们田地里的出产，花完了他们家里的全部收入，哭号着四处迁徙，由于饥渴倒死在地上。人们忍受着狂风暴雨和严寒酷暑的摧残，呼吸着瘟疫的毒气，死去的人经常是一个压着一个。当年和我祖父住在一起的人家，现在十户当中难得有一户了。和我父亲住在一起的人家，现在十户当中难得有两三户了。和我在一起住了十二年的人家中，到现在十户中难得有四五户了。不是死绝了，就是迁走了。然而我却因为捕蛇而独自生活在这里。凶悍的官吏来到我们乡的时候，东西吆喝，南北骚扰，因此受惊骇而呼喊的，不仅是百姓，连鸡狗都不得安宁。每当这种时候，我就提心吊胆地爬起来，看看那瓦罐子，我的蛇还在里面，然后就放心地躺下了。我小心地喂养它，到了时候就把它献上去。回到家里就可以香甜地吃着那自己田地里所收获的食物，来度过我的余年。大约一年当中冒生命危险捕蛇的时候只有两次，剩余的时间则舒舒坦坦地过安乐日子。哪里像我的乡邻们，天天都有那种死亡的威胁呢？即使现在我死在捕蛇这种事上，比起我那些死去的乡邻们也已经算是死得晚的了，又怎么敢怨恨这种差事呢？"

　　我听了他的话更加难过了。孔子说："残酷的暴政比老虎还凶猛。"我曾经怀疑过这句话。如今从蒋氏的遭遇来看，我才相信了。唉！谁知道赋税的毒害，比毒蛇更厉害呢？因此写了这篇文章，用来等待那些考察民情的人从中获得所需要的材料。

种树郭橐驼传

柳宗元

郭橐(tuó)驼①,不知始何名。病偻(lóu)②,隆然伏行,有类橐驼者,故乡人号之"驼"。驼闻之曰:"甚善,名我固当。"因舍其名,亦自谓"橐驼"云。其乡曰丰乐乡,在长安西。

驼业种树,凡长安豪家富人为观游及卖果者③,皆争迎取养。视驼所种树,或迁徙,无不活,且硕茂,蚤实以蕃④。他植者虽窥伺效慕,莫能如也。

有问之,对曰:"橐驼非能使木寿且孳也⑤,能顺木之天,以致其性焉尔。凡植木之性,其本欲舒,其培欲平,其土欲故,其筑欲密。既然已,勿动勿虑,去不复顾。其莳(shì)也若子⑥,其置也若弃,则其天者全而其性得矣。故吾不害其长而已,非有能硕茂之也;不抑耗其实而已,非有能蚤而蕃之也。他植者则不然,根拳而土易。其培之也,若不过焉则不及。苟有能反是者,则又爱之太殷,忧之太勤,旦视而暮抚,已去而复顾,甚者爪其肤以验其生枯,摇其本以观其疏密,而木之性日以离矣。虽曰爱之,其实害之;虽曰忧之,其实仇之。故不我若也。吾又何能为哉!"

问者曰:"以子之道,移之官理,可乎?"驼曰:"我知种树而已,官理非吾业也。然吾居乡,见长人者好烦其令⑦,若甚怜焉,而卒以祸。旦暮吏来而呼曰:'官命促尔耕,勖尔植⑧,督尔获,蚤缫(sāo)而绪⑨,蚤织而缕⑩,字而幼孩⑪,遂而鸡豚⑫。'鸣鼓而聚之,击木而召之⑬。吾小人辍飧(sūn)饔(yōng)以劳吏者⑭，且不得暇，又何以蕃吾生而安吾性邪？故病且怠。若是，则与吾业者其亦有类乎？"

问者曰："嘻，不亦善夫！吾问养树，得养人术。"传其事以为官戒也。

【注释】

① 橐驼：骆驼，这里指驼背。
② 偻：脊背弯曲，即驼背。
③ 观游：指供观赏游览的园林。
④ 蚤：同"早"。
⑤ 孳：滋生，繁殖。
⑥ 莳：栽种花木。
⑦ 长：治理人民的官长。
⑧ 勖：勉励。
⑨ 缫：煮茧抽丝。而：同"尔"。绪：丝头。
⑩ 缕：纱。
⑪ 字：养育。
⑫ 豚：小猪。
⑬ 木：这里指梆子。
⑭ 辍：中止。飧：晚饭。饔：早饭。

【译文】

郭橐驼，不知道他最初叫什么名字，由于得了佝偻病，脊背隆起，俯着身子走路，好像骆驼的样子，因此同乡的人叫他"骆驼"。橐驼听了说："很好，用这个名字来叫我很恰当。"于是就舍弃了他原来的名字，也自称"橐驼"了。他居住的地方叫丰乐乡，在长安城西。

郭橐驼以种树为职业，凡是长安的豪门富人家修建供观赏游览的园林，以及那些卖鲜果的商人，都争着雇用他。看橐驼所种的树木，或者移栽的树木，没有不成活的，而且高大茂盛，果实结得既早又多。其他种树的人虽然偷偷地观察模仿他，却都不能赶上他。

　　有人问他原因，他答道："我并没有什么能使树木长得旺并且多结果的特殊本领，只不过是依照树木的天性而使它们按自己的本性自然生长罢了。一般说来，种植的方法是：根要舒展，培土要平，要用熟土，种好后土要砸结实。种完后就不要再去动它们，也不要担心不能成活，离开后就不必再去照管它们了。栽种的时候要像抚育亲生子女，种好以后就如同扔掉一样。这样树木的天性就没有被破坏，它们的本性就得到发展。因此，我只是不妨害树木的自然生长罢了，并没有什么本领能使它们高大繁茂；我只是不抑制、损耗它们的果实罢了，并没有能力让它们结的果实又早又多。别人种树就不是这样了，树根屈曲，土都换成新的，培土时不是多了就是少了。即使有不这样做的人，但却又过于关心它们的成长，过多地担心它们不能成活。早晨去看看、傍晚去摸摸，刚刚离开又马上回来看看；甚至还要用指甲抠破树皮来检验它们的死活，摇动树木来观察土培得松动还是结实，因而就日益背离了树木生长的习性了。虽然表面上看是爱护它们，实际却是损害它们；表面上说是担心它们，实际上却是仇视它们。所以都不如我种得好啊。我哪里又有什么特殊的本领呢！"

　　问他的人说："把你种树的道理，移用到做官治理百姓上行吗？"橐驼说："我只是会种树罢了，当官治理百姓不是我的事。不过，我住在乡里，看到那些做官的，喜欢频繁地发布命令，似乎很爱惜百姓，而最终却给百姓带来了祸害。天天都有差吏到村中来喊叫：'官长命令我来催促你们耕地，勉励你们播种，督促你们收获；早点煮茧抽丝，快些纺纱织布；好好地抚养你们的小孩，喂养好你们家的鸡和猪。'一会儿击鼓让大伙集合，一会儿又敲梆子把人们招来，我们小老百姓，顾不上吃饭来应酬招待。差吏尚且没有空闲，又怎么能使人丁兴旺，生活安定呢？因此才困苦劳累到这种程度。那么，这和我的行业大概也有相似之处吧？"

问的人说："哈哈，这不是很好嘛！我问养树的经验却懂得了治民的道理。"于是我便记下这件事，用来作为官吏的鉴戒吧。

钴鉧潭西小丘记

柳宗元

得西山后八日①,寻山口西北道二百步②,又得钴鉧(gǔ mǔ)潭③。西二十五步,当湍(tuān)而浚(jùn)者为鱼梁④。梁之上有丘焉,生竹树。其石之突怒偃蹇(yǎn jiǎn)⑤,负土而出,争为奇状者,殆不可数。其嵚(qīn)然相累而下者⑥,若牛马之饮于溪;其冲(chòng)然角列而上者⑦,若熊罴之登于山。

丘之小不能一亩,可以笼而有之⑧。问其主,曰:"唐氏之弃地,货而不售⑨。"问其价,曰:"止四百。"余怜而售之⑩。李深源、元克己时同游⑪,皆大喜,出自意外。即更取器用⑫,铲刈(yì)秽草⑬,伐去恶木,烈火而焚之⑭。嘉木立,美竹露,奇石显。由其中以望,则山之高,云之浮,溪之流,鸟兽之遨游,举熙熙然回巧献技⑮,以效兹丘之下⑯。枕席而卧,则清泠(líng)之状与目谋⑰,潆(yíng)潆之声与耳谋⑱,悠然而虚者与神谋⑲,渊然而静者与心谋⑳。不匝(zā)旬而得异地者二㉑,虽古好事之士,或未能至焉。

噫!以兹丘之胜㉒,致之沣(fēng)、镐(hào)、鄠(hù)、杜㉓,则贵游之士争买者㉔,日增千金而愈不可得。今弃是州也,农夫渔父过而陋之,价四百,连岁不能售。而我与深源、克己独喜得之,是其果有遭乎㉕?

书于石,所以贺兹丘之遭也㉖。

【注释】

① 得:这里是发现的意思。西山:在永州城(今湖南零陵)西。柳

宗元在唐元和四年（809）九月二十八日发现西山。

② 寻：沿着。道：动词，行走。步：古代五尺为一步。

③ 钴𨰻潭：潭名。钴𨰻，熨斗。因为潭的形状像熨斗。故名。

④ 湍：急流。浚：深水。鱼梁：阻水的堰，中间留有缺口，放置捕鱼的工具笱（gǒu），用来捕鱼。

⑤ 突怒：形容石头突起耸立。偃蹇：形容山石错综盘踞的样子。

⑥ 嵚：高耸的样子。

⑦ 冲然：向上、向前的样子。角列：像兽角一样排列。

⑧ 笼：装进笼子，用作动词。

⑨ 货：卖。售：卖出。

⑩ 怜：喜爱。售：这里是买下的意思。

⑪ 李深源、元克己：都是与作者同游的朋友。

⑫ 更：轮流更替。

⑬ 刈：割。

⑭ 烈火：燃起大火。

⑮ 举：全部。熙熙然：快乐的样子。

⑯ 效：献出。

⑰ 清泠：景色清凉明澈。与目谋：同眼睛接触，即映入眼中。

⑱ 潜潜：象声词，溪水回流的声音。

⑲ 悠然：幽远的样子。

⑳ 渊然：静默的样子。

㉑ 不匝旬：不满十天。匝：周，满。

㉒ 胜：秀美的景色。

㉓ 沣、镐、鄠、杜：都是地名，全在唐朝首都长安附近，为当时豪门贵族居住地。沣：水名。镐：周武王的都城，在今陕西西安西北的丰镐村。鄠：在今陕西户县北边。杜：杜陵，在今陕西西安长安东南。

㉔ 贵游之士：这里指没有官职的一般豪门贵族，如王公子弟一类人。
㉕ 遭：名词，际遇，运气。
㉖ 遭：动词，碰上了好运气。

【译文】

　　发现西山后的第八天，沿着山口向西北方向走二百步，又发现了钴𬭚潭。再向潭西走二十五步，在水流又深又急的地方有鱼梁。鱼梁上面有座小丘，小丘上生长着竹子和树木。小丘上的岩石，突起耸立，错综起伏，破土而出，竞相争得奇奇怪怪的样子，数也数不清。那些高高地耸起互相重叠又倾斜着向下延伸的，好像牛马探身在溪边饮水；那些直立着像兽角一样排列向上的，犹如熊罴向山上登攀。

　　山丘狭小，不足一亩，仿佛用一个小笼子就可以把它装下。我问小丘的主人是谁，有人说："这是唐家废置的土地，要卖却卖不出去。"我问它的价钱，回答说："只要四百文。"我很喜欢这个小丘，就花钱把它买了下来。李深源、元克己当时与我同游，也都非常高兴，对只花这么一点钱就买到这么好的一个小丘，感到意外。我们就轮流拿起各种工具，铲除杂草，砍掉枯树，并放火把它们烧掉。于是俊美的树木挺立出来了，秀丽的青竹显露出来了，奇妙的山石显现出来了。从中望去，高高的山峰，飘浮的云彩，流淌的溪水，遨游的鸟兽，它们都快乐地显现出巧妙的姿态，献出高超的技艺，在这座小丘的上下表演着。铺席设枕，躺在上面，于是溪水清凉的景色跃入眼帘，潺潺的水声传入耳中，幽远空虚的境界融入神思，深沉而幽静的气氛沁入心灵。不到十天，就发现了两处奇特的地方，即使古代爱好山水的人，也许还没有遇到过这样好的机缘吧。

　　唉！像小丘这样美丽的景色，如果把它移到长安附近的沣、镐、鄠、杜等地，那些公子王孙就会争着购买，即使每天增价千金也还是不能买到。现在却被遗弃在永州这个偏僻的地方，就是农夫渔人从它旁边来往经过，也都认为它很简陋。虽然价钱只要四百文，也还是多年卖不出去。唯独我和深源、克己高兴地把它买下了。这难道是小丘果然有这样的运气吗?

我把以上这些话刻写在小丘的岩石上,用来祝贺这座小丘碰上了好运气。

小石城山记

柳宗元

　　自西山道口径北,逾黄茅岭而下,有二道。其一西出,寻之无所得;其一少北而东,不过四十丈,土断而川分,有积石横当其垠①。其上为睥睨(pì nì)梁欐(lì)之形②,其旁出堡坞,有若门焉。窥之正黑,投以小石,洞然有水声,其响之激越,良久乃已。环之可上,望甚远。无土壤而生嘉树美箭,益奇而坚,其疏数(cù)偃仰③,类智者所施设也。

　　噫!吾疑造物者之有无久矣。及是,愈以为诚有。又怪其不为之于中州④,而列是夷狄⑤,更千百年不得一售其伎⑥,是固劳而无用。神者傥不宜如是,则其果无乎?或曰:"以慰夫贤而辱于此者。"或曰:"其气之灵,不为伟人,而独为是物。故楚之南少人而多石。"是二者,余未信之。

【注释】

① 垠:边界,这里指河岸。
② 睥睨:城上的矮墙。梁欐:房屋的栋梁。
③ 数:密。
④ 中州:指黄河中下游一带文化发达地区。
⑤ 夷狄:古代称东方少数民族为夷,称北方少数民族为狄。这里泛指远离中州的边远地区。
⑥ 更:经历。伎:同"技",技艺。

【译文】

　　从西山道口一直往北走,翻越黄茅岭下去有两条小路。其中一条向西延伸，沿路寻找风景，一无所获；另一条稍微偏北朝东延伸，往前走不过四十丈，路就被一条河流截断了，有一座岩石堆积而成的小山冈横挡在路上。山冈顶部宛若城墙和房屋梁栋。旁边耸出一块好像城堡，那里似乎有门一样的洞口。往里面看，黑洞洞的，扔一块小石头进去，则传来"扑通"入水的声音，清亮激越，久久不绝于耳。环绕着山道可以登上山顶，站在山顶能望得很远。这里没有土壤，却生长着秀美的树木和箭竹，形状奇特，质地坚硬，林竹分布高低错落、疏密有致，就好像是有智慧的人精心设计的。

啊！我怀疑造物主的有无已经很久了。看到这里的景致，我愈发相信造物主确实存在。但我又奇怪，它不把这座小石城山布置在中原，却放在这荒凉偏远的夷狄之地，哪怕经历了千百年也不能向人们显现自己的奇异景色，这实在是劳而无功啊。造物主好像不应当干这样的事，那么它果真是不存在的吗？有人说："这样把小石城安排在这里是用来安慰蒙受屈辱被贬谪于此的贤人的。"也有人说："这里天地的灵气不能造就伟人，却独独钟情于这样奇异的景物。所以楚地的南面很少有杰出的人才出现，却有很多奇怪的山石。"这两种说法，我都不相信。

岳阳楼记

范仲淹

庆历四年春①,滕子京谪守巴陵郡②。越明年③,政通人和,百废俱兴。乃重修岳阳楼,增其旧制,刻唐贤、今人诗赋于其上,属予作文以记之④。

予观夫巴陵胜状,在洞庭一湖。衔远山,吞长江,浩浩汤(shāng)汤,横无际涯。朝晖夕阴,气象万千。此则岳阳楼之大观也,前人之述备矣。然则北通巫峡⑤,南极潇湘⑥,迁客骚人⑦,多会于此,览物之情,得无异乎?

若夫霪雨霏霏⑧,连月不开;阴风怒号,浊浪排空;日星隐曜,山岳潜形;商旅不行,樯倾楫摧;薄暮冥冥,虎啸猿啼。登斯楼也,则有去国怀乡,忧谗畏讥,满目萧然,感极而悲者矣。

至若春和景明⑨,波澜不惊;上下天光,一碧万顷;沙鸥翔集,锦鳞游泳;岸芷(zhǐ)汀兰⑩,郁郁青青⑪。而或长烟一空,皓月千里;浮光耀金,静影沉璧;渔歌互答,此乐何极!登斯楼也,则有心旷神怡,宠辱皆忘,把酒临风,其喜洋洋者矣!

嗟夫!予尝求古仁人之心,或异二者之为,何哉?不以物喜,不以己悲。居庙堂之高⑫,则忧其民;处江湖之远,则忧其君。是进亦忧,退亦忧,然则何时而乐耶?其必曰"先天下之忧而忧,后天下之乐而乐"欤!噫!微斯人,吾谁与归⑬!

【注释】

① 庆历四年:即公元1044年。庆历,宋仁宗的年号(1040—1048)。
② 滕子京:名宗谅,宋代河南府(今河南洛阳)人,与范仲淹同年

中进士。因被人诬陷,贬职为岳州(在今湖南岳阳)知州。巴陵郡:即指岳州。

③ 越:及,到了。

④ 属:同"嘱",托付。

⑤ 巫峡:长江三峡之一,上通瞿塘峡,下接西陵峡。

⑥ 潇湘:潇水和湘水。潇、湘二水合流后又北入洞庭湖。

⑦ 迁客:降职外调的官吏。

⑧ 霪雨:连绵不断的雨。霏霏:雨下得很大的样子。

⑨ 景:日光。

⑩ 芷:香草名。汀:水中小洲。

⑪ 青青:花草茂盛。

⑫ 庙堂:这里指朝廷。

⑬ 微:不是。

【译文】

　　庆历四年的春天,滕子京被降职到岳州任知州。到了第二年,政事顺利,百姓安居乐业,许多荒废的事业都兴办起来,于是就重修岳阳楼,扩大了它原有的规模,把唐代贤人、当今名士的诗赋刻写在楼上,托付我写篇文章来记述这件事。

　　我看那巴陵郡的壮丽景象,全集中在洞庭湖上。它包含着远处的青山,吞吐奔腾的长江,浩浩荡荡,无边无际。早晨阳光灿烂,傍晚暮霭沉沉,气象千变万化。这就是岳阳楼壮观景致。对此,前人的描述已经是很具体、很全面了。然而它北面连着巫峡,南面接着潇湘二水,降职外调的官员,吟诗作赋的文人,经常聚集在这儿,他们观赏景物时所产生的感情,难道会没有什么不同吗?

　　当那阴雨连绵,数月不放晴,阴冷的风呼呼狂叫,浑浊的波浪冲上云霄,日月星辰隐没了光辉,山岳藏起了身影;商人和旅客不能通行,桅杆倾倒,船桨折断;傍晚时分一片昏暗,老虎长啸,猿猴哀啼。

这时登上岳阳楼，就会想到自己远离朝廷，怀念家乡，担心受到诽谤，害怕受到讥笑，满眼都是凄惨的景象，感情坏到了极点，悲哀之情油然而生了。

　　至于那春光明媚，波平浪静，天光与水色相辉映，碧绿的水面一望无际；沙鸥时而飞翔，时而栖息，鱼儿自由地游来游去；岸边小洲上的芳草，香气浓郁，十分茂盛。有时那长空中烟消雾散，月光一泻千里，湖面上波光像黄金那样耀眼，明月的倒影犹如白璧沉在湖水中；渔人的歌声互相应答，这种乐趣真是无穷无尽啊！这时，登上岳阳楼，便会心胸开阔，精神愉快，恩宠和屈辱一同忘到九霄云外，手握着酒杯，临风而吟，心中充满无限的喜悦了！

　　啊！我曾经探求古代品德高尚的人的心情，他们或许和上述两种人的感情不同。这是为什么呢？他们不因为外界境遇的顺利而欣喜，不因为个人的失意而悲伤。在朝廷中身居高位就为黎民百姓而忧虑，在山野中隐居就为他的君王而担心。这样，进朝为官也忧虑，退隐江湖也忧虑，那么什么时候才能欢乐呢？他们必定会说"在天下之人忧愁之前已忧愁，在天下之人快乐之后才快乐"吧！啊！除了这样品德高尚的人，我还能和谁同道呢？

朋党论

欧阳修

臣闻朋党之说，自古有之，惟幸人君辨其君子小人而已①。大凡君子与君子，以同道为朋②；小人与小人，以同利为朋。此自然之理也。

然臣谓小人无朋，惟君子则有之。其故何哉？小人所好者利禄也，所贪者货财也。当其同利之时，暂相党引以为朋者③，伪也；及其见利而争先，或利尽而交疏，则反相贼害④，虽其兄弟亲戚，不能相保。故臣谓小人无朋，其暂为朋者，伪也。君子则不然。所守者道义，所行者忠信，所惜者名节。以之修身⑤，则同道而相益；以之事国，则同心而共济⑥；终始如一，此君子之朋也。

故为人君者，但当退小人之伪朋，用君子之真朋，则天下治矣。

尧之时⑦，小人共工、驩兜（huān dōu）等四人为一朋⑧，君子八元、八恺十六人为一朋⑨。舜佐尧，退四凶小人之朋，而进元、恺君子之朋，尧之天下大治。及舜自为天子，而皋（gāo）、夔（kuí）、稷（jì）、契（xiè）等二十二人并列于朝⑩，更相称美，更相推让，凡二十二人为一朋，而舜皆用之，天下亦大治。

《书》曰："纣有臣亿万，惟亿万心；周有臣三千，惟一心⑪。"纣之时，亿万人各异心，可谓不为朋矣，然纣以亡国。周武王之臣三千人为一大朋，而周用以兴⑫。

后汉献帝时⑬，尽取天下名士囚禁之，目为党人⑭。及黄巾贼起⑮，汉室大乱，后方悔悟，尽解党人而释之，然已无救矣。

唐之晚年，渐起朋党之论⑯。及昭宗时⑰，尽杀朝之名士，或投之黄河，曰："此辈清流，可投浊流⑱。"而唐遂亡矣⑲。

夫前世之主，能使人人异心不为朋，莫如纣；能禁绝善人为朋，莫如汉献帝；能诛戮清流之朋，莫如唐昭宗之世；然皆乱亡其国。更相称美、推让而不自疑，莫如舜之二十二臣；舜亦不疑而皆用之。然而后世不诮（qiào）舜为二十二人朋党所欺[20]，而称舜为聪明之圣者，以能辨君子与小人也。周武之世，举其国之臣三千人共为一朋，自古为朋之多且大莫如周。然周用此以兴者，善人虽多而不厌也。[21]

夫兴亡治乱之迹[22]，为人君者可以鉴矣！

【注释】

① 幸：希望。以……为幸。君子：这里指道德高尚的人。小人：与君子相对，这里指道德低下的人。

② 道：一定的政治主张或思想体系。

③ 党引：勾结。结为私党，互相援引。

④ 贼害：残害。

⑤ 修身：按照一定的道德规范进行自我修养。

⑥ 济：救助。

⑦ 尧：和下文中的舜、周武王，都是历代儒家推崇的古代贤君。

⑧ 共工、驩兜：尧时被称为"四凶"中的两个。

⑨ 君子八元、八恺十六人：《左传·文公十八年》："昔高阳氏有才子八人：苍舒、隤敳（tuí ái）、梼戭（chóu yǐn）、大临、尨（páng）降、庭坚、仲容、叔达……天下之民，谓之八恺。高辛氏有才子八人：伯奋、仲堪、叔献、季仲、伯虎、仲熊、叔豹、季狸……天下之民，谓之八元。"高辛氏，即帝喾，传说中的古代部落首领。高阳氏，即颛顼（zhuān xū），传说中的古代部族首领。

⑩ 皋、夔、稷、契：传说都是舜时的贤臣，分别被舜委任为管理刑法、音乐、农事和教育的长官。

⑪ 《书》：即《尚书》，是上古时期政府文告的汇编。引文见《尚书·周书·泰誓》篇。原文为："受有臣亿万，惟亿万心；予有臣三千，惟一心。"受，即纣，商代的亡国之君。惟：语气词，这里表判断语气。

⑫ 用：因此。

⑬ 汉献帝：名刘协，公元189年至220年在位。东汉的亡国之君。

⑭ 尽取天下名士囚禁之：东汉桓帝（147—167年在位）时，宦官专权，一些名士，如李膺、杜密、陈实等人因反对宦官而被诬为结党营私逮捕下狱，后赦免，但终身不许做官。到了灵帝（168—189年在位）时，李膺、陈蕃等一百多人被宦官曹节等杀害。本文说是汉献帝时的事，当系作者误记。

⑮ 黄巾贼起：公元184年，巨鹿人张角聚众数万人起义，因用黄巾裹头作为标志，故称为黄巾军。贼，是封建统治者对农民起义军的蔑称。

⑯ 朋党之论：唐宪宗时，代表士族地主的李吉甫与代表庶族地主的牛僧儒、李宗闵，各树朋党，互相斗争，历时四十余年，史称"牛李党争"。

⑰ 昭宗：唐昭宗名李晔，是唐朝的亡国之君（889—904年在位）。

⑱ "此辈清流，可投浊流"：唐哀帝天祐二年（905），权臣朱温在白马驿（今河南洛阳附近）杀大臣裴枢等人，朱温手下谋士李振曾多次考进士不中，深恨官绅，因此向朱温建议："此辈常自谓清流，宜投之黄河，使为浊流。"于是投尸黄河。文中说是昭宗时事，系作者误记。清流，清澈的流水，原指门阀制度中的士族地主官僚，后常用以称负有声望，不肯与权贵同流合污的士大夫。浊流，浑浊的水流。原指门阀制度中门第低下的庶族地主官僚，这里指品格卑污的人，是双关语。

⑲ 唐遂亡矣：唐哀帝天祐四年（907），朱温取代唐朝，立国号为"梁"。

⑳ 诮：讥嘲。
㉑ 厌：满足。
㉒ 迹：事迹。

【译文】

我听说朋党的说法，自古以来就有，只是希望君主能分辨出是君子还是小人罢了。大概地说，君子与君子，因为志同道合才结成朋党；小人与小人，因为共同的私利才结成朋党。这是很自然的道理。

然而我认为小人是没有朋党的，只有君子才有朋党。其中的缘故是什么呢？小人喜好的是私利和禄位，贪图的是财物。当他们私利相同时，暂时地勾结起来成为朋党，这种朋党是虚伪的。到了他们有利可图时便争先恐后地抢夺，到了无利可图时彼此的交往也就疏远了，甚至反过来互相残害，即使是他们的兄弟和亲戚，也不能互相保护。所以我认为小人没有朋党，那些暂时结为朋党的，也是虚伪的。君子就不是这样。他们遵守的是道和义，奉行的是忠诚信用，珍惜的是名誉气节。用这些来修养自身的品德，就能志同道合，互相帮助；用这些来为国家效力，就能齐心协力，同舟共济，从始至终都能坚持下来，这是君子的朋党。

所以作为君主，只应该斥退小人的假朋党，任用君子的真朋党，那么就天下大治了。

尧的时候，小人共工、驩兜等四人结为一个朋党，而君子八元、八恺等十六人结为一个朋党。舜辅佐尧，斥退四凶的小人朋党，任用八元、八恺的君子朋党，结果尧的天下达到大治。等到舜自己做天子的时候，皋、夔、稷、契等二十二人一同并立在朝廷上，互相赞美，互相谦让，共计二十二人结为一个朋党。而舜都重用他们，天下也得到大治。

《尚书》说："殷纣王有亿万个臣子，就有亿万条心；而周王有三千个臣子，却只有一条心。"商纣王时，亿万人各怀异心，可以说不是朋党了，然而纣王却因此而亡国。周武王的三千个臣子结为一个大的朋党，而周朝却因为重用了他们而国运兴盛。

东汉献帝时，曾把天下有名的贤士都逮捕囚禁起来，视之为党人。直到发生了黄巾起义，汉王朝大乱，这才悔悟，把全部党人都释放了，然而这时已经没有办法挽救了。

唐朝的晚年，逐渐兴起了关于朋党的议论。等到昭宗时，杀光了当朝的名士，有的还扔进黄河，说："这伙人都是清流，可把他们投入浊流。"而唐朝也就随之灭亡了。

前代的君主，能使人人各怀异心而不结为朋党的，没有谁比得上商纣王；能禁绝善良的人结为朋党的，没有谁比得上汉献帝；能残杀"清流"结成朋党的，没有哪个朝代比得上唐昭宗时代的。可是他们的国家也都因动乱而灭亡了。彼此赞美、互相谦让而不自相疑忌，没有谁比得上舜的二十二个臣子的，舜也不猜疑，并且全部重用他们。虽然这样，后世却没有谁讥讽舜被二十二人结成的朋党所蒙蔽，反而称赞舜是英明的圣王，这是因为舜能分辨君子和小人。周武王时代，全国的臣子三千人联合起来共同结成一个党。自古以来结成朋党的人数之多、规模之大，没有比得上周武王时期的。然而周朝因此而兴盛，其原因正是好人虽多而不嫌弃。

唉！上述历代或兴或亡或治或乱的史迹，做国君的人应该认真借鉴啊！

梅圣俞诗集序

欧阳修

予闻世谓诗人少达而多穷,夫岂然哉?盖世所传诗者,多出于古穷人之辞也。凡士之蕴其所有,而不得施于世者,多喜自放于山巅水涯之外,见虫鱼草木风云鸟兽之状类,往往探其奇怪;内有忧思感愤之郁积,其兴于怨刺,以道羁臣寡妇之所叹①,而写人情之难言;盖愈穷则愈工。然则非诗之能穷人,殆穷者而后工也。

予友梅圣俞,少以荫补为吏②,累举进士,辄抑于有司,困于州县,凡十馀年。年今五十,犹从辟(bì)书,为人之佐③。郁其所蓄,不得奋见于事业。其家宛陵④,幼习于诗。自为童子,出语已惊其长老。既长,学乎《六经》仁义之说⑤,其为文章,简古纯粹,不求苟悦于世,世之人徒知其诗而已。然时无贤愚,语诗者必求之圣俞;圣俞亦自以其不得志者,乐于诗而发之,故其平生所作,于诗尤多。世既知之矣,而未有荐于上者。昔王文康公尝见而叹曰⑥:"二百年无此作矣!"虽知之深,亦不果荐也。若使其幸得用于朝廷,作为《雅》、《颂》⑦,以歌咏大宋之功德,荐之清庙⑧,而追《商》、《周》、《鲁颂》之作者,岂不伟欤!奈何使其老不得志,而为穷者之诗,乃徒发于虫鱼物类、羁愁感叹之言。世徒喜其工,不知其穷之久而将老也!可不惜哉!

圣俞诗既多,不自收拾。其妻之兄子谢景初,惧其多而易失也,取其自洛阳至于吴兴以来所作⑨,次为十卷⑩。予尝嗜圣俞诗,而患不能尽得之,遽喜谢氏之能类次也,辄序而藏之。

其后十五年,圣俞以疾卒于京师,余既哭而铭之,因索于其家，得其遗稿千馀篇，并旧所藏，掇其尤者六百七十七篇，为一十五卷。呜呼！吾于圣俞诗论之详矣，故不复云。庐陵欧阳修序。

【注释】

① 羁臣：即"羁旅之臣"，语出《左传·庄公二十二年》，意即被贬在外的大臣。

② 荫补为吏：宋代官员按品级享有子弟受封官职的特权，称为荫子。梅圣俞没有考取功名，从父荫补太庙斋郎，历相城、河南、河阳三县主簿。吏，指低级官员。

③ 辟书：召聘书，指应某部门的长官的聘任。辟，召也。

④ 宛陵：今安徽宣城。

⑤ 《六经》：古人以《易》、《书》、《诗》、《礼》、《乐》和《春秋》为《六经》。

⑥ 王文康公：字晦叔，河南人。宋仁宗时任枢密使等，死后谥为"文康"。

⑦ 《雅》、《颂》：《诗经》分《风》、《雅》、《颂》三类。《雅》分《大雅》和《小雅》；《颂》包括《商颂》、《周颂》、《鲁颂》三部分。

⑧ 清庙：宗庙。

⑨ 吴兴：今浙江嘉兴西。

⑩ 次：编。

【译文】

我听到世人都说诗人得志的少而失意的多，难道真的是这样吗？这大概是世间流传下来的诗歌大多是古代贫困的人的作品的缘故吧。凡是有才能和抱负而又在社会上不能施展的读书人，大都乐意在山林水边放浪自己，看见虫鱼草木、风云鸟兽等自然事物，往往要探索它们的奇特怪异之处。内心又郁积着忧愁、感慨和愤激，创作的欲望由哀怨和讽刺而生，用来表达外放的官员和寡妇的叹息，表达人们难以言传的感受。大概是越穷困潦倒就越能写出好作品来。这样说来，不是写诗使人穷困，应该是因为穷困了，才能写出好诗吧。

  我的朋友梅圣俞，年轻时由于荫袭而补为小官，虽屡次参加进士考试，但老是得不到主考官的赏识，困顿在州县共十多年。年纪快五十岁了，还要靠人家下聘书，当人家的幕僚。蓄积已久的才能，不能在事业上大显身手。他的家乡是宛陵，从小就学习写诗，当还是一个孩子时，写出的诗句就已让师长前辈们惊异。年龄稍大了，便学习《六经》中的仁义道理。他写的文章简洁古朴，不得过且过地迎合世俗求得人们的喜欢，因此人们只知道他的诗罢了。但是当时不管是贤明的还是愚昧的人，谈到诗歌必然要求教于圣俞。圣俞也喜欢把自己不得志的心情通过诗歌来抒发出来。因此他一生的作品中，诗歌写得尤其多。世人已经知道他了，但是没有向上推荐他的。过去王文康公曾看到他的诗作而慨叹说："二百年来没有这样的作品啦！"虽然对他了解很深，还是没有向上推荐他。如果他有幸得到朝廷的任用，写出像《雅》、《颂》那样的作品，来歌颂大宋王朝的功绩、恩德，把它们献给宗庙，从事《商颂》、《周颂》、《鲁颂》的作者们的事业，难道不是很伟大吗？怎么会使他到老也不得志，而只写穷困者的诗歌，空借虫鱼等物来抒发感情和感叹羁旅愁苦的词句呢？世人只知道喜爱他精美的诗篇，却不知道他长久穷困而且将要衰老了。怎能不令人惋惜啊！

  圣俞的诗很多，自己却不注意收集整理。他的内侄谢景初担心他的诗太多了容易散失，就选取他从洛阳到吴兴以来所作的诗，编为十卷。我特别喜欢圣俞的诗，可是担心不能全部得到它，因此很高兴谢氏能把它们分类编辑，立刻就写了这篇序言并且收藏起来。

  从那以后又过了十五年，圣俞因病死在京城。我哭着为他写了墓志铭后，就向他家索求他的诗，得到他的遗稿一千余篇。加上过去我所收存的，选择其中最好的六百七十七篇，编成十五卷。唉！我对圣俞的诗已经评论得很详尽了，所以不再多说了。庐陵欧阳修序。

五代史伶官传序

欧阳修

呜呼！盛衰之理，虽曰天命，岂非人事哉？原庄宗之所以得天下①，与其所以失之者，可以知之矣。

世言晋王之将终也②，以三矢赐庄宗而告之曰："梁③，吾仇也；燕王④，吾所立；契丹与吾约为兄弟⑤，而皆背晋以归梁。此三者，吾遗恨也。与尔三矢，尔其无忘乃父之志⑥！"庄宗受而藏之于庙。其后用兵，则遣从事以一少牢告庙⑦，请其矢，盛以锦囊，负而前驱，及凯旋而纳之。

方其系燕父子以组⑧，函梁君臣之首⑨，入于太庙，还矢先王，而告以成功，其意气之盛，可谓壮哉！及仇雠（chóu）已灭⑩，天下已定，一夫夜呼⑪，乱者四应，仓皇东出，未见贼而士卒离散，君臣相顾，不知所归，至于誓天断发，泣下沾襟，何其衰也！岂得之难而失之易欤？抑本其成败之迹⑫，而皆自于人欤⑬？

《书》曰："满招损，谦得益⑭。"忧劳可以兴国，逸豫可以亡身⑮，自然之理也。故方其盛也，举天下之豪杰，莫能与之争；及其衰也，数十伶人困之⑯，而身死国灭，为天下笑。夫祸患常积于忽微⑰，而智勇多困于所溺⑱，岂独伶人也哉！

【注释】

① 原：考察。庄宗：五代时后唐庄宗李存勖（xù）。后梁龙德三年（923）称帝，建都洛阳，国号唐，同年灭后梁，三年后即同光四年（926）兵变被杀。
② 晋王：李存勖的父亲李克用。

③ 梁：指五代后梁。后梁太祖朱温曾参加黄巢起义，后降唐，封梁王，曾与李克用父子长期交战。

④ 燕王：刘守光，晋王曾封他为燕王。

⑤ 契丹：居住在辽河上游一带的少数民族，916年建契丹国，后改称辽国。辽太祖耶律阿保机曾与晋王约为兄弟。

⑥ 其：语气副词，一定。乃：你。

⑦ 从事：三公及州郡长官的僚属。这里泛指一般官员。少牢：古代祭祀，牛、羊、猪各一称太牢，只有羊、猪为少牢。

⑧ 方：正当。系：捆绑。组：古代指丝带。这里指绳索。

⑨ 函：匣，盒子。这里用作动词，用木盒子装起来。

⑩ 仇雠：仇人。

⑪ 一夫：指皇甫晖。后唐庄宗杀死大臣郭崇韬，一时人心浮动，军士皇甫晖乘时作乱，攻入邺都。

⑫ 本：考察原因。

⑬ 自：由于。

⑭ 满招损，谦得益：出自《尚书·大禹谟》。

⑮ 逸豫：安逸。

⑯ 数十伶人困之：926年，伶人郭从谦指挥一部分禁卫军作乱，李存勖中流矢而死。伶人，乐官。

⑰ 忽微：形容细小。

⑱ 溺：沉迷。

【译文】

唉！国家兴盛衰亡变化的规律，虽说是出于天意，难道与人力作用没有关系吗？探究后唐庄宗得到天下以及最后又失去天下的原因，就可以明白这个道理。

世人传言晋王李克用临死的时候，曾将三支箭赐给庄宗并告诫他说："梁，是我们的仇敌；燕王，是我们扶植起来的；契丹，曾和我们约好为兄弟，可是他们都背叛了后晋而归附于梁。这三件事情，是我的遗恨。给你三支箭，你一定不要忘记你父亲的心愿啊！"庄宗接受了这三支箭，并收藏在太庙里。此后，每逢打仗就先派人用少牢祭祀太庙，然后把箭"请"出来，放在织锦的袋子里，背着它们冲杀在战场的最前面，等到胜利归来，再把它们送回太庙。

那时，庄宗用绳子捆绑了燕王父子，用木匣子装着梁国君臣的人头，送到太庙里，把箭还给先王，祭告已经报仇雪恨、遗愿完成，精神气概是那样旺盛，真可以称得上雄壮啊！等到仇敌都消灭了，天下平定了，一名普通士兵夜里一声呼叫，叛乱者就四方响应，庄宗慌乱中向东奔逃，还没有见到敌人，将士就已溃散了，君臣则面面相觑，不知投奔何方，以至于大臣割发对天发誓以死尽忠，君臣相泣，泪湿衣襟，这又是何等凄惨衰弱的景象啊！难道真是得天下难而失去天下容易吗？还是推究他成功与失败的原因，其实都是由于人的作用呢？

《尚书》说："自满会带来损害，谦虚会使人受益。"忧患辛劳可以使国家兴盛，安逸享乐可以使自己灭亡，这是必然的规律。所以，当他强大的时候，天下的英雄都不能和他对抗；而转到他衰败落魄的时候，几十个乐官就可以制服他，使他身死国亡，被天下人讥笑。如此看来，祸患和危难，常常是由一些细微的小事逐渐积累起来的，智勇双全的人，则往往被他沉迷的东西困扰消耗掉，这是普遍规律，难道仅仅是乐官的事吗！

醉翁亭记

欧阳修

环滁（chú）皆山也①。其西南诸峰，林壑（hè）尤美，望之蔚然而深秀者，琅琊（láng yá）也②。山行六七里，渐闻水声潺潺，而泻出于两峰之间者，酿泉也。峰回路转，有亭翼然临于泉上者，醉翁亭也。作亭者谁？山之僧智仙也。名之者谁？太守自谓也③。太守与客来饮于此，饮少辄醉，而年又最高，故自号曰醉翁也。醉翁之意不在酒，在乎山水之间也。山水之乐，得之心而寓之酒也。

若夫日出而林霏（fēi）开④，云归而岩穴暝⑤，晦明变化者，山间之朝暮也。野芳发而幽香，佳木秀而繁阴⑥，风霜高洁，水落而石出者，山间之四时也。朝而往，暮而归，四时之景不同，而乐亦无穷也。

至于负者歌于途，行者休于树，前者呼，后者应，伛偻（yǔ lǚ）提携，往来而不绝者⑦，滁人游也。临溪而渔，溪深而鱼肥；酿泉为酒，泉香而酒洌（liè）⑧；山肴（yáo）野蔌（sù）⑨，杂然而前陈者，太守宴也。宴酣之乐，非丝非竹⑩，射者中⑪，弈者胜；觥（gōng）筹交错⑫，起坐而喧哗者，众宾欢也。苍颜白发，颓然乎其间者⑬，太守醉也。

已而夕阳在山，人影散乱，太守归而宾客从也。树林阴翳（yìn yì）⑭，鸣声上下，游人去而禽鸟乐也。然而禽鸟知山林之乐，而不知人之乐；人知从太守游而乐，而不知太守之乐其乐也。醉能同其乐，醒能述以文者，太守也。太守谓谁？庐陵欧阳修也⑮。

【注释】

① 滁：州名，治所在今安徽滁县。
② 壑：山谷。琅玡：山名，在滁县西南，相传因东晋琅玡王司马睿（元帝）曾避难于此而得名。
③ 太守：郡的行政长官。宋代废郡设州（或府），无太守职称，但人们常把知州（或知府）仍称作太守。这里是作者沿用前代官衔以自指。
④ 林霏：林中云气。
⑤ 暝：昏暗。
⑥ 繁阴：浓郁的树荫。
⑦ 伛偻：弯腰驼背，指老年人。提携：用手搀扶，指儿童。
⑧ 洌：清凉。
⑨ 山肴：野味。肴，鱼肉等荤菜。野蔌：野菜。
⑩ 丝、竹：这里泛指音乐。丝，弦乐器。竹，管乐器。
⑪ 射：投壶，古代宴会时常玩的一种游戏，用箭状的筹棒去投向长颈形的壶里，按投中的次数多少决定胜负，输了的罚酒。
⑫ 觥：酒杯。筹：酒筹，行酒令时用以计数的签子。
⑬ 颓然：酒后昏沉欲倒的样子。
⑭ 阴翳：树荫覆盖。翳：遮蔽。
⑮ 庐陵：县名，今江西吉安。是欧阳修的祖籍。

【译文】

　　滁州城被四周的群山环绕着。它的西南方向的那些山峰，森林茂盛，沟壑尤其秀美。放眼望去，那草木繁茂，山林幽深而秀丽的地方，就是琅玡山。沿着山路走六七里，就会渐渐听见淙淙的流水声，从那两座山峰之间流泻下来的就是酿泉。山峰回环，道路盘旋，看见有个亭子架在泉水之上，亭子的四角飞檐好像展翅欲飞的样子，这就是醉翁亭。建造亭子的人是谁呢？就是这座山上一个叫智仙的和尚。给它命名的人是谁呢？就是太守用自己的雅号给它定的名字。太守同宾客们来到这里喝酒，稍微喝一点酒就醉了，并且年纪又最大，因此自己给自己取了个别号叫醉翁。醉翁的本意并不在饮酒，而在于山水之间。游赏山水的乐趣，领略在心里，而寄托在酒中！

如果太阳早上出来，林中的雾气就消散了；到了晚上烟云归集拢来，山岩洞穴就又昏暗了，这种明暗晴朗的变化，就是山间的早晚景象。野花开放，香气清幽，树木繁茂，一片浓密的树荫。到了秋天，霜色洁白；冬天则水浅石出。这就是山中四季景色。如果早晨进山，傍晚归来，四季的景色又各不相同，这其中的乐趣也是无穷无尽的。

至于那些背东西的人在路上唱歌，行人在树下休息，前面的人大声呼唤，后面的人随声应答，驼背老人和被领着的孩子往来不绝，都是来游山的滁州人。到溪边钓鱼，溪水深而鱼也肥；用酿泉的水酿酒，泉水香甜，酒味清纯；把各种野味和野菜错杂地摆在桌子上，这就是太守的宴会。宴饮酣畅的乐趣，不在弹琴奏乐，而是投壶和下棋，投壶的投中了，下棋的下赢了，酒杯和筹码杂乱交错，人们时起时坐，大声喧哗，这就是宾客们欢乐的情景。那位面容苍老，头发斑白，醉倒在他们中间的，就是喝醉了的太守。

过了一会儿，夕阳落在山头，人影散乱，这是宾客们跟随着太守回去了。这时树木浓密成荫，鸟鸣声此起彼伏，这是游人离去了而鸟儿在欢唱。然而，鸟儿只知道山林的乐趣，而不知道人的乐趣；人们只知道跟着太守游览山水的乐趣，却不知道太守也以他们的快乐为快乐啊。醉了，能同大家一起共享游山的乐趣，醒了，又能把这种快乐情景写成文章的，就是太守。太守是谁呢？就是庐陵的欧阳修。

留侯论

苏轼

　　古之所谓豪杰之士，必有过人之节。人情有所不能忍者，匹夫见辱，拔剑而起，挺身而斗，此不足为勇也。天下有大勇者，卒（cù）然临之而不惊①，无故加之而不怒。此其所挟持者甚大，而其志甚远也。

　　夫子房受书于圯（yí）上之老人也②，其事甚怪。然亦安知其非秦之世有隐君子者，出而试之？观其所以微见其意者，皆圣贤相与警戒之义。而世不察，以为鬼物，亦已过矣。且其意不在书。当韩之亡、秦之方盛也，以刀锯鼎镬待天下之士③，其平居无罪夷灭者，不可胜数。虽有贲（bēn）、育④，无所获施。夫持法太急者，其锋不可犯，而其末可乘。子房不忍忿忿之心，以匹夫之力，而逞于一击之间⑤。当此之时，子房之不死者，其间不能容发，盖亦已危矣。千金之子，不死于盗贼。何者？其身可爱，而盗贼之不足以死也。子房以盖世之才，不为伊尹、太公之谋⑥，而特出于荆轲、聂政之计⑦，以侥幸于不死，此圯上之老人所为深惜者也。是故倨傲鲜腆（tiǎn）而深折之，彼其能有所忍也，然后可以就大事，故曰："孺子可教也。"

　　楚庄王伐郑，郑伯肉袒牵羊以迎⑧。庄王曰："其主能下人，必能信用其民矣。"遂舍之。勾践之困于会稽⑨，而归臣妾于吴者，三年而不倦。且夫有报人之志，而不能下人者，是匹夫之刚也。夫老人者，以为子房才有余而忧其度量之不足，故深折其少年刚锐之气，使之忍小忿而就大谋。何则？非有平生之素，卒然相遇于草野之间，而命以仆妾之役，油然而不怪者，此固秦皇之所不能惊，而项籍之所不能怒也。

观夫高祖之所以胜，而项籍之所以败者，在能忍与不能忍之间而已矣。项籍唯不能忍，是以百战百胜而轻用其锋；高祖忍之，养其全锋而待其敝，此子房教之也。当淮阴破齐而欲自王⑩，高祖发怒，见于词色。由是观之，犹有刚强不能忍之气，非子房其谁全之！

太史公疑子房以为魁梧奇伟⑪，而其状貌乃如妇人女子，不称其志气。呜呼！此其所以为子房欤！

【注释】

① 卒然：突然。卒，同"猝"。
② 子房：即张良，后封为留侯。圯：楚地俗称桥为"圯"。关于张良受书的传说，《史记·留侯世家》上记载：张良在下邳，于圯上逢见一老者，老者故意将鞋弄到桥下，叫张良下去拾。张良"愕然，欲殴之，为其老，下取履"。但老人又令他穿鞋，张良只好替他穿上。老人遂说："孺子可教矣。"让他五日后的早晨在桥头等候，张良去时，老人已先在，嫌他迟到，又再推迟五日，直到第三次约会时，张良"夜未半而往"，总算在老人之前来到桥头，于是老人赠他一部《太公兵法》，曰："读此，则为帝王师矣。"人称老人为"黄石公"。
③ 刀锯鼎镬：都是古代杀人的工具，此处指以暴力对人。
④ 贲：孟贲。育：夏育。两人都是先秦时卫国著名的勇士。
⑤ 一击：《史记·留侯世家》载，秦灭韩后，张良为韩报仇，请一位力士，用一个一百二十斤重的铁锥，当"秦始皇东游，良与客狙击秦始皇帝博浪沙中，误中副车。秦皇帝大怒，大索天下，求贼甚急，为张良故也"。
⑥ 伊尹：商朝开国功臣，佐商汤灭夏。太公：即太公望，吕尚，佐

⑦ 荆轲：为燕国刺秦王的刺客。聂政：刺杀韩相侠累的刺客。
⑧ 楚庄王伐郑，郑伯肉袒牵羊以迎：事见《左传·宣公十二年》。春秋时期，楚庄王讨伐郑国，郑襄公袒露身体，牵着羊去迎接他，说："孤不天，不能事君，使君怀怒，以及敝邑，孤之罪也，敢不唯命是听！"楚庄王因而退军三十里，楚郑之战得以和平解决。
⑨ "勾践之困于会稽"等三句：即"卧薪尝胆"的故事，见《国语·越语》。会稽，山名，在今浙江中部。
⑩ 淮阴：淮阴侯韩信。韩信王欲为齐王的事，《史记·淮阴侯列传》中这样记载："当是时，楚方急围汉王于荥阳，韩信使者至，发书，汉王大怒，骂曰：'吾困于此，旦暮望若来佐我，乃欲自立为王！'张良、陈平蹑其足，因附耳语曰：'汉方不利，宁能禁信之王乎？不如因而立，善遇之，使自为守；不然，变生。'汉王亦悟，因复骂曰：'大丈夫定诸侯，即为真王耳，任以假为！'乃遣张良往立信为齐王。"韩信后来封为淮阴侯，故以"淮阴"称韩信。
⑪ 太史公：即司马迁。

【译文】

古时候所说的英雄豪杰，一定有超过常人的节操。能忍受一般人不能忍受的境遇，普通人一旦受了侮辱，拔剑而起，挺身而斗，这都称不上勇敢。天下有那种真正有大勇的人，意外事件突然降临而不惊慌，屈辱无故地加在他头上也不愤怒。这是由于他的抱负远大，而他的志向很高远的缘故啊。

张良在桥上接受老人的赠书，这事看来很奇怪。但是怎么会知道这不是秦朝隐居的一位君子，出来试探考验他的呢。观察他所做的那件小事中所体现出来的意思，都是古来圣贤互相警戒的道理。可是世人不留心考察，就以为是鬼神，也太错误了吧。况且老人的真实意图并不在授书。在韩国灭亡、秦朝正当强盛的时候，它是用刀锯和烹炸人的大锅来对待普天下人的。即使那些平常在家无罪的人,遭杀身灭族之祸的也不计其数。这时虽然有孟贲、夏育那样的勇士,也无法获得施展的机会。施行法律过于急切的人,他的锋芒是不可冒犯的,但当它锋芒过后就可有可乘之机了。子房忍耐不住愤怒的心情,只凭借个人的力量,竟想得逞于一次突然袭击之中。这个时候,张良居然没有死,生死只有一根头发那样细的间隙,真是太危险了。家有千金的人,不会死在和盗贼搏斗上,为什么呢?自己的身体很值得爱护,犯不上和盗贼去拼命啊。子房凭着盖世的才能,不去考虑伊尹、太公那种重大谋略,却单单学习荆轲、聂政之流的行刺小计,企图侥幸于偶然得逞而还能保住性命,这就是圯上老人所深深为他惋惜的啊。因此,老人以倨傲无礼的态度狠狠地让他受了一番挫折,他如果能有所忍耐,然后才可以成就大事业,所以老人才说:"这孩子是可以教育的啊。"

楚庄王攻伐郑国,郑襄公袒着膀子牵着羊来迎接。楚庄王说:"郑国的君主能对人谦下,一定也能够以信义管理他的人民。"于是释放了他。越王勾践被围困于会稽山时,能以奴婢的身份到吴国为人质,三年而不敢懈怠。那些有报仇的志气,但是不能暂时屈身下人的,是普通人的刚强啊。圯上老人以为子房的才能有余,而担心他的度量不足,所以深深地挫折他的年轻人刚强的锐气,使他能忍受小的愤怒而成就他远大的谋略。为什么呢?如果没有平生的素养,偶然相遇于乡野之间,却命令他做奴婢所干的事,却能从容处之而不见怪的,这正是秦始皇所不能使他惊慌,也是项羽不能使他激怒的原因啊。

观察汉高祖之所以取得胜利,项羽之所以失败的原因,就在于能忍耐与不能忍耐之间罢了。项羽就是不能忍耐,所以逢仗必打,每打务必取胜,因而是轻易地使用了他的力量;但是汉高祖却能忍耐,蓄养了自己全部精锐的力量,而等待项羽的疲敝,这正是子房教他这样做的吧。当淮阴侯韩信攻陷了齐国,而想要自己称王时,汉高祖发怒了,而且表现在言词和神情上。由此看来,他犹有刚强不能忍受的脾气,如果不是子房的劝诫，又有谁能来成全他呢？

太史公司马迁曾发出疑问：原以为子房是个魁梧奇伟的人，然而发现其貌相却宛如妇人一样，认为和他的胸怀和气度不相称。唉，这大概就是他之所以成为子房的原因吧！

凌虚台记

苏轼

国于南山之下,宜若起居饮食与山接也。四方之山,莫高于终南①,而都邑之丽山者,莫近于扶风②。以至近求最高,其势必得,而太守之居,未尝知有山焉。虽非事之所以损益,而物理有不当然者,此凌虚之所为筑也。

方其未筑也,太守陈公杖履逍遥于其下③。见山之出于林木之上者,累累如人之旅行于墙外而见其髻也,曰:"是必有异。"使工凿其前为方池,以其土筑台,高出于屋之檐而止。然后人之至于其上者,恍然不知台之高,而以为山之踊跃奋迅而出也。公曰:"是宜名凌虚。"以告其从事苏轼,而求文以为记。

轼复于公曰:"物之废兴成毁,不可得而知也。昔者荒草野田,霜露之所蒙翳,狐虺(huī)之所窜伏。方是时,岂知有凌虚台耶?废兴成毁,相寻于无穷,则台之复为荒草野田,皆不可知也。尝试与公登台而望,其东则秦穆之祈年④、橐泉也,其南则汉武之长杨、五柞⑤,而其北则隋之仁寿、唐之九成也⑥。计其一时之盛,宏杰诡丽,坚固而不可动者,岂特百倍于台而已哉!然而数世之后,欲求其仿佛,而破瓦颓垣无复存者,既已化为禾黍荆棘丘墟陇亩矣,而况于此台欤!夫台犹不足恃以长久,而况于人事之得丧,忽往而忽来者欤?而或者欲以夸世而自足,则过矣。盖世有足恃者,而不在乎台之存亡也。"

既以言于公,退而为之记。

【注释】

① 终南:终南山,一称南山,在陕西西安南,秦岭的主峰之一。
② 扶风:县名,此指凤翔治所。
③ 太守陈公:太守为汉代郡的长官,此指知府。陈公,陈希亮。
④ 秦穆:即秦穆公,春秋时秦国的国君。祈年:即秦穆公的祈年宫,又名橐泉宫。
⑤ 汉武:即汉武帝刘彻。长杨:汉武帝的长杨狩猎场。五柞:即五柞宫。
⑥ 仁寿:即仁寿宫,隋代修建而成。九成:即九成宫。贞观五年(631),唐太宗将仁寿宫改建为九成宫。

【译文】

城郭建立在南山下面,自然是起居饮食都和青山不可分开了。四方的山,没有高过终南山的,而靠近终南山的城郭,也没有比扶风再靠近的了。在距山最近的地方来眺望山的最高处,从地势上说是做得到的,然而太守住在这里,却不曾知道还有高山在这里呢。这虽然不是什么影响到政事的事情,但是按常理来说不该是这个样子。这就是建造凌虚台的缘故了。

当此台还没兴建以前,太守陈公拄着杖穿着鞋在它下面漫步时,看见峰尖在丛林上面冒出,一个连一个,宛如行人在墙外经过而墙内只看见他头顶上的发髻一般,就说:"这儿必定有奇异的地方。"于是命令工匠在山前边开凿成一个方池,然后用挖掘出的土筑起高台,一直到高出屋檐之上才停止。这样一来,登高台的人,恍惚之间却没有觉出台子的高来,竟以为是山峦跳跃奔腾,突然间从下面长出来似的。陈公说:"这个台应当叫作凌虚台。"他把这个意思告诉他的下属苏轼,并要求他写一篇记。

苏轼回复陈公说:"事物的废与兴、成与毁,是不能够事先知道的。从前这里是荒草野地,露水寒霜覆盖,狐狸长蛇出没,在那时候,怎能会知道有座凌虚台呢?废与兴、成与毁交相更替,无穷无尽,所以,这个高台是否变为荒草野地，都是不可预知的啊。我曾经与您登台远望：那东面就是秦穆公的祈年宫或橐泉宫的遗址，在它南面就是汉武帝当年的长杨苑和五柞神宫的废墟，而它的北面就是隋朝的仁寿宫、唐代的九成宫了。考虑它们兴盛时的状况，那宏伟高大华丽的外貌，坚固而不可动摇的气势，哪里只是超过这个高台一百倍呢？可是几代以后，如果想要看到它们大致的样子，甚至连破瓦断墙也都没有了，早就已经变成长庄稼的田地和生满荆棘的荒丘了，更何况这样的土台呢！这样的高台尚且不能保证长久存在，又何况是人事的得失是那样来去无定呢？如果有人想利用这一建筑向世人炫耀而且自足，那就错了。大概世上有足以依靠的东西，然而，却不在于一座土台的存在或消失。"

我把这话回复了陈公后，回来就写了这篇记文。

前赤壁赋

苏轼

壬戌之秋①,七月既望②,苏子与客泛舟游于赤壁之下。清风徐来,水波不兴。举酒属(zhǔ)客,诵"明月"之诗③,歌"窈窕"之章④。少焉,月出于东山之上,徘徊于斗、牛之间⑤。白露横江,水光接天。纵一苇之所如⑥,凌万顷之茫然。浩浩乎如冯(píng)虚御风,而不知其所止;飘飘乎如遗世独立,羽化而登仙⑦。

于是饮酒乐甚,扣舷而歌之。歌曰:"桂棹兮兰桨,击空明兮溯流光。渺渺兮予怀,望美人兮天一方⑧。"客有吹洞箫者,依歌而和之。其声呜呜然,如怨如慕,如泣如诉;余音袅袅,不绝如缕。舞幽壑之潜蛟,泣孤舟之嫠(lí)妇⑨。

苏子愀(qiǎo)然⑩,正襟危坐而问客曰:"何为其然也?"

客曰:"'月明星稀,乌鹊南飞',此非曹孟德之诗乎⑪?西望夏口⑫,东望武昌⑬,山川相缪(liáo),郁乎苍苍,此非孟德之困于周郎者乎⑭?方其破荆州,下江陵⑮,顺流而东也。舳舻千里,旌旗蔽空,酾(shī)酒临江⑯,横槊赋诗⑰,固一世之雄也,而今安在哉?况吾与子渔樵于江渚之上,侣鱼虾而友麋鹿。驾一叶之扁舟,举匏樽以相属(zhǔ)⑱。寄蜉蝣于天地⑲,渺沧海之一粟。哀吾生之须臾,羡长江之无穷。挟飞仙以遨游,抱明月而长终。知不可乎骤得,托遗响于悲风。"

苏子曰:"客亦知夫水与月乎?逝者如斯,而未尝往也;盈虚者如彼,而卒莫消长也。盖将自其变者而观之,则天地曾不能以一瞬;自其不变者而观之,则物与我皆无尽也,而又何羡乎?且夫天地之间,物各有主。苟非吾之所有,虽一毫而莫取。惟江上之清风，与山间之明月，耳得之而为声，目遇之而成色，取之无禁，用之不竭，是造物者之无尽藏也，而吾与子之所共适。"

客喜而笑，洗盏更酌，肴核既尽[20]，杯盘狼藉。相与枕藉乎舟中，不知东方之既白。

【注释】

① 壬戌：宋神宗元丰五年（1082）。
② 既望："望"即农历每月的十五日，"既望"意思是过了十五日，即十六日。既，尽也。
③ "明月"之诗：是指《诗经·陈风·月出》篇。
④ "窈窕"之章：是指《月出》的第一章《月出皎兮》。
⑤ 斗、牛：斗、牛各是黄道二十八宿之一。斗，亦称南斗。牛，亦称"牵牛"。二宿均在银河系南端。
⑥ 一苇：指小船。
⑦ 羽化：传说仙人能飞升，故称成仙为羽化。
⑧ "桂棹兮兰桨"等四句：此歌的风格是模仿《楚辞》。
⑨ 嫠妇：寡妇。
⑩ 愀然：不乐的样子。
⑪ 曹孟德：曹操，字孟德。"月明星稀，乌鹊南飞"两句，是他《短歌行》里的诗句。
⑫ 夏口：即今汉口。
⑬ 武昌：指今湖北鄂州，不是现在的武昌城。
⑭ 周郎：即东吴大将周瑜。
⑮ 江陵：古地名，今属湖北。
⑯ 酾酒：原意是滤酒，这里指向江里洒酒。
⑰ 槊：长矛。
⑱ 匏樽：一种酒器。

⑲ 蜉蝣：一种只能活几个小时的小虫，这里用以比喻人生之短。
⑳ 肴：菜肴。核：果品。

【译文】

壬戌年的秋天，七月十五日刚过，我和客人乘船在赤壁下的江面游览。清风徐徐吹来，水面上没有泛起一点波纹。于是举起酒来敬客，吟诵"明月"诗篇，歌唱"窈窕"乐章。不一会儿，月亮在东面的山巅上升起，逗留在南斗和牛宿二星宿中间。江上白雾弥漫，水光连着青天。任凭一片苇叶似的小船自由漂荡在茫茫无边的万顷江面上。浩浩荡荡，好像是乘风飞去，不知将停在哪里；飘飘荡荡，好似离开了人间，自由自在，背上长了翅膀，变成了神仙。

在这时，我们酒喝得特高兴，敲着船舷唱起歌来。唱道："桂木的棹啊兰木的桨，拍打起这一片清澈透明的江水啊，船头穿过那流动的银光。茫然啊我的情怀，望美人啊在那遥远的地方。"客人中有吹洞箫的，随着歌声应和起来。声音呜呜咽咽，像是怨恨，又像是思慕，宛如哭泣，又如倾诉，余音袅袅，好似一根细丝绵绵不断，使潜伏在幽深洞穴里的蛟龙起舞，让在孤零零的小船上的寡妇放声大哭。

我不由得伤感起来，整理一下衣襟，端正地坐好，向客人问道："为什么箫声这样凄凉啊？"

客人答道："'月明星稀，乌鹊南飞'，这不是曹孟德的诗句吗？西望夏口，东望武昌，山河缭绕，郁郁苍苍，这不是曹孟德被周瑜所击败的地方吗？当他攻破荆州，攻取江陵，顺着长江东下的时候，战船千里相接，旗帜遮天蔽日，临江洒酒祭奠，横握着长矛作诗，真是一代的英雄啊，但是现在却在哪儿呢？何况我和您不过是在江边捕鱼，在沙洲上打柴，和鱼虾做伴侣，同麋鹿交朋友的人。我们驾着一叶小船，举着酒葫芦互相敬酒，只是像蜉蝣一样短暂地寄存在天地之间，渺小得像那大海中一颗谷粒。哀叹我生命的短暂，羡慕那滔滔不尽的长江水，真想和仙人一同去漫游，和明月一起长生。我知道这是不可能马上得到的,只好把这箫声的余韵寄托给悲凉的寒风。"

我说:"客人也知道那水和月亮吗?所谓'逝去的像这流水',其实是它并没有流逝;月亮有圆有缺,可是它始终没有增也没有减。如果从事物的变化的一面来看,那么天长地久也不过是一眨眼的工夫;若从不变的方面来看,万物和我们都是永远存在的啊,又何必羡慕它们呢?况且,这天地之间,物各有主,如果不归我所有,就一丝一毫也不能得到。只有江上的清风和山间的明月,耳朵听到了就成为声音,眼睛看见了就成为颜色;占有它们,没有人禁止,享用它们,也不会用光。这是上天赐给我们的无穷无尽的宝藏啊,它们是我和您能共同享受的。"

客人高兴地笑了,洗洗酒杯,重新斟酒。菜肴果品吃光了,酒杯盘子杂乱地摆着。大家枕靠着睡在船中,不知不觉东方已经发出白色的曙光。

六国论

苏辙

尝读六国世家①，窃怪天下之诸侯，以五倍之地、十倍之众，发愤西向，以攻山西千里之秦②，而不免于灭亡。常为之深思远虑，以为必有可以自安之计。盖未尝不咎其当时之士，虑患之疏而见利之浅，且不知天下之势也。

夫秦之所与诸侯争天下者，不在齐、楚、燕、赵也，而在韩、魏之郊③；诸侯之所与秦争天下者，不在齐、楚、燕、赵也，而在韩、魏之野④。秦之有韩、魏，譬如人之有腹心之疾也。韩、魏塞秦之冲⑤，而蔽山东之诸侯，故夫天下之所重者，莫如韩、魏也。昔者范雎（jū）用于秦而收韩⑥，商鞅用于秦而收魏⑦。昭王未得韩、魏之心⑧，而出兵以攻齐之刚、寿⑨，而范雎以为忧，然则秦之所忌者可见矣。

秦之用兵于燕、赵，秦之危事也。越韩过魏而攻人之国都，燕、赵拒之于前，而韩、魏乘之于后，此危道也。而秦之攻燕、赵，未尝有韩、魏之忧，则韩、魏之附秦故也。夫韩、魏诸侯之障，而使秦人得出入于其间，此岂知天下之势耶？委区区之韩、魏⑩，以当强虎狼之秦，彼安得不折而入于秦哉⑪？韩、魏折而入于秦，然后秦人得通其兵于东诸侯，而使天下遍受其祸。

夫韩、魏不能独当秦，而天下之诸侯藉之以蔽其西，故莫如厚韩亲魏以摈（bìn）秦⑫。秦人不敢逾韩、魏以窥齐、楚、燕、赵之国，而齐、楚、燕、赵之国，因得以自完于其间矣。以四无事之国，佐当寇之韩、魏，使韩、魏无东顾之忧，而为天下出身以当秦兵。以二国委秦，而四国休息于内，以阴助其急，若此可以应夫无穷，彼秦者将何为哉？不知出此，而乃贪疆埸尺寸之利，背盟败约，以自相屠灭。秦兵未出，而天下诸侯已自困矣。至于秦人得伺其隙⑬，以取其国，可不悲哉！

【注释】

① 六国世家：指《史记》中记载的齐、楚、燕、赵、韩、魏六个诸侯国。世家，是《史记》中传记的一种体裁，主要叙述世袭诸侯国君的事迹。
② 山西：战国时称崤山以西的地区为山西。秦国地处崤山以西，与"山东"的六国相对。
③ 郊：泛指国土。
④ 野：泛指国土。
⑤ 冲：交通要道。
⑥ 范雎：战国时魏人。曾游说秦昭王，被任为秦相，向秦昭王提出远交近攻的战略，使秦国强大起来，进而吞并了六国。
⑦ 商鞅：战国时卫人。姓公孙，名鞅，曾辅佐秦孝公，建议孝公伐魏，并用计战胜了魏军，俘获了魏公子卬（áng）。因功封于商，号商君，又称商鞅。
⑧ 昭王：即秦昭王。
⑨ 刚、寿：齐地。今山东兖州、东平。
⑩ 委：丢弃，放弃。
⑪ 折：折服，屈服。
⑫ 摈：排斥，摈弃。
⑬ 隙：空子，时机。

【译文】

我曾经阅读《史记》中的六国世家，私下里感到奇怪的是，天下的各诸侯国，凭着五倍于秦国的土地、十倍于秦国的民众，决然向西进兵，去攻打崤山以西方圆千里的秦国，却竟然不能免于灭亡。我常常替他们对这个问题作深入的思考，认为必然会有可以使六国保全自己的策略。因此，我未尝不责怪当时六国那班谋士，他们考虑祸患太疏忽大意，谋取利益的目光太短浅，而且不能正确明白天下的形势。

秦国要同各诸侯国争夺天下的要害所在，不是在齐、楚、燕、赵四国，而是在韩、魏两国的土地上；各诸侯国与秦国争夺天下的关键所在，也不是在齐、楚、燕、赵四国，而是在韩、魏两国的土地上。对秦国来说，韩、魏两国的存在，就好比人的心腹之患一样。韩、魏两国挡住了秦国的交通要道，而且蔽护了崤山以东的各诸侯国，所以，那时天下最被看重的，莫过于韩、魏两国了。从前范雎被秦国重用时就建议进攻韩国，商鞅被秦国重用时又提出收服魏国。秦昭王在还没有得到韩、魏的真心归顺时，就出兵去攻打齐国的刚、寿地区，范雎为此感到担忧，这样秦国所忌惮的事情就可以看得出来了。

秦国要出兵燕、赵，这对秦国来说是一件危险的事情。因为秦国穿越韩、魏两国去攻打别国的都城，燕、赵两国将会在前面抵抗，而韩、魏两国就会乘机从后面袭击它，这是危险的用兵之道。可是当秦国去攻打燕、赵两国时，却不曾有过韩、魏从后面袭击的忧患，那是因为韩、魏已经归附了秦国的缘故。韩、魏是其他诸侯国的屏障，却让秦国人能够在他们的土地上自由出入，这难道可以说是了解天下形势吗？丢弃小小的韩、魏两国，让他们去抵挡如虎狼一样强横的秦国，他们怎么能不屈服于秦国呢？韩、魏两国一屈服而归顺了秦国，秦国就能够出兵东方的各诸侯国了，从而使天下到处都遭受它的祸害。

韩、魏是不能独自抵挡秦国的，然而天下其他的诸侯国却可以依靠韩、魏两国作为他们自己西方的屏障，所以，不如优待韩国、亲近魏国以抵御秦国。这样秦国就不敢越过韩、魏来图谋齐、楚、燕、赵四国，而齐、楚、燕、赵四国因此就能够使自己得以保全了。用四个没有战事的国家，去帮助面对强敌的韩、魏两国，使韩、魏没有防备东边的后顾之忧，它们就能够替全天下挺身而出去抵挡秦国军队。让韩、魏两国去对付秦国，而其余四国在后方休养生息来暗中帮助解决韩、魏的急难，像这样，就可以应付一切情况，那秦国还能有什么作为呢？诸侯们不知道提出这样的策略，却贪图边界上尺寸之地的小利，背弃破坏盟约，以至于自相残杀。秦国的军队还没有出动，而天下各诸侯国就已经自己陷入困境了。以至于秦人能够乘虚而入来夺取他们的国家，这能不令人悲叹吗！

黄州快哉亭记

苏辙

江出西陵①,始得平地,其流奔放肆大②,南合湘、沅③,北合汉沔(miǎn)④,其势益张⑤。至于赤壁之下⑥,波流浸灌⑦,与海相若。清河张君梦得谪(zhé)居齐安⑧,即其庐之西南为亭⑨,以览观江流之胜,而余兄子瞻名之曰"快哉"⑩。

盖亭之所见,南北百里,东西一舍⑪,涛澜汹涌,风云开阖(hé)⑫;昼则舟楫(jí)出没于其前⑬,夜则鱼龙悲啸于其下;变化倏忽,动心骇目,不可久视。今乃得玩之几席之上,举目而足。西望武昌诸山⑭,冈陵起伏,草木行列,烟消日出,渔夫、樵父之舍,皆可指数,此其所以为"快哉"者也。至于长洲之滨,故城之墟,曹孟德、孙仲谋之所睥睨(pì nì)⑮,周瑜、陆逊之所驰骛(wù)⑯,其流风遗迹,亦足以称快世俗。

昔楚襄王从宋玉、景差于兰台之宫⑰,有风飒然至者,王披襟当之⑱,曰:"快哉此风!寡人所与庶人共者耶?"宋玉曰:"此独大王之雄风耳,庶人安得共之!"⑲玉之言盖有讽焉。夫风无雄雌之异,而人有遇不遇之变。楚王之所以为乐,与庶人之所以为忧,此则人之变也,而风何与焉?士生于世,使其中不自得⑳,将何往而非病?使其中坦然,不以物伤性,将何适而非快㉑?今张君不以谪为患,收会稽(kuài jī)之余㉒,而自放山水之间,此其中宜有以过人者。将蓬户瓮牖(yǒu)㉓,无所不快,而况乎濯(zhuó)长江之清流㉔,挹(yì)西山之白云㉕,穷耳目之胜以自适也哉㉖!不然,连山绝壑,长林古木,振之以清风,照之以明月,此皆骚人思士之所以悲伤憔悴而不能胜者,乌睹其为快也㉗!

【注释】

① 西陵：西陵峡，长江三峡之一，在今湖北宜昌西北。
② 肆大：浩大。
③ 湘、沅：湘水和沅水，在今湖南境内。
④ 汉沔：河流名。源自陕西，流经湖北，在武汉汇入长江。
⑤ 张：开阔，盛大。
⑥ 赤壁：又名赤鼻山，在今湖北黄冈。苏辙误以为这里就是三国时发生"赤壁大战"的赤壁，赤壁大战实际发生在今湖北赤壁。
⑦ 浸灌：形容水势浩大。
⑧ 清河：今属河北。张君梦得：张梦得，字怀民，元丰年间贬谪黄州。谪：古代高级官员被贬并调到边远地方做官。齐安：即黄州，治所在今湖北黄冈。
⑨ 即：紧靠。
⑩ 子瞻：苏轼字子瞻。
⑪ 舍：古时以三十里为一舍。
⑫ 阖：关闭。
⑬ 舟楫：泛指船只。楫，船桨。
⑭ 武昌：今湖北鄂州。
⑮ 曹孟德：曹操字孟德。孙仲谋：孙权字仲谋。睥睨：侧目窥视。
⑯ 周瑜：三国时孙吴大将。曾于赤壁大破曹操军。陆逊：三国时孙吴大将，曾于彝陵（今湖北宜昌东）等地大破蜀军，后任荆州牧，久驻武昌，官至丞相。驰骛：追逐，驰骋。
⑰ 楚襄王：即楚顷襄王，战国时楚国国君。宋玉：战国时楚大夫，辞赋家。景差：战国时楚辞赋家。兰台之宫：兰台官，在今湖北钟祥。
⑱ 披襟：敞开衣襟。
⑲ "王披襟"以下六句：襄王和宋玉的对话出自宋玉的《风赋》。寡人，古代诸侯、皇帝对下的自称。庶人，老百姓。

⑳ 中：心中。
㉑ 适：往。
㉒ 会稽：指钱财赋税事务。稽，计算、考核。
㉓ 蓬户瓮牖：用蓬草编的门，用破瓮做的窗户。这里指贫穷人家的房子简陋。牖，窗户。
㉔ 濯：洗涤。
㉕ 挹：汲取。这里是尽情观览的意思。
㉖ 适：畅快。
㉗ 乌：哪里。

【译文】

  长江从西陵峡流出，开始进入平坦的地势，水势变得奔放浩大，当它在南面汇合了湘水、沅水，在北面汇合了汉水、沔水，水势越发盛大了。到了赤壁下面，江流浩荡，就像大海一样。清河张梦得先生贬官后居住在黄州，在靠近他住宅的西南面建造了一座亭子，用来观赏江流的胜景，我哥哥子瞻为亭子起名叫"快哉"。

  亭子上能望见的范围，从南到北百里之遥，从东到西三十里之远，波涛汹涌澎湃，风云变幻；白天来往的船只在亭前时隐时现，夜晚则鱼龙在亭下悲哀鸣叫；景色变化瞬息之间，动人心魄，惊心骇目，使人不能长时间地观赏。现在却能够在亭子里的几案坐席旁尽情赏玩，张开眼就可饱览风光。向西遥望武昌附近的群山，冈峦高低起伏，草木成行成列，当烟雾消散、太阳出来的时候，渔翁和樵夫的房舍都可以一一指点数清，这就是亭子之所以叫"快哉"的原因吧。至于那长长沙洲的岸边，旧日城郭的废墟，是曹操、孙权曾窥视争夺的地方，也是周瑜、陆逊曾驰骋角逐的疆场，他们留下的风采和遗迹，也足以使世俗之人称为快事。

  从前，宋玉、景差跟随楚襄王到兰台宫游览，有一阵风飒飒吹来，襄王敞开衣襟迎着风，说："真畅快呀，这阵风！这是我和百姓共同享受到的吧？"宋玉说："这只是大王的雄风，百姓怎么能和大王您共同享受！"宋玉的话大概有着讽喻的意味。风是没有雄雌的不同的，而人却有得意和不得意的区别。襄王之所以觉得快乐，百姓之所以感到忧愁，这是由于人所处境遇的不同，与风有什么关系呢？士人生活在世上，如果他心中不能安然自得，那么，他走到哪里不是痛苦的呢？假如他心中坦然旷达，不因外物的影响而伤害自己的性情，那么，他走到哪里不是快乐的呢？现在，张先生不把贬官当作灾难，利用处理公务的剩余时间，自己在山水之间纵情游玩，这说明他心中理应有超过常人的东西。即使用蓬草编成门，用破瓮做成窗，他生活在其中也不会感到不快乐，更何况他能在长江的清流中洗濯，面对着西山的白云，让耳目尽情饱览美景，以求得自己的舒心快乐呢！如果不是这样，群山绵延，山谷深幽，森林辽阔，古木参天，清风吹拂，明月高照，这些都是使失意的文人和思乡的士子悲伤憔悴而不能承受的景色，哪里看得出它们是能使人快乐的呢！

读孟尝君传

王安石

世皆称孟尝君能得士①,士以故归之,而卒赖其力以脱于虎豹之秦。嗟乎!孟尝君特鸡鸣狗盗之雄耳②!岂足以言得士?不然,擅齐之强,得一士焉,宜可以南面而制秦,尚何取鸡鸣狗盗之力哉?夫鸡鸣狗盗之出其门,此士之所以不至也。

【注释】

① 孟尝君:齐国贵公子田文,战国四公子之一,以好客而闻名诸侯。详见前注。
② 鸡鸣狗盗:《史记·孟尝君列传》中说:孟尝君在秦被囚,请其谋士求秦王幸姬劝解,幸姬需要狐白裘,其谋士有善狗盗者,窃王库中的狐白裘以献之。幸姬为之劝解,秦王释放孟尝君。他于是急忙回国,抵函谷关,时正夜半。秦法必须鸡鸣后才开关门。而秦王此时已悔,派人追捕。孟尝君急于出关而不得,其士有善仿鸡鸣者,遂鸣而使众鸡皆鸣,遂得以出关脱难。

【译文】

世上的人都称道孟尝君善于收揽士人,士人因此也都归附他门下,孟尝君终于依靠他们的力量得以从如虎似豹的秦国脱险。唉!孟尝君只算个鸡鸣狗盗之徒的首领罢了!怎么能够说是得士呢?不然,凭着齐国的强大国力,如果能得到一个谋士,自然可以南面称王,使秦国臣服,还用得着什么鸡鸣狗盗之徒吗?那些鸡鸣狗盗之徒出入于他的门下,这正是士人不到他那里去的缘故啊。

游褒禅山记

王安石

　　褒禅山亦谓之华山①,唐浮图慧褒始舍于其址②,而卒葬之。以故其后名之曰"褒禅"。今所谓慧空禅院者,褒之庐冢也。距其院东五里,所谓华山洞者,以其乃华山之阳名之也。距洞百余步,有碑仆道,其文漫灭,独其为文犹可识,曰"花山"。今言"华"如"华实"之"华"者,盖音谬也。

　　其下平旷,有泉侧出,而记游者甚众,所谓"前洞"也。由山以上五六里,有穴窈然,入之甚寒。问其深,则其好游者不能穷也,谓之"后洞"。予与四人拥火以入,入之愈深,其进愈难,而其见愈奇。有怠而欲出者,曰:"不出,火且尽。"遂与之俱出。盖予所至,比好游者尚不能十一,然视其左右,来而记之者已少。盖其又深,则其至又加少矣。方是时,予之力尚足以入,火尚足以明也。既其出,则或咎其欲出者,而予亦悔其随之,而不得极夫游之乐也。

　　于是予有叹焉:古人之观于天地、山川、草木、虫鱼、鸟兽,往往有得,以其求思之深而无不在也。夫夷以近,则游者众;险以远,则至者少。而世之奇伟、瑰怪、非常之观,常在于险远,而人之所罕至焉。故非有志者,不能至也。有志矣,不随以止也。然力不足者,亦不能至也。有志与力,而又不随以怠,至于幽暗昏惑而无物以相之,亦不能至也。然力足以至焉,于人为可讥,而在己为有悔。尽吾志也而不能至者,可以无悔矣,其孰能讥之乎?此予之所得也。

　　予于仆碑,又以悲夫古书之不存,后世之谬其传而莫能名者，何可胜道也哉！此所以学者不可以不深思而慎取之也。

四人者：庐陵萧君圭君玉③，长乐王回深父④，予弟安国平父、安上纯父⑤。

【注释】

① 褒禅山：在今安徽含山北。
② 浮图：梵语（古印度文字）的音译，有佛、佛寺、塔、佛教徒等义，此处指和尚。慧褒：唐代高僧。
③ 庐陵：今江西吉水。萧君圭：未详，君玉是他的字。
④ 长乐：今属福建长乐。王回：字深父，宋代理学家。
⑤ 安国：即王安国，字平父。安上：即王安上，字纯父。以上二人皆为王安石之弟。

【译文】

褒禅山也叫作华山。唐朝僧人慧褒开始在这里建立房舍，而他死后又葬在此地。因此以后这座山又叫作"褒禅山"。现在所谓的慧空禅院，就是慧褒和尚生前住的房舍和死后埋葬的坟墓。距离这禅院以东五里地，有个洞叫作华山洞，是因为它在华山的南面而得名的。距离山洞一百多步远的地方，有块石碑倒伏在路上，上面的碑文已经模糊不清了，唯独"花山"二字尚能认出来。如今把"华"读为"华实"的"华"，大概是把音念错了吧。

山下面平坦而宽阔，有股泉水从旁边流出，来这里题字记游的人很多，此处就是人们所说的"前洞"。由此再往上五六里，有一幽深的洞穴，一进去是觉着寒森森的，打听它有多么深，据说就连那些最爱游览的人也没有走到过尽头，这个叫作"后洞"。我和四个人执着火把进去，愈往深处走，前进就愈困难，但所见到的景致也愈奇妙。有个疲乏了想要退回来的同伴说："不出去，火就要燃尽了。"我们就随他一起出来了。大概我所达到的地方，比起好游览的人来，还不到人家的十分之一，但是察看洞的左右石壁上，到这里题记姓名的人已经很少了。大概再往里走，到过的人就更加少了吧。这时，我的体力还足够再往里走，火把也仍可以继续照明。出来后，就有人埋怨那个提议出来的人，同时我也后悔跟随他们出来了，不能充分享受游玩的乐趣。

于是我很有感触：古人观察天地、山河、草木、虫鱼、鸟兽，往往很有收获。这是因为他们探索思考得很深刻，而且没有不考虑到的。平坦而路近的地方，游人就很多；艰险而遥远的地方，去的人就很少了。但是世上那奇伟、光怪陆离、不同寻常的胜景，却常常是在艰险而遥远、人们很少到达的地方。因此没有意志的人，是不能够到达的。有了意志，就不会随着人家而中止了，但是体力不足，仍然是不能够到达的。既有意志有体力，又能不随着人家停下来，但走到黑暗幽深的地方如果没有外物来辅助，还是不能够达到。然而体力充足可以到达却没有到达的，旁人就可以讥笑他，而自己也应该感到悔恨。如果尽了自己全部努力还不能达到的，自己就可以不后悔，而旁人又有谁能讥笑他呢？这就是我的一点心得体会。

我看到倒伏的石碑，从而惋惜很多古籍不能保存下来，后代人以讹传讹，不能明白真实名称的，多得数不胜数啊！这就是求学的人对学问不可不深入思考、谨慎取舍的原因啊！

同游的四个人是：庐陵的萧君圭君玉，长乐的王回深父，我的弟弟安国平父、安上纯父。

卖柑者言

刘基

杭有卖果者①,善藏柑,涉寒暑不溃。出之烨(yè)然②,玉质而金色。剖其中,干若败絮。予怪而问之曰:"若所市于人者,将以实笾(biān)豆③,奉祭祀,供宾客乎?将炫(xuàn)外以惑愚瞽(gǔ)乎④?甚矣哉!为欺也。"

卖者笑曰:"吾业是有年矣,吾赖是以食(sì)吾躯⑤。吾售之,人取之,未闻有言,而独不足子所乎⑥?世之为欺者不寡矣,而独我也乎?吾子未之思也。今夫佩虎符、坐皋比(pí)者⑦,洸(guāng)洸乎干城之具也⑧,果能授孙、吴之略耶⑨?峨大冠、拖长绅者⑩,昂昂乎庙堂之器也⑪,果能建伊、皋之业耶⑫?盗起而不知御,民困而不知救,吏奸而不知禁,法斁(dù)而不知理⑬,坐縻廪(lǐn)粟而不知耻⑭。观其坐高堂,骑大马,醉醇醴(lǐ)而饫(yù)肥鲜者⑮,孰不巍巍乎可畏、赫赫乎可象也?又何往而不金玉其外,败絮其中也哉!今子是之不察,而以察吾柑!"

予默默无以应。退而思其言,类东方生滑(gǔ)稽之流⑯。岂其忿世嫉邪者耶?而托于柑以讽耶?

【注释】

① 杭:即今浙江杭州。
② 烨然:光彩鲜艳的样子。
③ 笾豆:宴会和祭祀时盛供品的器具。类似后来的盘子。竹制的叫笾,木制的叫豆。
④ 炫:炫耀。瞽:瞎子。

⑤ 食：喂养。
⑥ 所：所需。
⑦ 虎符：即兵符，古代用来调兵的凭证，一半由皇帝掌握，一半由军队的统帅掌握。皋比：虎皮。这里指虎皮椅子。
⑧ 洸洸：威武的样子。干城：指保卫国家。干，盾牌。城，城墙。
⑨ 孙：孙武，春秋时齐人，杰出的军事家。吴：吴起，战国时卫人，有名的政治家、军事家。
⑩ 峨：高耸。长绅：腰上系的长带子。峨冠、长绅都是古代文官的服饰。
⑪ 庙堂：指朝廷。
⑫ 伊：伊尹，名挚，商汤的大臣，曾帮助汤伐桀。皋：皋陶（yáo），相传虞舜时的贤臣。
⑬ 斁：败坏。
⑭ 糜：通"靡"，耗费。廪粟：国库的粮食，这里指俸禄。
⑮ 醇醴：味道醇厚的美酒。饫：饱食。
⑯ 东方生：即东方朔，字曼卿，汉武帝近臣，以诙谐和善于讽喻著称。滑稽：能言善辩，语言诙谐。

【译文】

杭州有个卖水果的人，擅长贮藏柑子，经过寒冬和酷夏柑子都不腐烂，拿出来仍然光彩鲜艳，皮层像碧玉一样洁润，颜色像黄金一样亮晶。但是剖开来看里面，干枯得像破旧的棉絮。我感到很奇怪，就问他："你卖给人家的柑子，是准备让人把它装在盘子里，用来供奉神灵，招待宾客呢，还是炫耀它的外表，用来欺骗傻瓜和瞎子呢？你这样骗人太过分了！"

卖柑子的人笑笑说："我干这一行有很多年了，我依靠这一行来养活我自己。我卖它，别人买它，从来没有听到有什么意见，却偏偏不能满足您的意吗？世上弄虚作假的人不算少，难道只有我一个人吗？您没有考虑这些吧。如今那些佩戴虎符，坐在虎皮椅上的武将，威风凛凛地像是保卫国家的人才，果真能够拿出孙武、吴起那样的谋略吗？那些高戴礼帽，腰间拖着长带的文臣，神气十足，像是治理国家的栋梁之材，果真能够建树伊尹、皋陶那样的功业吗？盗贼兴起，却不知道抵御；百姓穷困，而不知道救济；官吏为奸犯法，却不知道禁止；法纪败坏，却不知道整顿；白白地耗费国家的粮食，却不感到羞耻。看他们坐在高大的厅堂上，骑在高头大马上，喝足了美酒，吃腻了鱼肉的样子，哪一个不是威风凛凛得令人生畏，气势显赫得令人羡慕呢？然而他们又何尝不是外表像金玉，而腹中像破絮呢！现在您对这些都视而不见，却来察看我的柑子！"

我默不作声，无话回应。回来后再细细体会卖柑人的话，他像是东方朔一样诙谐而能言善辩的人物。难道他是一个愤恨世道、仇视邪恶的人，却借用柑子来讽刺世事吗？

沧浪亭记

归有光

浮图文瑛①，居大云庵，环水，即苏子美沧浪亭之地也②。亟求余作《沧浪亭记》，曰："昔子美之记，记亭之胜也，请子记吾所以为亭者。"

余曰：昔吴越有国时③，广陵王镇吴中④，治南园于子城之西南⑤，其外戚孙承佑⑥，亦治园于其偏。迨淮海纳土⑦，此园不废。苏子美始建沧浪亭，最后禅者居之，此沧浪亭为大云庵也。有庵以来二百年，文瑛寻古遗事，复子美之构于荒残灭没之余，此大云庵为沧浪亭也。夫古今之变，朝市改易⑧。尝登姑苏之台⑨，望五湖之渺茫⑩，群山之苍翠，太伯、虞仲之所建⑪，阖闾（hé lǘ）、夫差之所争⑫，子胥、种、蠡（lǐ）之所经营⑬，今皆无有矣，庵与亭何为者哉？虽然，钱镠因乱攘窃，保有吴、越，国富兵强，垂及四世。诸子姻戚，乘时奢僭（jiàn）⑭，宫馆苑囿，极一时之盛。而子美之亭，乃为释子所钦重如此⑮，可以见士之欲垂名于千载，不与澌然而俱尽者⑯，则有在矣。

文瑛读书喜诗，与吾徒游，呼之为沧浪僧云。

【注释】

① 浮图：也作"浮屠"，梵语的音译，指佛或者佛塔，这里代指佛教徒。文瑛：僧人名号，生平不详。
② 苏子美：即苏舜钦，字子美，北宋诗人。曾修沧浪亭，自号沧浪翁，并作《沧浪亭记》。
③ 吴越：五代十国之一。893年唐末镇海节度使钱镠（liú）所建，907年钱镠封吴越王，都城杭州，978年降宋，共历五主，七十二年。

④ 广陵王：即钱元瓘（guàn），吴越王钱镠的儿子。吴中：泛指今太湖流域一带地区。
⑤ 子城：大城所属的小城。这里指内城。
⑥ 外戚：指帝王的母族和妻族。孙承佑：钱镠之孙钱俶（chù）的岳父。
⑦ 迨：到，等到。淮海纳土：指吴越国降宋，献出淮海一带的土地。
⑧ 朝市：朝廷和集市。
⑨ 姑苏之台：春秋时吴王夫差所建，在今江苏苏州西南的姑苏山上。
⑩ 五湖：泛指太湖一带所有湖泊。
⑪ 太伯、虞仲：周太王古公亶父的长子、次子，传说是吴国的开创者。
⑫ 阖闾、夫差：春秋时相继就任的两位吴王，夫差是阖闾之子。
⑬ 子胥：即伍子胥，春秋时人，曾辅佐吴王夫差伐越。种：文种，春秋时越国大夫。蠡：范蠡，春秋时越国大夫。
⑭ 僭：超越名分。
⑮ 释子：指僧人。
⑯ 澌然：冰块融化的样子。澌，通"凘（sī）"。

【译文】

　　文瑛和尚居住在大云庵，大云庵四面环水，就是苏子美建造沧浪亭的地方。文瑛曾多次请求我写一篇《沧浪亭记》，说："过去苏子美写的《沧浪亭记》，主要是描述沧浪亭的优美景色；今天，我是请您在文章中记述我重修这个亭子的缘由。"

　　我说：从前吴越建国的时候，广陵王镇守吴中，曾在内城的西南建造了一座南园，他的外戚孙承佑，也在它的旁边修建了一座园林。到吴越向宋朝纳降时，这些园子也还没有荒废。这时苏子美才开始修建沧浪亭，后来人们又在沧浪亭的遗址上修建了大云庵，一些和尚住进庵里，这样沧浪亭就变成了大云庵。大云庵建成至今已有二百年的历史了，文瑛寻访亭子的遗迹，在荒芜、破败的旧址上按原样重建了苏子美的沧浪亭，这样，大云庵又变成了沧浪亭。历史经历了巨大的变迁，朝廷和集市也随之改变面貌。我曾经登上姑苏台，远眺浩渺的五湖，那里群山苍翠，所见之处，太伯、虞仲建立的国家，阖闾、夫差争夺的地盘，伍子胥、文种和范蠡筹划的事业，如今都已消失不在了，那庵与亭的兴废又算得了什么呢？虽然如此，钱镠乘着天下混乱窃取了权位，占有吴、越之地，国富兵强，传了四代。子孙姻戚也凭着权势穷奢极欲，大造宫馆苑囿，盛极一时。而苏子美建造的沧浪亭，才被和尚如此看重。由此看来，士人要想千载传名，而不像冰块那样很快消失，是有其原因的。

　　文瑛喜好读书、做诗，与我们这类人交游，我们都叫他"沧浪僧"。

徐文长传

袁宏道

徐渭,字文长,为山阴诸生①,声名籍甚。薛公蕙校越时②,奇其才,有国士之目③。然数奇④,屡试辄蹶。中丞胡公宗宪闻之⑤,客诸幕。文长每见,则葛衣乌巾,纵谈天下事。胡公大喜。是时公督数边兵,威镇东南,介胄之士⑥,膝语蛇行,不敢举头;而文长以部下一诸生傲之,议者方之刘真长、杜少陵云⑦。会得白鹿,属文长作表⑧。表上,永陵喜⑨。公以是益奇之,一切疏计,皆出其手。文长自负才略,好奇计,谈兵多中,视一世事无可当意者,然竟不偶⑩。

文长既已不得志于有司,遂乃放浪曲(qū)糵⑪,恣情山水,走齐、鲁、燕、赵之地,穷览朔漠。其所见山奔海立,沙起雷行,雨鸣树偃,幽谷大都,人物鱼鸟,一切可惊可愕之状,一一皆达之于诗。其胸中又有勃然不可磨灭之气,英雄失路、托足无门之悲,故其为诗,如嗔如笑,如水鸣峡,如种出土,如寡妇之夜哭、羁人之寒起⑫。虽其体格时有卑者,然匠心独出,有王者气,非彼巾帼而事人者所敢望也。文有卓识,气沉而法严,不以模拟损才,不以议论伤格,韩、曾之流亚也⑬。文长既雅不与时调合,当时所谓骚坛主盟者,文长皆叱而怒之,故其名不出于越,悲夫!喜作书,笔意奔放如其诗,苍劲中姿媚跃出,欧阳公所谓"妖韶女,老自有余态"者也⑭。间以其余,旁溢为花鸟,皆超逸有致。

卒以疑杀其继室,下狱论死,张太史元汴力解⑮,乃得出。晚年愤益深,佯狂益甚。显者至门,或拒不纳。时携钱至酒肆,呼下隶与饮。或自持斧击破其头，血流被面，头骨皆折，揉之有声；或以利锥锥其两耳，深入寸馀，竟不得死。周望言⑯："晚岁诗文益奇，无刻本，集藏于家。"余同年有官越者，托以钞录，今未至。余所见者，《徐文长集》、《阙编》二种而已。然文长竟以不得志于时，抱愤而卒。

石公曰⑰：先生数奇不已，遂为狂疾；狂疾不已，遂为囹圄⑱。古今文人牢骚困苦，未有若先生者也。虽然，胡公间世豪杰，永陵英主，幕中礼数异等，是胡公知有先生矣。表上，人主悦，是人主知有先生矣。独身未贵耳。先生诗文崛起，一扫近代芜秽之习，百世而下，自有定论，胡为不遇哉？梅客生尝寄予书曰⑲："文长吾老友，病奇于人，人奇于诗。"余谓文长无之而不奇者也。无之而不奇，斯无之而不奇（jī）也。悲夫！

【注释】

① 诸生：县学生员，即秀才。
② 薛公蕙：薛蕙，字君采，明正德九年（1515）进士，官至吏部考功郎中。校越：在越州（今浙江绍兴）任学官。
③ 国士：古时称一国的杰出人物为国士。
④ 数奇：命运不好。
⑤ 中丞胡公宗宪：胡宗宪，字汝贞，号梅林，明嘉靖三十四年（1555）任浙江巡抚。中丞，明代副都御史之职的雅称。
⑥ 介胄：古代武士的护身装束，如盔甲等。
⑦ 方：比。刘真长：刘惔，字真长，东晋人，深为丞相王导所器重，为人恃才傲物。杜少陵：即杜甫。杜甫曾在剑南节度使严武幕中供职。
⑧ 属：同"嘱"。
⑨ 永陵：明世宗朱厚熜的陵墓名，此指代明世宗。宋明两代皆以陵名

称已故的皇帝。

⑩ 偶：遇。

⑪ 曲糵：指酒。

⑫ 羁人：客居他乡的人。

⑬ 韩、曾：韩愈、曾巩。后者是宋代著名散文家。

⑭ 欧阳公：指欧阳修，宋代著名文学家。

⑮ 张太史元汴：张元汴，字子荩，号阳和，浙江山阴人，曾任翰林侍读，故称为太史。

⑯ 周望：陶望龄，字周望，会稽人，是袁宏道的朋友。

⑰ 石公：袁宏道自称（石公为其号）。

⑱ 囹圄：牢狱。

⑲ 梅客生：名国桢，字客生，湖北麻城人，徐渭的朋友。

【译文】

　　徐渭，字文长，在山阴县做生员时，名声就很大。薛公蕙担任越州学官时，很赏识他的才能，认为他是国家的杰出人才。然而他的命运却不好，屡次乡试都失败了。中丞胡宗宪听说他的情况，请他入幕为客。文长每次进见，都身穿葛衣，头戴青巾，尽兴畅谈国家大事，胡公十分高兴。当时胡公统帅好多个防区的军队，威镇东南地区。身穿盔甲的武士在他面前都跪着说话，爬着向前，不敢抬起头来；而文长却以部下的一个生员的身份傲然交往，人们谈论起来将他比作刘真长、杜少陵。适逢猎获了白鹿，胡宗宪嘱托文长写奏表。奏表奉上，世宗皇帝看了很喜欢，胡宗宪因此就更加看重他，军中一切奏疏公文，都由他来撰写。文长对自己的才能、见识很自负，常能想出奇特的计谋，谈论军事常常是切中要害。在他眼中，世上的事没有一件可以让他满意，然而他却终生没有施展才能的机会。

　　文长在官场上不得志，于是就嗜酒来放纵自己，尽情地游山玩水。他曾漫游齐鲁、燕赵大地，遍观北方大漠的景观。他把所见到的山峦起伏、海浪澎湃、黄沙漫天、疾雷震天、大雨如注、风吹树倒、幽深的峡谷、繁华的都市、各色人物、鱼鸟等，所有一切令人惊叹诧异的景象，都用诗一一描述出来。他的胸中又有奋发激荡不能磨灭的气概，有英雄无路可走、无处可投的悲愤，因此他写的诗像是喷怒，又像是在狂笑，像湍流在峡谷中轰鸣，像种子从土里发芽，像寡妇在深夜里哭泣，像游子被寒风惊起。虽然他诗歌的体裁格律有时有不高雅的地方，然而却能独出心裁，有王侯的气魄，不是那些像妇人一样侍奉别人的诗人所能比攀的。他的文章有卓越的见识，气势深沉而法度严谨，不因为模拟古人而损害才气，不因为议论而伤害格调，是属于韩愈、曾巩一流的作品。文长向来不迎合时尚，当时所谓的文坛盟主，文长都加以贬斥和怒目而视，所以他的名声没有传出浙江之外，可悲啊！他喜爱书法，笔意奔放得像他的诗一样，苍劲的笔力中透出媚人的姿态，正如欧阳公所说的"妖冶的妇人，年纪虽老但仍留存着未尽的风韵"一样。有时，他又把余力倾注在画花鸟上，画得都高超飘逸有情致。

　　后来，他因为猜疑而杀死了他的续弦妻子，被捕入狱，判定为死刑。太史张元汴极力营救，才得到释放。晚年愤懑情绪更加深沉，装疯伴癫也更加厉害了。显贵登门，有时闭门不见。他常常带着钱到酒店中，招呼奴仆们和他一起饮酒。有时自己拿着斧头击破自己的头，血流满面，头骨都骨折了，揉一揉，就可以听到碎骨发出的响声；有时用锋利的锥子锥刺自己的两只耳朵，扎进去一寸多，竟然没有送命。陶望龄说："他晚年诗文更加奇特，但没有刻印成书，集子收藏在家中。"我的同年中有在越地做官的，我托他替我抄录，至今没有送来。我所见到的，只有《徐文长集》、《阙编》二种罢了。然而文长竟因为在当世不得志，怀着悲愤郁郁而死。

　　袁石公说：先生事事都不顺心，以致积郁成狂；狂病没好，以致进了牢狱。古往今来文人的满腹牢骚、抑郁困苦，没有像先生这样的。虽说如此，但是胡公是世上罕见的豪杰，永陵是英明的君主。在幕府中，得到特殊的优待，这是胡公了解先生啊！奏表呈上而皇帝高兴，是皇帝知道有先生啊！先生只是没有得到显贵的官职罢了。先生的诗文崛起于文坛，一扫近代杂乱、污浊的风习，百世之后，自然会有公允的评价，怎么能说是未遇于时呢？梅客生曾经在寄给我的书信中说："文长是我的老朋友，他的病比他本人更奇特，他本人比他的诗更奇特。"我认为文长没有一样不是奇特的。没有一样不是奇特的，也就没有一样能与世俗相合了。可悲啊！

五人墓碑记

张溥

　　五人者，盖当蓼（liǎo）洲周公之被逮①，激于义而死焉者也。至于今，郡之贤士大夫请于当道②，即除魏阉废祠之址以葬之③，且立石于其墓之门，以旌其所为。呜呼！亦盛矣哉！

　　夫五人之死，去今之墓而葬焉，其为时止十有一月耳。夫十有一月之中，凡富贵之子，慷慨得志之徒，其疾病而死，死而湮（yān）没不足道者，亦已众矣，况草野之无闻者欤！独五人之皦（jiǎo）皦④，何也？

　　予犹记周公之被逮，在丁卯三月之望⑤。吾社之行为士先者⑥，为之声义，敛资财以送其行，哭声震动天地。缇（tí）骑按剑而前⑦，问："谁为哀者？"众不能堪，抶（zhì）而仆之。是时以大中丞抚吴者⑧，为魏之私人，周公之逮所由使也。吴之民方痛心焉，于是乘其厉声以呵，则噪而相逐，中丞匿于溷（hùn）藩以免⑨。既而以吴民之乱请于朝，按诛五人，曰：颜佩韦、杨念如、马杰、沈扬、周文元，即今之傫（lěi）然在墓者也。

　　然五人之当刑也，意气扬扬，呼中丞之名而詈之，谈笑以死。断头置城上，颜色不少变。有贤士大夫发五十金，买五人之脰而函之⑩，卒与尸合。故今之墓中，全乎为五人也。

　　嗟夫！大阉之乱，缙绅而能不易其志者，四海之大，有几人欤？而五人生于编伍之间⑪，素不闻《诗》、《书》之训，激昂大义，蹈死不顾，亦曷故哉？且矫诏纷出⑫，钩党之捕，遍于天下，卒以吾郡之发愤一击，不敢复有株治。大阉亦逡巡畏义，非常之谋，难于猝发，待圣人之出⑬，而投缳道路，不可谓非五人之力也。

由是观之，则今之高爵显位，一旦抵罪，或脱身以逃，不能容于远近，而又有剪发杜门，佯狂不知所之者。其辱人贱行，视五人之死，轻重固何如哉？是以蓼洲周公，忠义暴于朝廷，赠谥美显⑭，荣于身后；而五人亦得以加其土封⑮，列其姓名于大堤之上。凡四方之士，无有不过而拜且泣者，斯固百世之遇也！不然，令五人者保其首领，以老于户牖之下⑯，则尽其天年，人皆得以隶使之，安能屈豪杰之流，扼腕墓道，发其志士之悲哉？故予与同社诸君子，哀斯墓之徒有其石也，而为之记。亦以明死生之大，匹夫之有重于社稷也。

贤士大夫者，囧（jiǒng）卿因之吴公⑰、太史文起文公⑱、孟长姚公也⑲。

【注释】

① 蓼洲周公：即周顺昌，字景文，号蓼洲，明代吴县人。官至吏部员外郎，天启六年（1626），为魏忠贤党羽迫害，被捕，死于狱中。

② 郡：即苏州。

③ 魏阉废祠：明熹宗时，大宦官魏忠贤专权朝政，排除异己，朋比为奸，其党羽争先恐后地为他建立"生祠"。崇祯帝即位后，魏忠贤失势，各地"生祠"也都被拆毁。魏阉，因为魏忠贤是太监，故有此称。

④ 皦皦：光耀，明亮。

⑤ 丁卯三月之望：即明熹宗天启七年（1627）三月十五日。

⑥ 吾社：即指复社。

⑦ 缇骑：本指贵族侍从，此处指明代朝廷特务机构"东厂"的爪牙。

⑧ 大中丞：官名，即副都御史的旧称。抚：巡抚，指当时的江苏巡抚阉党党羽毛一鹭。

⑨ 溷藩：厕所的篱笆。

⑩ 脰：头。函：封。

⑪ 编伍：古时户籍编制以五人或五家为一伍，此处借指平民。

⑫ 矫诏：假托皇帝的名义发出的诏书。

⑬ 圣人：封建时代对帝王的尊称，这里指明思宗朱由检，即崇祯帝。

⑭ 赠谥：崇祯帝即位后追赠周顺昌为太常卿，谥忠介。

⑮ 土封：指坟墓。

⑯ 户：门。牖：窗。此处指家中。

⑰ 吴公：即吴默，字因之，官至太仆侍卿，太仆侍卿雅称为"卿"。

⑱ 文起文公：即文震孟，字文起，官翰林院修撰。

⑲ 孟长姚公：姚希孟，字孟长，曾任翰林之职，雅称为"太史"。

【译文】

　　墓中这五个人，是在周公蓼洲被逮捕的时候，激于义愤而赴死的。到了现在，吴郡贤明的士大夫们，向当地长官恳请，在被清理了的大宦官魏忠贤的"生祠"的废址上安葬了他们，并且在墓门前立了石碑，用来表彰他们的行为。唉！也算是很隆重了啊！

　　这五个人的死，离现在修墓安葬，时间仅十一个月。在这十一个月中，那些富家子弟，志得意满、豪情满怀的人，因为得病而死去，死后便不值得一提的也够多的了，何况是本来就默默无闻的平民百姓呢！只有这五个人的名声显扬，这是为什么呢？

　　我还记得周公被捕是在丁卯年三月十五日。我们复社中一些德行足以为士人榜样的人，为他伸张正义，募集了钱财为他送行，哭声震天动地。捕人的差役按着长剑走上前来厉声喝问："谁在为他哀伤？"民众不能忍受，就把他打倒在地。当时以大中丞的官衔做吴地巡抚的官员是魏忠贤的心腹，周公被捕就是由他指使。吴地的民众正在痛恨他，于是便趁他厉声斥责的时候，喊叫着追逐他，中丞藏在茅厕里才逃脱了。事过之后，他称吴民叛乱，奏请朝廷来镇压，按律处死了五个人，分别是：颜佩韦、杨念如、马杰、沈扬、周文元，即现在一起安葬在墓穴中的五位。

然而，当五人临刑的时候，意气昂扬，喊着中丞的名字大骂，谈笑自若地从容就义。割下的人头悬挂在城头上，神色依然一点没有改变。有几位贤明的士绅，出五十两银子，买下五个人头，封好装在木匣里，最后和尸身合在一起。所以如今这墓穴中，是五个人完整的遗体。

唉！在大宦官魏忠贤祸乱天下的时候，达官贵人能不改变节操的，普天之下能有几个人呢？而五位志士出身于平民，从来没有受过儒家传统的教育，却能激情昂扬、大义凛然，毫不犹豫地走向死地，这又是什么原因呢？更何况当时魏忠贤假造的诏书纷至沓来，捉拿东林党人的捕快遍布天下，但终于由于我们吴郡百姓愤怒地抗击，才不敢再株连治罪。魏忠贤也因畏惧义愤而有所顾忌，篡位的阴谋难以很快地实行。等到圣明的天子登基，魏忠贤在被贬黜的路上自缢身死，不能说不是这五个人的力量啊！

从这一点来看，如今那身居高官要职的人，一旦被治罪，有的脱身逃跑，远近的地方都不能容身，又有的剃光头发闭门念佛，有的装疯卖傻，不知要躲到哪里去。他们这种可耻的人品，卑鄙的行为，和五个人的从容就义相比照，到底哪个轻哪个重呢？正因为如此，周公蓼洲的忠义品节在朝廷上显现出来了，追赠了美好显赫的谥号，身后获得了荣誉。而这五个人也得以大墓安葬，并把他们的姓名刻碑立在大堤上，从四面八方来的人，经过这里没有一个不到墓前凭吊并且流泪的，这确实是百年一遇的幸运啊！不然的话，假如五个人能保住脑袋，老死在家，平平安安地过一生，身份比他们高的人都可以役使他们，怎么能使英雄豪杰们俯首屈身在他们墓前，扼腕痛心，抒发仁人志士的悲哀呢？因此，我和同社的诸位君子，为五人墓只有碑石而无碑文而悲哀，便给它写了这篇碑文，也是为了用来阐明死生的重大意义，即使平凡的人也能对国家发挥重要的作用啊！

上面提到的几位贤明的士绅是：太仆寺卿吴公因之、翰林文公文起、姚公孟长。